D1718933

Ernst Müller-Möhl   Optionen

Optionen

Grundlagen und Strategien für das Optionsgeschäft
in der Schweiz und in Deutschland

Herausgegeben von
Ernst Müller-Möhl

unter Mitarbeit von
Ernst-Ludwig Drayss, Martin Ebner,
Fredrik Ljungström, Marc Rothfeldt

1989
Schäffer Verlag
für Wirtschaft und Steuern GmbH Stuttgart

Lizenzausgabe für die Bundesrepublik Deutschland
und Österreich:
Schäffer Verlag, Stuttgart, 1989
© 1988, Verlag Neue Zürcher Zeitung, Zürich
Satz und Druck: NZZ Fretz AG, Zürich
Einband: Benziger AG, Einsiedeln
ISBN 3 8202 0536 5

Printed in Switzerland

Inhaltsverzeichnis

Geleitwort

Seit einiger Zeit zeichnet sich auch der schweizerische Kapitalmarkt durch Innovationsfreudigkeit aus; neue Finanzinstrumente werden in rascher Folge eingeführt. Eine bemerkenswerte kulturelle Öffnung ist im Gang. Es scheint, dass die bestehende Privatrechtsordnung im Emissionsbereich den ökonomischen Bedürfnissen weitgehend gerecht wird und zukünftigen Entwicklungen genug Spielraum belässt. Weniger eindeutig präsentiert sich das Bild im öffentlichrechtlichen Bereich. Hier ist es insbesondere die Steuergesetzgebung, die zu stark im partiellen Gleichgewichtgedanken verhaftet ist, was bei der heutigen Verflechtung der internationalen Finanzmärkte für unser Land zu suboptimalen Resultaten führt.

Die hier beschriebenen Entwicklungen am Optionenmarkt können in diesem Zusammenhang als Versuch des Marktes interpretiert werden, Freiheitsgrade zu schaffen bzw. Freiräume zu nutzen.

Weitere Betätigungsfelder zeichnen sich ab. So sollte nicht überraschen, wenn Optionen als Mittel zur Realisierung des längst überfälligen Binnen-Geldmarktes eingesetzt würden.

Die Konstruktion Option lehnt sich im Grundsatz ans Kaufrecht an. Sie entspricht dem Recht, ohne gleichzeitige Verpflichtung, zum Kauf einer bestimmten Sache zu einem ausgemachten Preis, und erstreckt sich über einen definierten Zeitraum. Optionen weisen damit die gleichen Charakteristika auf wie die am Schweizer Aktienmarkt abgewickelten Prämiengeschäfte. Unterschiede bestehen lediglich darin, dass Optionen im Normalfall standardisiert sind und damit nicht Einzelabschlusscharakter aufweisen, eine meist längere Laufzeit beinhalten und marktgängiger (liquider) sind.

Die Idee der Optionskontrakte stammt aus dem Rohstoffhandel und lässt sich als Art des Geschäftsabschlusses bis in die Antike zurückverfolgen. Eine sprichwörtliche Blüte erreichte der Optionenhandel im 17. Jahrhundert, als Tulpenzwiebeln in Holland mit Goldprämien gehandelt wurden. Zufolge der sogenannten «Tulpenspekulation» brach der Markt nach einiger Zeit zusammen. Mit der steigenden Bedeutung und dem Aufkommen eines regen Handels in Landwirtschaftsprodukten wurden im letzten Jahrhundert Optionen wieder aktuell. Durch das Verbot des Handels von Optionen auf die meisten Agrarprodukte in den USA im Commodity Exchange Act von 1936 verlagerte sich der Handel von Rohstoffoptionen nach London. Obwohl naheliegend, erfolgte die Übertragung dieser Vertragsverhältnisse auf Aktienmärkte erst relativ spät und vorerst in Form kurz laufender Optionen. Im Rückblick betrachtet, nahm die Verbreitung und Entwicklung des Handels von Optionen mit der Eröffnung der Chicago Board of Options Exchange im Jahre 1973 einen fast stürmischen Verlauf. In der Zwischenzeit wurden mehrere weitere Optionenmärkte mit zudem neuen Produkten eröffnet. Im Frühjahr 1988 wurde die OZ Zürich Optionen und Futures Aktiengesellschaft, heute eine Tochter der BZ Gruppe Holding, gegründet. Sie schuf den ersten futures- und optionenfähigen Schweizer Aktienindex, den OZX, und begab gleichzeitig 215 000 Call-Optionen auf den Index. Mitte 1988 wurde der Swiss Options and Financial Futures Exchange (SOFFEX) eröffnet. Damit besitzt die Schweiz neben dem seit langem bestehenden Prämiengeschäft, der traditionellen Option ab Anleihe und den in jüngster Zeit kreierten Gratis-Warrants und Covered Options einen Markt für standardisierte Optionen, sogenannte Traded Options. Zu dieser neuen Art von Optionen zählen Waren-, Edelmetall-, Devisen-, Zins-, Aktien- und Indexoptionen. Die vorliegende Arbeit deckt das gesamte Spektrum der eben aufgezählten Optionenarten ab.

Während sich die Wissenschaft ausgiebig mit diesen kurzlaufenden Optionen auseinandergesetzt hat, erscheinen die langlaufenden Aktienoptionen, welche bis anhin praktisch ausschliesslich von den entsprechenden Gesellschaften selbst ausgegeben wurden, noch ungenügend recherchiert.

Keine grundsätzlichen Unterschiede bestehen in markttechnischer Hinsicht zwischen von der Gesellschaft selbst und von dritter Hand im Auftrag von Aktionären begebenen Optionen auf Aktien. Allerdings führt der zweite Fall zu keiner Veränderung in der Eigenkapitalstruktur der entsprechenden Gesellschaft, da es sich lediglich um eine, die Gesellschaft nicht direkt betreffende, Kaufvereinbarung zwischen Dritten handelt. Im ersten Fall wird die Kapitalstruktur der Gesellschaft tangiert; es wird eine latente Verwässerung geschaffen.

Die Investitions- und Finanzierungsfunktion von Optionen auf Aktien stösst heute im Schweizer Markt in weiten Kreisen noch auf Unverständnis. Dies, weil bei der Einführung des Kapitalmarktinstruments zu wenig Aufklärungsarbeit geleistet und dadurch das Instrument in der Vergangenheit falsch eingesetzt wurde. Die starke Präsenz und der wachsende Einsatz von Optionen zeigen eindrücklich, dass diese den Kapitalmarkt vervollständigen, indem zusätzliche Bedürfnisse sowohl von Ausgebern als auch Anlegern befriedigt werden.

Das Ziel des vorliegenden Buches ist ein zweifaches. Es soll dem Investor einerseits in gewollt anschaulicher Art die teilweise komplizierten mathematischen Zusammenhänge des Optionenhandels näherbringen und ihm ein Leitfaden für seine täglichen Investitionsentscheidungen sein. Andererseits will das Buch in wissenschaftlicher Hinsicht ganz generell die Lücke schliessen, die durch den Mangel an deutschsprachiger Literatur über das Thema Optionen entstanden ist. Somit versteht sich das Buch sowohl als Nachschlagewerk für den Praktiker wie auch als Lehrbuch für den Schulunterricht der höheren Wirtschaftsschulen.

Johan Björkman hat die Initiative zu diesem Buch ergriffen. Das von ihm redigierte, in Schweden erschiene Buch «Optioner» diente als Leitfaden für das vorliegende Buch. Die Erfahrungen des jungen schwedischen Optionenmarktes finden aus diesem Grund auch öfters Eingang in die Argumentation zur Entwicklung des entstehenden schweizerischen Optionenmarktes. Die beiden Autoren des Buches «Optioner», Fredrik Ljungström und Marc Rothfeldt, waren massgeblich an der Entwicklung des schwedischen Optionenmarktes beteiligt und von der ersten Stunde an als Marktteilnehmer tätig. Ernst-Ludwig Drayss verfasste das Kapitel «Der Optionenhandel in Deutschland».

Grossen Dank schulden wir Patrick Holtz, der für uns die Problematik der Besteuerung der Optionen in der Schweiz und in Deutschland abklärte und einigen zumindest in akademischer Hinsicht noch offenen Fragen bei den Steuerbehörden nachging. Unermüdlich zeigte sich Inge Schütz, die den schwedischen Text übersetzte und zusammen mit Roswitha Müller sprachlich überarbeitete. Beiden gebührt ein besonderer Dank.

Viel Dank gebührt allen weiteren Personen, welche uns geholfen haben, dieses Buch fertigzustellen.

Zürich, im März 1989   Ernst Müller-Möhl

Vorwort zur 2. Auflage

«One uses them as sails for a happy voyage during a beneficient conjuncture and as an anchor of security in a storm.» Diese seemännische «Gebrauchsanweisung» für Optionen stammt aus einem der ältesten Lehrbücher über die Börse: aus der 1688 in Amsterdam – dem damaligen Zentrum der Finanzwelt – erschienenen «Confusion de Confusiones» von Josef de la Vega.

Sowohl das Zitat als auch die von de la Vega zusätzlich angeführten Beispiele zur praktischen Anwendung von Optionen belegen, dass Optionsgeschäfte keine Errungenschaft unserer Zeit sind. Der Optionshandel ist im übrigen nur ein Beispiel für den innovativen Schwung des damaligen Finanzplatzes Amsterdam. Unter anderem handelten die Holländer – wie aus schweizerischer Sicht interessieren mag – auch Aktien per Erscheinen und nicht eingetragene Namenaktien.

Die modernen Finanzmärkte haben die Option wesentlich – und nachhaltig – vervollkommnet. Die wichtigsten Neuerungen sind: die Standardisierung der Kontrakte, der Handel an organisierten Börsen, die dem Käufer das Gläubigerrisiko abnehmen, die technische Unterstützung durch den Computer und – last but not least – die theoretische Fundierung der Optionspreisbildung.

Die heutigen, zum Teil sehr leistungsfähigen Optionsmärkte erlauben den Beteiligten, Risiken genau ihren Wünschen entsprechend dosiert zu übernehmen und unwillkommene Risiken abzutreten, d. h. zu versichern. Die Pointe der Optionskonstruktion liegt dabei darin, dass nicht nur das Risiko eines Kursanstiegs oder -verfalls, sondern auch das einer zu- oder abnehmenden Volatilität des Grundkontrakts gehandelt werden kann.

Vor fünfzehn Jahren, als die Schweizerische Nationalbank unter der Bezeichnung «Devisenbezugsrechte» erstmals Optionen an Schweizer Exporteure abgab, war das Instrument der flexiblen Kurssicherung noch von der Aura des Utopischen umgeben. Heute ist sie für viele Schweizer Unternehmungen eine Selbstverständlichkeit.

Die Absicherung (oder Übernahme) von Risiken ist das bekannteste, aber keineswegs das einzige, vielleicht nicht einmal das zukunftsträchtigste Anwendungsgebiet von Optionen. Faszinierend, aber zumal in der Schweiz noch kaum genutzt, ist die Fähigkeit von Optionen zur Informationsübertragung. Seit längerem bekannt ist der Umstand, dass sich aus den Options-preisen die von den Marktteilnehmern erwartete Volatilität des Grundkon-traktpreises ablesen lässt. Dem Vermögensverwalter hilft dies, das Risiko eines Portefeuilles besser abzuschätzen. Eine Notenbank kann zuverlässi-gere Rückschlüsse auf die Stimmung an den Devisenmärkten und indirekt auf die Erfolgschancen von Interventionen ziehen.

Noch wenig erprobt ist der Einsatz von Optionen zur bewussten Über-tragung von Informationen. Liesse sich beispielsweise der Verwaltungsrat eines Unternehmens die Tantième grundsätzlich anstatt in bar in Form von Call-Optionen auf Aktien der Gesellschaft auszahlen, bekundete er gegen-über Aktionären und Kreditgebern glaubhaft, dass er mit einem günstigen Geschäftsgang und steigenden Aktienkursen rechnet. Durch niedrigere Ko-sten für Eigen- und Fremdkapital würde die Unternehmung dafür belohnt, mittels Optionen «Flagge gezeigt» zu haben. Diese – im Fachjargon mit «si-gnalling» umschriebenen – Möglichkeiten von Optionen werden in der Schweiz noch kaum genutzt. Ähnlich steht es mit dem Setzen von Anreizen durch Optionen: Wird die Geschäftsleitung eines Unternehmens in Optio-nen auf eigene Aktien bezahlt, so steigt ihre Investitions- und Risikobereit-schaft, während gleichzeitig die Versuchung abnimmt, sich auf den Lorbee-ren auszuruhen und zum Beispiel – gestützt auf scharfe Vinkulierungsbe-stimmungen – die Eintragung neuer Aktionäre abzulehnen.

Die beiden Beispiele zeigen: Optionen stärken die schon von Adam Smith beschworenen Selbstheilungskräfte des Marktes. Dies gilt nicht nur in den erwähnten Fällen eines Marktversagens. Optionen helfen auch, ver-krustete Wettbewerbsstrukturen aufzubrechen, indem sie – wie die meisten Innovationen – dem Schumpeterschen Unternehmer Gelegenheit geben, etablierte Konkurrenten herauszufordern. Ferner mildern sie die Folgen be-hördlicher Eingriffe ins Marktgeschehen: Die Blüte der Optionsmärkte im 17. Jahrhundert beruhte nicht zuletzt auch auf dem mangelnden Rechts-schutz für die verpönten Termingeschäfte. Behördliche Verkaufssperren für Grund und Boden müssten – um bei einem aktuelleren Beispiel zu bleiben – theoretisch zum Entstehen handelbarer Vorkaufsrechte führen.

Leider vermögen auch Optionen nicht alles zu heilen, was ungeschickte Ärzte verpfuscht haben. Der Optionenhandel funktioniert auf die Dauer nur, wenn auch der Markt im Grundkontrakt spielt. Dies liegt daran, dass die Optionspreisbildung auf der Arbitrage zwischen der Option und dem Grundkontrakt beruht. Vorübergehend mag der Optionenmarkt einen be-hinderten Markt im Basistitel ergänzen oder gar ersetzen. Langfristig sind beide auf Gedeih und Verderb miteinander verbunden. Es bestätigt sich einmal mehr, dass die verschiedenen Teilmärkte des Finanzbereichs gegenseitig voneinander profitieren. International konkurrenzfähig sind deshalb wohl nur «organisch vollständige» Finanzplätze. Daher ist auch die Vorstellung, der Finanzplatz Schweiz könne in Zukunft in einer Art finanzwirtschaftlichem «Réduit» überleben, mit Skepsis aufzunehmen.

Bergen Optionsmärkte nicht auch Gefahren? Nach dem Börsensturz vom Oktober 1987 wurden Optionsstrategien wie die auf dem «Delta-Hedging» aufgebaute «Portfolio-Insurance» der Mitschuld am raschen Kursverfall verdächtigt. Die Kritiker verwiesen darauf, dass solche Absicherungstechniken bei fallenden Aktienkursen zusätzliche Verkäufe auslösen. Sie übersahen, dass dies nicht am Instrument der Option liegt. Auch altbekannte Mittel zur Verlustbegrenzung wie «stop-loss»-Aufträge führen bei sinkenden Kursen zu Verkäufen. Schuld am schnellen Kurssturz ist deshalb nicht die Option, die lediglich eine technisch perfektere Absicherung bietet, sondern der Versuch der Anleger, gleichzeitig mit allen andern zu verkaufen. Gleichgerichtetes Verhalten vorsichtiger – oder übervorsichtiger – Anleger ist für die Finanzmärkte gefährlicher als das Wirken unabhängig urteilender Spekulanten. Dass der Erfolg eines Vermögensverwalters mehr und mehr an der kurzfristigen «Performance» seiner Kollegen gemessen wird, ist in diesem Licht einer der beunruhigenden Aspekte des institutionellen Sparens.

Misstrauen hat der Option anfänglich auch ihre Hebelwirkung eingetragen. Sie erlaubt dem spekulativen Anleger, bei gleichem Kapitaleinsatz ein wesentlich grösseres Risiko einzugehen als bei einem Engagement im Grundkontrakt. Gegen das bewusste Eingehen von Risiken ist jedoch solange wenig einzuwenden, als nicht Gelder schutzwürdiger Dritter wie Bankgläubiger oder Arbeitnehmer indirekt mit auf dem Spiel stehen. Allerdings erfordern Optionsgeschäfte eine solide Kenntnis dieses Instruments. Noch mehr als früher ist die Spekulation heute, mit den Worten de la Vegas, «a touchstone for the intelligent and a tombstone for the audacious».

Dem Praktiker die Grundkenntnisse des Optionsgeschäfts zu vermitteln, ist das Ziel des vorliegenden Buches. Es erscheint ein Jahr nach der ersten bereits in seiner zweiten Auflage. Sein Käufer darf also kaum damit rechnen, eine künftige bibliophile Rarität vom Schlage der «Confusion de Confusiones» zu erwerben. Entschädigt wird er durch eine leichtverständliche Einführung in ein an sich schwieriges Gebiet – ein Gebiet, das schon de la Vega als «a quintessence of academic learning» bezeichnete. Der Brückenschlag zwischen Theorie und Praxis gelingt den Autoren nicht zuletzt dank grosszügigem Einsatz von Beispielen und Grafiken: Als Paradestück sei das beigelegte Faltblatt «21 Optionsstrategien» erwähnt, das dem Leser auf einen Blick alle Einsatzmöglichkeiten der Option als «Segel» oder als «Anker» zeigt. Im übrigen ist das Buch angenehm zu lesen, da die Autoren weder den barocken Sprachschmuck der «Confusion» nachahmen noch der zeitgemässeren Verlockung höherer Mathematik nachgegeben haben.

Der Finanzplatz Schweiz kann von Büchern wie dem vorliegenden nur profitieren: Nach dem geglückten Start der SOFFEX und dem Erfolg verschiedener von einzelnen Banken lancierter Optionen gilt es, die Entwicklung der Schweizer Optionsmärkte weiter in Schwung zu halten. Hierzu leistet das Buch einen doppelten Beitrag: Zum einen ebnet die Verbreitung des Wissens über Optionen dem vermehrten Einsatz dieser Instrumente den Weg. Denn letztlich lebt ein Finanzmarkt nicht von den Kenntnissen der wenigen eingeweihten Spezialisten, sondern vom informierten Interesse eines weiten Kreises möglicher Marktteilnehmer. Zum andern geizen die Autoren nicht mit konkreten Vorschlägen zu neuen Optionsprodukten: Zinsoptionen auf Schweizerfranken und ein Schweizer Markt für standardisierte Devisenoptionen sind zwei Beispiele. Interessant ist ferner der Vorschlag zur «Abschaffung» der Optionsanleihen. Solche Vorschläge sind das Salz des Buches, und sie regen den Durst des Lesers nach Neuem an. Es ist deshalb schwierig, das Buch zu lesen, ohne selbst auf Ideen zu kommen.

Dr. Urs W. Birchler

Schweizerische Nationalbank

Seit Mitte der siebziger Jahre haben sich im Ausland mit rasanter Geschwindigkeit Wertpapier-Terminmärkte entwickelt. Ausgangspunkt war 1975 die Aufnahme eines Handels in einem Terminkontrakt auf amerikanische Pfandbriefe am Chicago Board of Trade, wo bereits seit 1972 Devisen-Terminkontrakte gehandelt wurden. Dem Renten-Kontrakt folgten rasch weitere auf andere Anleihen und Aktien-Indizes zunächst an mehreren amerikanischen Options- und Terminbörsen, schliesslich auch in anderen Ländern. Darüber, dass ein Bedarf an solchen Kontrakten nicht nur in den Vereinigten Staaten, sondern auch in Europa besteht, braucht heute nicht mehr diskutiert zu werden, seit in London (LIFFE), Paris (MATIF) und Amsterdam (EOE) Optionen und Financial Futures mit Erfolg debütiert haben.

Doch auch in der Bundesrepublik Deutschland werden seit längerem erhebliche Anstrengungen unternommen, um die Voraussetzungen für einen leistungsfähigen Options- und Terminmarkt zu schaffen. Im Januar 1990 wird die Deutsche Terminbörse (DTB) mit Aktienoptionen auf 14 umsatzstarke deutsche Aktien ihren Betrieb aufnehmen. Finanzterminkontrakte in Form von Index-Futures und Zins-Futures werden wenig später folgen.

Pate für die DTB hat die Schweizer Terminbörse SOFFEX gestanden, beide sind als vollcomputerisierte Börse konzipiert. Nicht zuletzt in der Ähnlichkeit der Marktstrukturen von Schweiz und Bundesrepublik ist der Grund dafür zu sehen, dass die DTB die notwendige Software von der SOFFEX erworben hat. Zur Zeit findet eine Umrüstung auf DTB-Erfordernisse statt.

Die DTB wird allen interessierten Anlegern, Banken und Maklern zur Verfügung stehen. Institutionelle und private Anleger werden die notwendige Liquidität des Marktes sicherstellen. Die Aussichten für ein erfolgreiches Wirken sind angesichts der Marktnachfrage gut, wobei man allerdings berücksichtigen muss, dass entsprechende DM-Termingeschäfte – soweit sie bereits im Ausland getätigt werden – erst einmal wieder zurückgeholt werden müssen.

Unterschiedlich strukturierte Märkte haben eines gemeinsam: die Theorie. In dem vorliegenden Werk wird näher auf die Optionsmärkte im deutschsprachigen Europa eingegangen. Es soll auf diese Weise einen Beitrag für das Verständnis dieser neuen und interessanten Märkte leisten.

Dr. Rüdiger von Rosen
Geschäftsführer der Arbeitsgemeinschaft
der Deutschen Wertpapierbörsen

14

Autoren und Mitarbeiter

Ernst-Ludwig Drayss, Dipl. Volkswirt, ist Chef der Abteilung Investment Research der Deutschen Bank AG und dort auch verantwortlich für quantitatives Research. Nach dem Studium zeichnete er vorerst bei der GBK verantwortlich für die Kapitalmarktanalyse und war anschliessend für 6 Jahre bei der degab, zuletzt als Chefanalyst, tätig. Vor 5 Jahren gründete er bei der Deutschen Bank AG die Abteilung Investment Research.

Martin Ebner, lic. iur. und PhD der Wirtschaftswissenschaften, ist Vorsitzender der Direktion der BZ Bank Zürich. Nach dem Studium der Rechtswissenschaften in Zürich und dem Doktorat der Wirtschaftswissenschaften an der University of Florida leitete er zuerst die Investment-Research-Abteilung der Bank Vontobel und übernahm später als Mitglied der Geschäftsleitung die Abteilung Institutionelle Kundschaft. 1985 gründete er mit weiteren Aktionären die BZ Bank Zürich Aktiengesellschaft, die als Ringbank institutionelle Anleger berät.

Fredrik Ljungström, lic. oec. Handelshochschule Stockholm, arbeitet seit September 1988 für Beijer Capital AB in London, wo er am Aufbau der Niederlassung London mitwirkt. Seine Spezialisierung ist im Gebiet der abgeleiteten Finanzinstrumente. In Schweden hat er bei der Projektgruppe mitgearbeitet, welche das Ziel verfolgte, den Terminmarkt in Staatsobligationen zu entwickeln. Zusammen mit Marc Rothfeldt hat er den Handel von Optionen auf Zinspapiere ins Leben gerufen.

Ernst Müller-Möhl, Dr. oec. HSG et lic. iur., ist als Mitglied der Geschäftsleitung der BZ Bank Zürich AG verantwortlicher Leiter des Bereichs Finanz- und Anlagestudien. Nach Studien der Wirtschafts- und Rechtswissenschaften und Assistenztätigkeit an der Hochschule St. Gallen wurde er 1985 für das Austauschprogramm der Hochschule St. Gallen mit dem MBA-Programm an der Chicago University nominiert. Dort spezialisierte er sich auf den Bereich Finanzen und Kapitalmärkte mit Schwergewicht auf der Theorie der Optionen.

Marc Rothfeldt, lic. oec. Handelshochschule Stockholm, war nach Abschluss seines Studiums an der Handelshochschule in Stockholm bei der Firma Carnegie Fondkommission AB für die Finanzanalyse verantwortlich. Im Jahre 1984 und 1985 hat er bei der Arbeitsgruppe mitgewirkt, welche den schwedischen Optionenhandel initiiert hat. Seit zwei Jahren ist er am Aufbau der Carnegie Inc. in New York namhaft beteiligt.

Patrick Holtz, lic. iur., arbeitete nach seinem Studium der Rechtswissenschaften als wissenschaftlicher Mitarbeiter im Institut für Finanzwirtschaft und Finanzrecht an der Hochschule St. Gallen. Er schreibt zur Zeit seine Dissertation im Bereich Steuerrecht und bereitet sich auf das Schweizer Anwaltsexamen vor.

Andreas Klainguti ist Optionenhändler bei der BZ Bank Zürich und Market Maker für die am Optionenring der Börse Zürich gehandelten Optionen. Er verfasste das beigelegte Faltblatt zu den verschiedenen Optionsstrategien.

Roswitha Müller, lic. phil. I Universität Basel, ist Finanzanalystin der BZ Bank Zürich und spezialisiert im Bereich Optionen. Sie war für die redaktionelle und sprachliche Bearbeitung des vorliegenden Buches verantwortlich.

Inge Schütz, lic. oec. Handelshochschule Stockholm, ist bei der Firma ABB im «world treasury center» in Zürich mit internationalen Finanzierungen für die ABB-Gruppe an den Geld- und Kapitalmärkten tätig. Sie war für die Übersetzung und Bearbeitung des schwedischen Originaltextes zuständig.

Einleitung

Neue Märkte

1988 eröffnete in der Schweizer Finanzwelt ein neuer Markt den Handel. Ab diesem Zeitpunkt werden die ersten standardisierten Aktienoptionen auf Schweizer Aktien gehandelt.

Für die Marktteilnehmer präsentiert sich ein neuartiger Markt. Zum Beispiel gibt es keinen Handelsplatz wie die Aktienbörse in Zürich mehr. Der Handel ist voll automatisiert. Die Marktteilnehmer geben via Computer die Kauf- oder Verkaufsorder ein. Kommt ein Abschluss zustande, wird dies durch eine Anzeige am Bildschirm mitgeteilt. Der Handel wird durch die gleichen elektronischen Übertragungsmedien bestätigt und die Abrechnungsbelege automatisch erstellt.

Die gehandelten Optionen sind keine spezifischen Wertpapiere mehr. Es wird lediglich das Recht, in Zukunft zu kaufen oder zu verkaufen, gehandelt. Die am schweizerischen Markt gehandelten traditionellen langlaufenden Optionen haben mit den neuen standardisierten Optionen nicht mehr als einen Teil des Namens gemeinsam.

Der neue Markt hat für gewisse Bewegungen am Finanzmarkt gesorgt. Neue Unternehmen wurden oder werden gegründet werden, noch unerfahrene Marktteilnehmer haben die Möglichkeit erhalten, erfolgreich mit den bestehenden Organisationen zu konkurrieren. Am neuen Optionenmarkt waren anfangs alle Marktteilnehmer mehr oder weniger gleich unerfahren. Diejenigen jedoch, die an den neuen Markt glaubten und ihn richtig anzuwenden verstanden, konnten sich einen Vorteil gegenüber der Konkurrenz erarbeiten.

Standardisierung – ein Schlüsselbegriff

Das Einzigartige am neuen Optionenmarkt ist nicht die Idee der Option als solcher. Optionen, d.h. die Möglichkeit, aber nicht die Verpflichtung zu haben, eine gewisse Ware oder einen bestimmten Wert zu kaufen oder zu verkaufen, sind wie erwähnt so alt wie der Handel zwischen den Menschen. Das Einzigartige daran ist die Standardisierung und die Institution der Clearingstelle, die als Gegenpart auf beiden Seiten einer Transaktion auftritt. Die

Option kann dadurch kontinuierlich gehandelt werden, und die Marktteilnehmer müssen sich nicht um die Kreditwürdigkeit des Gegenparts kümmern. Die Clearingstelle garantiert die Erfüllung jedes Geschäftes und fordert dafür von den Marktteilnehmern gewisse Sicherheiten. Die Käufer und Verkäufer von Optionen können sich ganz auf die Risiken und Möglichkeiten des Optionenhandels konzentrieren.

Wie immer, wenn etwas neu Geschaffenes kritisiert wird, basiert auch in diesem Gebiet die Kritik mehrheitlich auf Unkenntnis. In der Einführungszeit sind die Banken, die Broker und ihre Kunden unerfahren. Die standardisierte Aktienoption stellt ein ganz neues Finanzinstrument dar. Die technische Lösung, welche für den Handel in der Schweiz gewählt worden ist, wird zudem zum ersten Mal angewendet. Es ist daher verständlich, wenn dem Optionenmarkt eine gewisse Skepsis entgegengebracht wird. Nur wenige Aktienhändler haben Erfahrung im Handel mit standardisierten Optionen, und manche der etablierten Händler finden diesen Markt selbst heute noch überflüssig. Mangelnde Kenntnisse und fehlender Glaube an den Markt haben teilweise dazu geführt, dass die Teilnehmer sich zu wenig eingesetzt haben. Es wird sich längerfristig jedoch zeigen, dass sich für die engagierten Teilnehmer realistische Investitionen in eine Beteiligung am Optionenhandel gelohnt haben. Ein frühzeitig erarbeiteter Vorsprung kann vielfach beibehalten werden.

Wissen bedingt Ausbildung

Obwohl das Prinzip der Option nicht schwer verständlich ist, braucht es fundierte Kenntnisse, um Optionen als Finanzinstrument erfolgreich einzusetzen. Die Option ist eine Vereinbarung, die einerseits ein Recht ohne entsprechende Verpflichtung und anderseits eine Verpflichtung ohne entsprechendes Recht beinhaltet. Um die Verpflichtung nicht tragen zu müssen, welche normalerweise mit einem Recht zusammenhängt, hat der Besitzer einen Preis, eine sogenannte Optionsprämie, zu bezahlen. Diese Bezahlung erhält derjenige, der die Verpflichtung zur Lieferung auf sich nimmt, ohne dabei gleichzeitig Anspruch auf das Recht zu erheben.

Der Wert einer Option verändert sich kontinuierlich. Er ist vom Bezugspreis und von der Zeitspanne, während welcher das Recht ausgeübt werden kann, abhängig. Generell gilt, dass je tiefer (höher) der Bezugspreis und je länger die verbleibende Laufzeit, desto grösser ist der Wert eines Calls (Puts). Dieser einfache Zusammenhang scheint banal. In Wirklichkeit aber ist die praktische Arbeit mit Optionen und deren Bewertung relativ kompliziert, da immer auch das Verhältnis zwischen der Option und dem zugrundeliegenden Basiswert berücksichtigt werden muss.

Die Ausbildung der Marktteilnehmer und weiterer Interessierten am Optionenhandel muss deshalb als wichtigster Faktor für das gute Funktionieren eines Marktes angesehen werden. Das Ziel der folgenden Kapitel ist es, diese Ausbildung praktisch und theoretisch zu unterstützen.

Ein neuer Markt eröffnet Chancen

Ein Aspekt des neuen schweizerischen Optionenmarktes wird vielfach übersehen. Sollte sich der Markt erwartungsgemäss weiter gut entwickeln, werden junge und unerfahrene Marktteilnehmer ungeahnte Möglichkeiten erhalten, da sich die konservativen Marktteilnehmer zu Beginn oft mehr oder weniger abwartend verhalten. Es besteht die Möglichkeit, sich von konkurrierenden Firmen zusätzliche Marktanteile zu ergattern oder innerhalb eines Unternehmens neue Positionen zu schaffen, um aktiv am Handel mit Optionen teilnehmen zu können. Neue Unternehmen mit dem Ziel, Information zu verkaufen oder als Market-Maker zu agieren, werden entstehen. Es werden aber auch bestehende Firmen und Marktteilnehmer wieder verschwinden, und wir hoffen, dass in kurzer Zeit der Schweizer Risikoabsicherungsmarkt weiter an Effizienz gewinnen wird.

Möglichkeiten und Grenzen von Optionen

Das Ziel dieses Buches ist es, das Verständnis für Optionen als Finanzinstrument zu erweitern und die Möglichkeiten, welche der Kauf oder das Ausstellen (Schreiben, Verkaufen) von Optionen eröffnet, zu erläutern. Zudem beinhaltet das Buch eine Beschreibung des Aufbaus und der Funktionsweise des bestehenden schweizerischen Optionenmarktes.

Ein wichtiges Merkmal der Optionsvereinbarung ist ihre Einseitigkeit; sie wird daher auch als asymmetrisches Risikoinstrument bezeichnet. Die Option enthält ein Recht, aber keine Verpflichtung. Diese Asymmetrie führt dazu, dass das Risiko begrenzt werden kann, aber gleichzeitig die Chancen unbegrenzt belässt. Dieses asymmetrische Risikoverteilungsprofil der Option, kombiniert mit dem zugrundeliegenden Wert, auf dem die Option basiert, eröffnet für den Investor neue interessante Möglichkeiten.

Die theoretische Konstruktion der Optionsvereinbarung und das asymmetrische Risikoprofil der Option werden eingehend im Kapitel 1 diskutiert und bilden die Basis für die nachfolgenden Kapitel.

Im zweiten Kapitel wird anhand des Schweizer und des deutschen Optionenhandels gezeigt, wie ein Optionenmarkt aufgebaut werden kann. Die praktische Durchführung eines Optionsgeschäftes – wie eine Optionsposition eröffnet und geschlossen wird – wird eingehend erläutert. Die verschiedenen Begriffe, die eine Option definieren, werden beschrieben. Der bestehende und sich im Aufbau befindende neue Optionenmarkt Deutschland wird umfassend abgehandelt.

Das dritte Kapitel würdigt die Bedeutung des Finanzmarktinstruments Option im Lichte der Funktionserfüllung, Risikoallokation, Reduktion der Transaktionskosten, optimalen Informationsbeschaffung und Liquiditätserhöhung der Märkte.

Im vierten Kapitel finden verschiedene theoretische Modelle, welche bei der Bewertung der Option angewendet werden können, eine ausführliche Darstellung. Fünf Faktoren beeinflussen im vorgestellten Modell den Wert einer Option. Es ist dies der Marktpreis des zugrundeliegenden Wertes, der Preis, bei welchem die Option eingelöst werden kann (der Strikepreis), die Variation des Marktpreises des Basiswertes (Volatilität), die verbleibende Laufzeit der Option (Restlaufzeit) und schlussendlich der risikofreie Marktzinssatz. Sind diese fünf Faktoren bekannt, kann der theoretische Wert der Option berechnet werden. Dieser theoretische Wert findet Eingang in den Optionenhandel, und es können für den einzelnen Marktteilnehmer verschiedene optimale Strategien ermittelt werden.

In den folgenden vier Kapiteln werden die drei Typen von Marktteilnehmern und die verschiedenen Optionsstrategien, welche diese gemäss ihrer Zielrichtung wählen, beschrieben. Der Arbitrageur, welcher nach kleinem aber sicherem Gewinn strebt, der Hedger, welcher sein Risiko durch den Kauf oder Verkauf von Optionen vermindert, und der Trader, welcher das Risiko sucht, dieses eine begrenzte Zeit trägt und nach Gewinnerzielung trachtet. Auch wenn diese drei Teilnehmer das gleiche langfristige Ziel haben, nämlich die Rendite des Kapitals zu optimieren, werden sie gemäss ihrer Neigung, sich dem Risiko auszusetzen, ganz unterschiedlich im Markt agieren. Die Marktteilnehmer stehen auf verschiedenen Seiten des Risikomarktes, d.h. des Optionenmarktes.

Im neunten Kapitel wird eine Methode, die Vektortechnik, vorgestellt. Es werden Diagramme konstruiert, um die theoretischen Risiken für sehr komplizierte Optionstransaktionen darstellen zu können. Zudem wird dem Leser vor Augen geführt, wie klein im Optionenhandel der Schritt von der Theorie in die Praxis ist.

Im zehnten Kapitel, Praktische Anwendungen, wird ein Auswahlmodell für den praktischen Optionenhandel präsentiert. Zwar resultieren keine mathematisch exakten Berechnungen, die Resultate der Methode sind aber gut genug, um erfolgreich als Hilfsmittel im Handel angewendet werden zu können. Im folgenden werden eine Anzahl von Optionsstrategien behandelt, welche die Tatsache ausnützen, dass der Zeitwert einer Option (der Teil des Optionswertes, welcher von der verbleibenden Laufzeit abhängig ist) fortlaufend und mit zunehmender Geschwindigkeit abnimmt. Diskutiert wird ebenfalls der kombinierte Besitz von Optionen und des Basiswertes und die Veränderung des Risikoprofils eines Portefeuilles durch den Kauf oder Verkauf von Optionen.

In den darauffolgenden drei Kapiteln werden drei verschiedene Typen von Optionsinstrumenten präsentiert. Es sind dies die Zinsoption, die Indexoption und die Devisenoption.

Das zweitletzte Kapitel behandelt die Sicherheitsbestimmungen im Handelssystem und den Einfluss der Transaktionskosten auf den Optionenhandel. Einen vertieften Einblick in die Problematik der Besteuerung des Optionsgeschäftes wird im letzten Kapitel gegeben.

Im Ausland und dabei vor allem in den USA erreicht heute der Handel in standardisierten Optionen (Traded Options) grosse Volumen. In Chicago (CBOE – Chicago Board of Options Exchange) wird zur Zeit die Hälfte des Weltvolumens in Traded Options gehandelt. Wiederum die Hälfte dieses Volumens betrifft Indexoptionen. Indexoptionen werden zum Schutz des Portefeuilles gegen ungewollte Marktrisiken gebraucht. Die bedeutendsten Marktteilnehmer sind dabei die institutionellen Anleger. Diesem Themenkreis ist unter anderem das Schlusswort gewidmet. Zudem werden wir im Schlusswort nochmals die Eigenschaften, Risiken und Chancen des schweizerischen Optionenmarktes aufzeigen.

Literatur zum Thema Optionen

Für den wissbegierigen Leser ist die Flut von Literatur zum Thema Optionen überwältigend. Deutsche Bücher sind aber eher selten. Mit der Entwicklung von weiteren Optionsmärkten in Europa ist es jedoch nur eine Zeitfrage, bis neue Bücher auch in deutscher Sprache auf den markt kommen. Die amerikanische Optionsliteratur ist sehr umfassend und hat sich vor allem während der letzten 15 Jahren entwickelt. Das Angebot variiert stark. Es gibt alles, von «How to Make a Million Dollars in the Options Market» bis zu sehr wissenschaftlichen Abhandlungen, welche die Optionstheorien bis ins letzte Detail beschreiben.

Für den interessierten Leser haben wir ein Literaturverzeichnis zusammengestellt, das hauptsächlich die amerikanische Literatur abdeckt. Die Liste erhebt keinesfalls Anspruch auf Vollständigkeit, sie enthält aber die wichtigsten Werke zum Thema dieses Buches, welche während der letzten 15 Jahre publiziert wurden.

Sprachgebrauch im Optionenhandel

Dass die Kreation der standardisierten Optionen amerikanischer Herkunft ist, spiegelt sich vor allem in der im Handel mit Optionen angewendeten Terminologie wider. Englische Ausdrücke dominieren, und vielfach ist es fast unmöglich, einen entsprechenden deutschen Ausdruck zu verwenden oder zu kreieren. Wo sich bis heute kein eigentlicher deutscher Sprachgebrauch entwickelt hat, wird in diesem Buch die englische Terminologie verwendet.

Um das Verständnis zu erleichtern, haben wir ein Verzeichnis zur Optionsterminologie erstellt. Neben den Erläuterungen und Ergänzungen wirkt dieses wie ein Englisch-Deutsches Wörterbuch. Sofern neben dem aus dem englischen Sprachgebrauch stammenden Wort auch ein deutsches Wort gebräuchlich ist, haben wir dieses miteinbezogen. Dieses Fachwortverzeichnis soll es dem Leser zudem erleichtern, für ihn noch unklare Begriffe schnell nachzulesen und deren Definition klarzustellen.

Im Schlagwortverzeichnis sind die meistgebrauchten Begriffe mit der entsprechenden Seitenzahl versehen aufgeführt.

Gewisse Abschnitte oder Kapitel sind mit einem Stern markiert. Dies bedeutet, dass diese von Lesern, die an den mathematischen Zusammenhängen wenig interessiert sind, diagonal gelesen werden können und nicht unbedingte Voraussetzung für das Verständnis der folgenden Kapitel sind.

Für die Mehrzahl der Abbildungen wurde die gleiche Art von Diagramm, ein sogenanntes XY-Diagramm, gemäss der Abbildung 0.1 verwendet.

Die Teile des Diagramms, die von links unten nach rechts oben schraffiert sind, bedeuten Verlust, jene, die von links oben nach rechts unten schraffiert sind, bedeuten Gewinne. Der gewinnmässig interessante Teil des Diagrammes befindet sich oberhalb der horizontalen X-Achse, beschriftet mit «Der Preis des Basiswertes». In manchen Darstellungen wird anstelle einer durchgezogenen Linie eine unterbrochene Linie (---) verwendet, welche entweder die Summe verschiedener Linien oder den verbleibenden Zeitwert der Option (kurvenförmige Linie) darstellt. Im letzteren Fall zeigt die durchgezogene Linie (——) den Wert der Option am Verfalltag an.

22

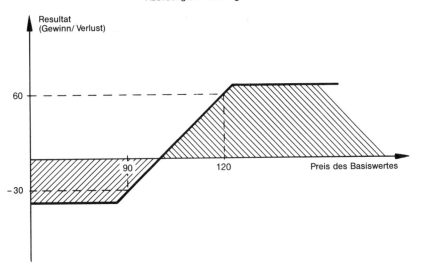

Abbildung 0.1 **XY-Diagramm**

Die Option – eine Vereinbarung

Die Option ist eine Vereinbarung, welche dem einen Vertragspartner das einseitige Recht einräumt, eine im voraus bestimmte Menge einer Ware oder eines Wertes zu einem bestimmten Preis innerhalb eines definierten Zeitraumes zu kaufen oder zu verkaufen.

Die Option als Vertragsinstrument besteht, seit Handel betrieben wird. Aber erst seit kurzem wurde die Option wegen ihrer einzigartigen Eigenschaften beliebt; sie wird heute vorwiegend im Handel mit Rohwaren, Zinspapieren, Devisen und Aktien angewendet.

Im folgenden sollen die wichtigsten Charakteristika des Finanzmarktinstruments Option dargelegt werden.

Handikapsystem

Der Erfolg der Ernte und in der Folge davon die Preise von Landwirtschaftsprodukten sind vom Wetter abhängig. Die Unsicherheit über die Quantität und Qualität der Ernte und die daraus folgenden Marktpreisschwankungen erschweren dem Produzenten die wirtschaftliche Planung. Ein schlechtes Jahr kann für den einzelnen, selbständigen Betrieb verheerende Folgen haben. Um sich gegen diese Folgen zu schützen, braucht der Produzent die Möglichkeit einer Versicherung mit hoher Flexibilität, beispielsweise in Form einer Option. Die Option kann in diesem Zusammenhang als ein Handikapsystem, vergleichbar mit jenem beim Golfspiel, betrachtet werden. Das Handikapsystem ermöglicht es, dass der Amateur mit dem professionellen Spieler auf gleicher Ebene kämpfen kann. Mit Hilfe der Option kann sowohl der einzelne Bauer mit seinem Kleinbetrieb als auch der Grossproduzent Marktschwankungen abfangen und sich absichern.

Auch im Aktienmarkt werden einzelne Gesellschaften durch grosse Preisschwankungen erschüttert. Bevor der Handel mit den heute bekannten standardisierten Aktienoptionen begonnen wurde, fanden bereits Transaktionen mit Aktienoptionen statt. Diese Optionen waren meistens auf zwei bestimmte Partner massgeschneidert, so dass ein eigentlicher Handel im Sekundärmarkt schwer realisierbar war. Es ist schwierig, sich aus solch individueller Abmachung zu lösen. Oft ist dies nur zu einem unvorteilhaften Preis möglich. Dies führte in der Vergangenheit dazu, dass dem Instrument Option vielfach mit Misstrauen begegnet wurde. Um diesem Nachteil entgegenzuwirken, wurde 1973 der erste Markt für standardisierte Aktienoptionen in Chicago eröffnet.

Die Standardisierung bedeutet lediglich, dass gewisse identische vertragliche Vereinbarungen im Optionskontrakt verwendet werden. Dies führt dazu, dass der Vertrag leichter gehandelt werden kann. Da sich das ganze Interesse der Marktteilnehmer auf eine begrenzte Anzahl von Standardkontrakten konzentriert, verbessert sich über das erhöhte Volumen auch die Preisbildung.

Clearing

Die Clearingstelle spielt eine wichtige Rolle im Handel mit standardisierten Optionen.

Die Optionsverträge werden nicht direkt zwischen den Marktteilnehmern abgeschlossen. Die Clearingstelle tritt auf beiden Seiten als Gegenpart auf und übernimmt die Garantie, dass die Optionsabmachung eingehalten wird. Dadurch erübrigt sich die Beurteilung des Kreditrisikos jedes einzelnen Marktteilnehmers. Die Teilnehmer bleiben anonym, und wichtige Marktteilnehmer können am Markt agieren, ohne das Preisbild abrupt zu stören.

Da die Clearingstelle die Einhaltung der eingegangenen Verträge garantiert, kommt ihr auch eine überwachende Funktion zu. Diese Funktion wird vor allem durch ein sogenanntes Margensicherheitssystem erfüllt. Die nähere Beschreibung dieses Themenkreises folgt im Kapitel 14.

Asymmetrie

In einer turbulenten Umwelt wird die Wahl der Option als Form der vertraglichen Abmachung sehr attraktiv. Die asymmetrische Eigenschaft der Option, nämlich die Möglichkeit, aber nicht die Verpflichtung zu haben, die Option auszuüben, lässt dem Optionsinhaber grosse Flexibilität und Freiheit. Ungleich starke Partner können eine Abmachung eingehen, welche Unsicherheiten unterschiedlicher Dimensionen beinhalten. Das Handikapsystem des Golfspiels wurde bereits herangezogen, um dies zu illustrieren. Der Vorteil der Option bei erhöhter Unsicherheit kann anhand der Offertsituation eines Produzenten veranschaulicht werden.

Ein Unternehmer befindet sich in der Situation, eine Offerte abzugeben, wobei er sich einem Währungsrisiko aussetzt. Zudem sind weitere Aspekte unsicher. Einerseits besteht die Unsicherheit, ob die Offerte überhaupt angenommen wird, und anderseits herrscht Unklarheit darüber, wie sich die Währungssituation entwickeln wird. Verändert sich die Währungssituation für den Offertensteller positiv, kann angenommen werden, dass der Auftraggeber eine neue Offerte verlangt. Dies in der Hoffnung, ein günstigeres Angebot zu erhalten. Eine für den Offertensteller positive Entwicklung der Währungssituation führt höchstwahrscheinlich dazu, dass die Offerte nicht angenommen wird, siehe Abbildung 1.1. (Die Situation, in der die Offerte bei gleichzeitig positiver Währungsentwicklung für das Unternehmen angenommen wird, ist unproblematisch und daher in der Abbildung 1.1 durchgestrichen.)

Abbildung 1.1 **Offertenabgabe**

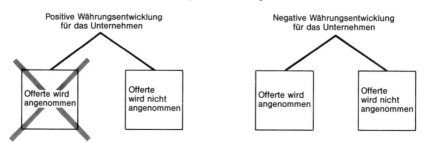

Wird die Offerte angenommen, braucht das Unternehmen einen Schutz (Versicherung) gegen eine negative Währungsentwicklung. Entwickelt sich der Wechselkurs für das Unternehmen positiv und wird die Offerte nicht angenommen, braucht es diesen Schutz nicht. Durch den Kauf einer Option, die das Recht beinhaltet, die notwendige Menge einer Währung zu einem bestimmten Kurs zu erwerben, kann eine solche Versicherung abgeschlossen werden. Wird die Offerte akzeptiert und verläuft die Währungsentwicklung negativ, kann die Option (Versicherung) ausgeübt werden, und das Unternehmen verliert im Vergleich zur ursprünglichen Kalkulation nur wenig. Entwickelt sich hingegen der Wechselkurs positiv und die Offerte wird nicht akzeptiert, verfällt die Option wertlos. Das gleiche geschieht, wenn die Offerte angenommen wird und der Wechselkurs unverändert bleibt, siehe Abbildung 1.2.

Die Kosten für den Kauf einer Option stellen eine Art Versicherungsprämie dar. Es ist falsch, den Kaufpreis der Option als Verlust zu betrachten.

26

Abbildung 1.2 **Offertenabgabe mit Optionsabsicherung**

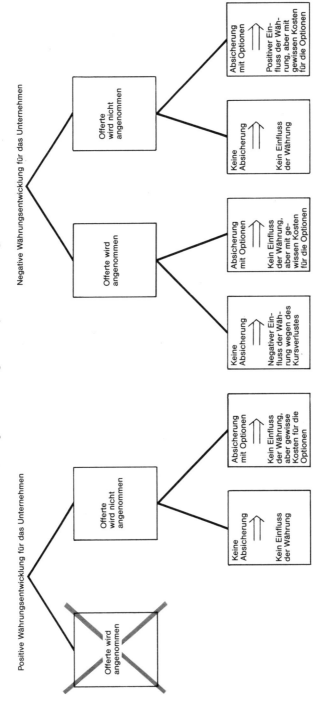

27

28

Abbildung 1.3 **Offertenabgabe mit Optionsabsicherung und Termingeschäft**

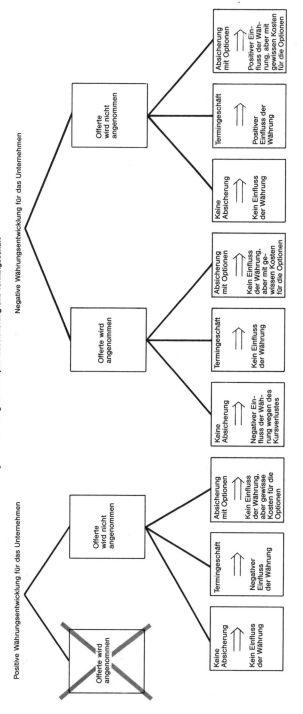

Wird eine Brandversicherung abgeschlossen und erleidet das versicherte Haus keinen Brandschaden, wird die Versicherungsprämie vom Versicherungsnehmer auch nicht als Verlust aufgefasst.

Für das Unternehmen bestünde die Alternative zur Option in einem Terminkontrakt in der betreffenden Währung. Das Termingeschäft hat gegenüber der Option den Nachteil, dass eine Verpflichtung vorliegt, auch wenn die Offerte nicht angenommen wird. Entwickelt sich die Währung für das Unternehmen günstig, wird sich das Termingeschäft negativ auswirken, und gleichzeitig entfällt der positive Effekt des in diesem Fall nicht zustande kommenden Geschäftes, siehe Abbildung 1.3.

Der Unterschied zwischen dem Optionsgeschäft und der Terminabsicherung liegt in der asymmetrischen Risikoverteilung der Option, welche für den Optionsinhaber nur ein Recht, aber keine Verpflichtung beinhaltet. Im Gegensatz dazu steht die symmetrische Risikoverteilung des Termingeschäftes, welches ein Recht und eine Verpflichtung beinhaltet. Für die Asymmetrie bezahlt der Optionskäufer eine Prämie. Der Optionskauf kann somit in einer von Unsicherheit bestimmten Situation mit einer Versicherung, das Termingeschäft mit Spekulation verglichen werden.

Abschliessend muss erwähnt werden, dass die Bewertungstheorien, welche für Optionen entwickelt worden sind, auch in anderen Gebieten der Finanztheorie Anwendung finden. Die Theorie, Sachen zu bewerten, deren künftiger Wert mit einer gewissen Unsicherheit belastet ist, kann auch auf andere Gebiete wie die Aktienbewertung oder den Rohwarenhandel übertragen werden.

Zusammenfassung

Die Asymmetrie der Option, welche ein Recht einräumt, aber keine Pflicht beinhaltet, stellt ein spezielles Vertragsverhältnis (Kauf/Verkauf) dar. Es wurde aufgezeigt, dass das Finanzinstrument Option in sich rasch wandelnder Umgebung wie zum Beispiel in Rohwaren-, Währungs- und Aktienmärkten bevorzugt zur Anwendung kommt.

Zwei Analogien wurden aufgezeichnet, um die Vorteile der Option darzustellen. Einerseits wurde das Handikapsystem des Golfsportes herangezogen, um zu zeigen, wie die asymmetrische Risikoverteilung und die Standardisierung es zwei ungleichen Partnern verschiedener Grösse und Stärke ermöglicht, Geschäfte abzuschliessen.

Andererseits hat das Versicherungssystem gezeigt, wie man mit Optionen verschiedenste Unsicherheiten meistern kann. Ein offerierendes Unternehmen diente als Fallbeispiel, um aufzuzeigen, wann die asymmetrische Option einem symmetrischen Terminkontrakt vorzuziehen ist. Als Garant für den effizienten Optionenhandel steht der funktionierende Markt. Es wurde die Standardisierung der Optionsabmachung und die Bedeutung der Institution des Clearinghauses betont. Die Standardisierung konzentriert das Interesse des Marktes auf eine bestimmte Anzahl von Kontrakten, die einen kontinuierlichen Handel und über das Volumen eine effektive Preisbildung ermöglichen. Das Clearingsystem eliminiert für das einzelne Optionsgeschäft die sonst notwendige Beurteilung und Bewertung der anderen Marktteilnehmer. Zudem können die Teilnehmer anonym agieren, was zur besseren Funktionsfähigkeit des Marktes beiträgt.

Abschliessend haben wir das breite Anwendungsgebiet der Bewertungstheorie von Optionen angeschnitten. Optionsmodelle können für die Bewertung von Finanzwerten aller Art, welche mit Unsicherheit behaftet sind, angewendet werden.

Der Optionenhandel in der Schweiz

Eine Option entsteht, indem ein Marktteilnehmer, der Schreiber oder Aussteller, ein Recht an einen anderen Marktteilnehmer, den Optionskäufer, verkauft. Es handelt sich entweder um einen Call (Kaufoption) oder Put (Verkaufoption). Der Call gibt dem Optionskäufer das Recht, den zugrundeliegenden Wert (Basistitel, Basiswert) während einer begrenzten Zeitperiode in bestimmter Menge und zu einem im voraus festgelegten Preis zu erwerben. Der Put berechtigt den Optionskäufer in gleicher Weise, einen gewissen Basiswert zu einem im voraus bestimmten Preis zu verkaufen.

In bezug auf den Zeitpunkt, zu dem Optionsrechte ausgeübt oder geltend gemacht werden, bestehen zwei Arten von Optionen.

Bei den sogenannten europäischen Optionen kann die Option, d. h. das Recht, den Basiswert zu kaufen oder zu verkaufen, nur zu einem bestimmten Zeitpunkt ausgeübt werden. In den meisten Fällen ist dies der Verfalltag der Option. Sowohl am schweizerischen traditionellen als auch am Traded-Options-Markt (Aktienoptionenmarkt) werden amerikanische Optionen gehandelt. Die Optionen können daher jederzeit während der gesamten Laufzeit der Option ausgeübt werden.

In der Schweiz werden neben anderen Basiswerten zurzeit auch Optionen auf Gold gehandelt. Es handelt sich dabei mehrheitlich um amerikanische Optionen. Im folgenden wollen wir die am schweizerischen Markt bestehenden traditionellen Optionsarten und den Markt der Traded Options in der Schweiz vorstellen.

Die traditionelle Optionsanleihe

Bei der traditionellen Optionsanleihe begibt die emittierende Gesellschaft sowohl eine Obligation als auch Optionen auf eigene Aktien und verknüpft damit zwei selbständige Finanzierungsinstrumente, die sie sozusagen im Verbund verkauft. Auf diese Weise kann die Obligation mit einem Zinssatz ausgestattet werden, der wesentlich unter der Marktrendite für gewöhnliche festverzinsliche Anleihen liegt, da der Erlös aus dem Verkauf der Optionen zur Deckung der Finanzierungslücke verwendet wird. Es eröffnet sich folgende Problematik: Das sogenannt billige Fremdkapital verbessert ceteris paribus ohne zusätzliche Leistung des Managements den Erfolgsausweis der Gesellschaft. Die Reduktion der Zinskosten wird mit einem Verzicht des Altaktionärs auf sein Bezugsrecht und einer latenten Kapitalverwässerung erkauft. Wie unten gezeigt werden soll, weist die traditionelle Optionsanleihe aus der Sicht des Aktionärs, der seinen Cash Flow zu optimieren trachtet, weitere gewichtige Nachteile auf, die dazu führen müssten, dass die traditionelle Optionsanleihe in einem transparenten Markt mit aktiven Aktionären in Zukunft an Bedeutung verlieren wird.

Gratis Warrants und Covered Options

Innovationsempfänglicher Schweizer Markt

Ein Teilaspekt der Innovationsfreudigkeit des Schweizer Finanzmarktes ist die für viele Beobachter erstaunliche Bereitschaft, neue Optionsformen von anderen Märkten in abgewandelten und auf unsere spezifischen Marktbedürfnisse abgestimmten Spielarten zu übernehmen. Auffallend ist dabei, dass auch die neuen Optionen immer noch über das Vehikel der Obligationenanleihe im Markt plaziert werden, obwohl zwischen der Option und dem festverzinslichen Teil im Gegensatz zur traditionellen Optionsanleihe kein direkter Zusammenhang besteht. Stellvertretend für diese Art der Plazierung seien die 1986/87 ausgegebenen Gold- und Zinsoptionen angeführt. Dank dieser Emissionsart können anscheinend Prämien erzielt werden, die bei direkter Plazierung kaum erreicht würden. Wir gehen davon aus, dass diese Ineffizienz mit zunehmender Verbreitung des Anlagemediums Option und entsprechend verbesserter Transparenz verschwinden wird. Noch fehlen allerdings genügend Arbitragemöglichkeiten.

Gratis Warrants auf Aktien

Eine interessante Weiterentwicklung des Anrechtshandels konventioneller Kapitalerhöhungen stellen zwei im Jahr 1986, sechs im Jahr 1987 und drei im Jahr 1988 ausgegebene Gratisoptionen an die Aktionäre auf Aktien der emittierenden Gesellschaften dar. Durch eine Verlängerung der Bezugsfrist bilden sich im Markt Optionsprämien heraus, die direkt beim Altaktionär anfallen, während sie wie oben erwähnt im Fall der traditionellen Optionsanleihe der Gesellschaft in Form übertiefter Zinskosten zufliessen. Paradox erscheint eine Direktplazierung der Option unter Ausschluss des Bezugsrechtes des Aktionärs. Damit wird augenfällig, welche gewichtigen Nachteile der Aktionär im Falle der Optionenplazierung via Anleihe erleidet, nämlich eine unnötige Schmälerung des Ertrages nach Steuern und eine Verwässerung seines Anteils am Unternehmen.

Covered Options

Als allgemeines Instrument

Covered Options als Optionen auf Namenaktien Dritter, begeben im Herbst 1986, erhielten in der nationalen und internationalen Presse erstaunliche Publizität. Erstaunlich darum, weil die Technik als solche in anderen Finanzmärkten bereits bekannt war, aber auch weil Covered Options in unterschiedlicher Ausgestaltung in unserem Markt schon eingeführt waren. Das bekannteste Beispiel dürften Optionen auf Gold sein. In jüngster Zeit wurden im Schweizer Markt Optionen auf im Ausland kotierte Aktien ausgegeben. Es ist durchaus denkbar, dass bereits in absehbarer Zeit Covered Options auf Rohstoffe oder Obligationen begeben werden, wobei im letzteren Falle die hinterlegten festverzinslichen Titel vorübergehend gewissermassen in Zero-Bonds umgewandelt würden. Die Akzeptanz solcher Instrumente dürfte grundsätzlich gut sein, da die Technik des Schreibens von Optionen einfach und transparent ist. Mit Bezug auf diese Technik bestehen unseres Erachtens keine qualitativen Unterschiede zwischen dem Instrument der Option und einer Wandelanleihe, weshalb denkbar ist, dass auf diesem Wege das Instrument Wandelanleihe in verschiedensten Ausgestaltungen wieder vermehrt zum Einsatz kommen wird.

Gemeinsam ist den Covered Options-Konstruktionen, im Vergleich zu anderen Optionenarten, dass sie zu einer verbesserten Risikoallokation unter Anlegern führen, wobei die entsprechenden Cash Flows lediglich zwischen diesen fliessen. Die zugrundeliegende Sache wird nicht tangiert.

Covered Options auf Namenaktien
Segmentierung des Aktienmarktes

Der schweizerische Aktienmarkt zeichnet sich durch eine eigenartige Segmentierung aus. Obwohl keine staatlichen Vorschriften bestehen, werden Aktien derselben Gesellschaft gleichen Nennwerts zu unterschiedlichen Kursen gehandelt, und dies darum, weil sich die Verwaltung gestützt auf die Statuten bei Namenaktien das Recht vorbehält, die Eintragung eines Anlegers im Aktienregister einer Gesellschaft ohne Angabe von Gründen zu verweigern. Aufgrund der eingeschränkten Handelbarkeit solcher Namenaktien erscheint eine gewisse Tieferbewertung gerechtfertigt. Bei einigen der grössten Gesellschaften sind aber die Inhabertitel, nachdem sie historisch mehr als doppelt so hoch gehandelt wurden, heute noch immer 10–30% höher bewertet als die entsprechenden Namenpapiere. Diese Disparität muss Möglichkeiten für Arbitrage eröffnen. Es gibt Gründe, die dafür sprechen, dass die kommenden Jahre eine weitere Bewertungskorrektur bringen werden. Einmal wird die inländische Nachfrage nach Schweizer Aktien mit grosser Wahrscheinlichkeit hoch bleiben, zum andern werden die Gesellschaften die tiefer bewertete Aktienkategorie nicht ohne Not zur Eigenkapitalbeschaffung heranziehen. Ja, es darf füglich erwartet werden, dass das kompetitive Umfeld die Unternehmen dazu zwingen wird, die Kosten der Eigenkapitalbeschaffung zu minimieren, mithin alles dazu beizutragen, die Bewertung der Namenaktien zu steigern. Am Rande verdienen auch die Bestrebungen der schweizerischen Effektenbörsen Erwähnung, die auf eine Liberalisierung der Eintragungspraxis für an den Börsen gehandelte Namenaktien zielen.

Option auf die strukturelle Veränderung

Aus der oben dargestellten Konstellation erwuchs das Bedürfnis des informierten ausländischen institutionellen Anlegers, an einer allfälligen Neubewertung des Marktsegmentes Namenaktien teilzuhaben. Gleichzeitig erfassten Schweizer Institutionen die Möglichkeit, durch den Verkauf von Optionen ihre Namenaktienbestände ertragbringender zu bewirtschaften und zusätzliche Flexibilität bei den Aktienanlagen zu schaffen. Sollten sich die Erwartungen der Optionenkäufer erfüllen, wäre der Markt im neuen Gleichgewichtszustand definitionsgemäss bereit, die Optionen zum dann geltenden inneren Wert aufzunehmen. Befürchtungen über erratische Kursbewegungen beim Auslaufen der Optionen sind nur gerechtfertigt, wenn erhebliche Zweifel an der Effizienz des Marktes bestehen.

Technische Ausgestaltung

Die Begebung von Covered Options erfolgte in der Schweiz bisher ausschliesslich über Banken. Dabei tritt in der Regel die Bank im Aussenverhältnis als Emittent auf, im Innenverhältnis handelt sie aber für Rechnung und Gefahr des Schreibers der Option, des sogenannten Stillhalters. Die Vereinbarung zwischen der emittierenden Bank und dem Stillhalter, der Stillhaltervertrag, sieht vor, dass der Stillhalter eine entsprechende Anzahl Aktien bei der Bank hinterlegt, an welchen die Bank ein Pfandrecht hält, so dass sie ihrer in den Optionsbedingungen stipulierten Verpflichtung zur Herausgabe der Aktie gegen Bezahlung des Optionspreises jederzeit nachkommen kann. Bis zur allfälligen Ausübung des Optionsrechtes bleibt der Stillhalter Eigentümer der Aktie und ist damit unter anderem auch uneingeschränkt stimm- und dividendenberechtigt. Nach unbenütztem Ablauf der Optionsfrist kann der Stillhalter frei über seine Aktien verfügen.

Will der Stillhalter bereits vor Ablauf der Optionsfrist über seine Aktie verfügen, kann er sich jederzeit die nötige Anzahl Optionen am Markt beschaffen und bei der Emissionsbank einreichen, die ihm je nach Ausgestaltung des Stillhaltervertrages seine eigenen Titel oder aber jedenfalls die entsprechende Anzahl Titel aushändigen wird. Diese Möglichkeit des Stillhalters, sich vor Ablauf der Optionsfrist aus dem Engagement zu lösen, lässt das Stillhalterverhältnis mindestens in qualitativer Hinsicht weniger einschneidend erscheinen, als es häufig dargestellt wird.

Die Berechnung des erwarteten Ertrages wird damit allerdings nicht weniger komplex. Während die maximal erzielbare Rendite bei Abschluss des Geschäftes feststeht und im Fall der Covered Options auf Schweizer Namenaktien bei einer Laufzeit von zwei bis drei Jahren bis anhin in allen Fällen mehr als zehn Prozent pro Jahr betrug, fällt es schwer, das Risiko für den Stillhalter zu beziffern. Wohl fällt im Zeitpunkt der Emission ein beträchtlicher Cash Flow an, doch müssen die Aktien auch bei ungünstiger Kursentwicklung bis zum Ablauf der Optionsfrist gehalten werden. In Ermangelung effizienter Absicherungsinstrumente ist daher die Titelauswahl auch für den Stillhalter von erheblicher Bedeutung.

Pricing

Obwohl die jüngsten Emissionen von Covered Options betragsmässig nicht unbedeutend waren, erlaubte die Zusammensetzung sowohl des Stillhalterkreises als auch des Käufersegmentes ein Pricing, das einem Auktionsverfahren sehr nahe kommt. Als Stillhalter qualifizierten sich bis heute aus praktischen Gründen nur grosse institutionelle Anleger. Da das neue Instrument primär auch bei Grossanlegern auf Interesse stiess, liess die hohe Konzentration auf der Käufer- wie auf der Verkäuferseite eine Absprache unter den Parteien durch Vermittlung der Emissionsbank zu.

In der Zwischenzeit haben sich im Markt Kurse herausgebildet, die einiges über dem theoretisch «richtigen» Preis (Black-Scholes-Modell, siehe Kapitel 4) liegen. Betrachten wir dies als Information des Marktes, muss gefolgert werden, dass der Markt mit einem weiteren Abbau der für Inhaberaktien gezahlten Prämien rechnet, und zwar in dem Sinn, dass die Kurse der Namenaktien ansteigen werden. Das Black-Scholes-Modell geht in seinen Annahmen von einer perfekten Arbitrage zwischen Aktie und Option aus, was bei der vorliegenden Kategorie von Optionen nicht der Fall ist, da die Optionen frei und die Aktien nur beschränkt (vinkulierte Namenaktien) erwerbbar und umständlich handelbar sind.

Überlegungen zur Marktliquidität bei der Emission von Optionen auf Aktien

Aufgrund der Hebelwirkung von Optionen sind unseres Erachtens bei der Emission von Optionen verschiedene Überlegungen einzubeziehen, die bei einer gewöhnlichen Aktienemission von geringerer Bedeutung sind. Es ist offensichtlich, dass die Gefahr von erratischen Kursbildungen sowohl im Markt für die Option selber als auch für den zugrundeliegenden Titel besteht.

Als primäre Voraussetzung muss deshalb eine genügende Marktliquidität der zugrundeliegenden Aktie/PS gefordert werden. Uns will scheinen, dass diese Minimalbedingung bei den traditionellen Optionsanleihen häufig nicht erfüllt wird. Im Gegensatz dazu wurden Covered Options bis anhin mit zwei Ausnahmen nur auf Titel mit breiten Märkten geschrieben.

Die zweite Voraussetzung betrifft die genügende Marktbreite der Option selbst. Es ist schwer verständlich, wie wenig Beachtung dieser elementaren Forderung von Emittenten und Emissionsbanken bis anhin geschenkt wurde. Forderte man beispielsweise einen minimalen Emissionswert von sFr. 10 Mio., analog zur Vorschrift des Effektenbörsenvereins Zürich zur Qualifizierung für den Terminhandel in Optionen, könnten rund 60% der an schweizerischen Vor- und Hauptbörsen gehandelten Optionsscheine nicht mehr emittiert werden. Lobenswert sind die neuen Vorschriften für die Zulassung zur Kotierung an der Hauptbörse, die der Forderung nach genügender Liquidität Rechnung tragen. Nach dieser Vorschrift muss der Emissionswert der Optionen mindestens sFr. 10 Mio. betragen und 50 000 Stück umfassen. Beträgt die Stückelung nicht mindestens 50 000 Stück, muss sogar ein Emissionsvolumen von sFr. 25 Mio. erreicht werden.

Die Bedeutung der Schweizer Optionenbörsen

Der Stellenwert einer Optionenbörse kann am Gesamtwert der ausstehenden Optionen, am Wert der zugrundeliegenden Aktien, am Umsatzvolumen und – zumindest aus Brokersicht – an den generierten Kommissionseinnahmen gemessen werden. Aussagekräftig ist auch das Verhältnis des Umsatzvolumens der Aktien, welche mittelbar über Optionen gehandelt werden, zum Gesamtvolumen des Aktienmarktes. In entwickelten Märkten werden zeitweise über Optionen mehr Aktien bewegt als im Aktienmarkt selbst.

Optionen ab Optionsanleihen weisen zurzeit (Stand 31.7.1989, siehe Tabelle 2.1) eine Börsenkapitalisierung von sFr. 2,2 Milliarden auf. Die Kapitalisierung der für die Optionen reservierten Aktien beträgt gar sFr. 9,9 Milliarden, entsprechend rund 4,5% der Schweizer Aktienbörse. Dieser hohe Prozentsatz erklärt sich aus der ausserordentlichen Beliebtheit, welcher sich die Optionsanleihe als Anlageinstrument in unserem Markt erfreut. Der gut entwickelte Optionenmarkt erlaubte es 1988, Wandel- und Optionsanleihen im Gesamtbetrag von rund sFr. 2 Milliarden im Markt zu plazieren. Dank diesen Kapitalmarkttransaktionen flossen den Emissionsbanken Kommissionseinnahmen in der Höhe von rund sFr. 30 Millionen zu. Es versteht sich unter diesen Umständen, dass insbesondere die Grossbanken ein eminentes Interesse an einem gut funktionierenden Optionenmarkt haben.

Tabelle 2.1 **Struktur und Bedeutung der Schweizer Optionenmärkte**
(Stand 31.7.89)

Werte in Mio. sFr.

	Börsenwert der Optionen	Börsenwert der Aktien	Umsatzvolumen der Optionen	Kommissionen
Optionen ab Optionsanleihen	2 200	9 900	4 500	32
Covered Options	2 375	7 600	6 500	45
Indexoptionen	155	1 600	500	4
Total verbriefte Optionen	4 730	19 100	11 500	81
Traded Options (SOFFEX)	71	2 380	2 000	12

Quelle: Schätzungen OZ Zürich Optionen und Futures Aktiengesellschaft

Unter den verbrieften Optionen dürften Indexoptionen das grösste Entwicklungspotential aufweisen. Es ist immerhin beachtlich, dass allein mit vier Emissionen Aktien für rund sFr. 1600 Millionen gebunden wurden. Das Handelsvolumen in Indexoptionen müsste von der Einführung an der Zürcher Börse von Termingeschäften auf 6 und 9 Monate (analog Basel) profitieren. Über Terminabschlüsse können Optionen ohne Neuemission in beliebigem Umfang von jedem Marktteilnehmer geschrieben werden.

Im Markt der verbrieften Optionen dürften pro Jahr Umsätze von über sFr. 11 Milliarden erzielt werden. Bezogen auf die dahinterstehenden Aktien entspräche dies einem Anteil von rund 30% des im Schweizer Aktienmarkt direkt erzielten Volumens. Für dieses Volumen gibt es neben optionstheoretischen Überlegungen auch handfeste Gründe. Wären beim Direkterwerb der zugrundeliegenden Aktien Kommissionen von über sFr. 320 Millionen zu entrichten, kann die gleiche Risikoverschiebung auch bei einer Grosszahl von Kleintransaktionen mit einem Kommissionsaufwand von rund sFr. 80 Millionen erreicht werden.

Traded Options haben in der Schweiz innert kürzester Zeit einen erstaunlich hohen Bekanntheitsgrad erreicht. Auch das Handelsvolumen ist angesichts des widrigen Umfeldes beachtlich. Allerdings ist zu berücksichtigen, dass bis anhin mehr als zwei Drittel der Abschlüsse zwischen Banken getätigt wurden. Entsprechend fielen die von den Brokern vereinnahmten Kommissionen eher bescheiden aus. Nach Angaben der SOFFEX benötigt diese Gesellschaft ein um rund 100% höheres Handelsvolumen, um mit den Clearing Fees die laufenden Kosten abdecken zu können. Falls sich ausländische Erfahrungszahlen auf die Schweiz übertragen lassen, kann auch eine wesentlich stärkere Volumensteigerung innert nützlicher Frist erwartet werden.

Die zentrale Rolle der Handelstechnik

Vorweg ist positiv zu vermerken, dass in der Schweiz der Entwicklung effizienter und konkurrenzfähiger Märkte für abgeleitete Finanzinstrumente praktisch keinerlei Erschwernisse privat- oder öffentlichrechtlicher Natur entgegenstehen. Noch mag die herrschende Finanzkultur der Realisation origineller Ideen Grenzen setzen, doch wird letztlich die Privatinitiative, gepaart mit Gewinnchancen, den Takt der Entwicklung beschleunigen.

Den erwähnten Freiraum wussten die Initianten der SOFFEX zu nutzen. Heute werden an dieser neuen elektronischen Börse Produkte gehandelt, die den hiesigen Anlegern früher nur an ausländischen Börsenplätzen zu-

Tabelle 2.2 **Die grossen Optionen**
Börsenwert der zugrundeliegenden Aktien über sFr. 300 Mio.
(Stand 31.7.1989)

Werte in Mio. sFr.

	Börsenwert der Aktien	Börsenwert der Optionen	Prämie in %	Laufzeit in Monaten
BZ/Ciba-Geigy N. 89	996	235	23	23
BZ/Basket	790	242	2	11
Zürich Vers. Namen	722	295	27	37
BZ/Pharma Basket	634	196	2	3
OZ/OZX (Call 2500)	567	69	7	14
VT/Sandoz Namen	509	313	4	5
SOFFEX/SMI Index	490	15	3	2
BZ/Roche Genuss. C	472	128	28	20
SOFFEX/Roche Genuss.	434	17	4	2
SKA/Nestlé Namen	397	173	2	5
CA/Nestlé Namen	397	173	2	2
OZ/OZX (Call 2400)	395	56	5	14
OZ/OZX (Put 2300)	395	14	16	14
BZ/Ciba-Geigy N. 86	377	167	3	4
BZ/Roche Genuss. B	350	109	16	13
BBC Inhaber	320	202	4	27
BZ/Roche Genuss. A	310	111	15	13
Total der 17 Optionen	8 555	2 515		
Durchschnitt	503	148	10	12

gänglich waren. Die Standardisierung der Optionskontrakte hinsichtlich Laufzeit, Bezugspreis und Vertragspartei führt dazu, dass für einen Abschluss nur noch wenige Variablen berücksichtigt werden müssen. Eine weitere erfolgversprechende Vereinfachung könnte unseres Erachtens durch eine Standardisierung des Kontraktwertes erzielt werden.

Es überrascht in diesem uniformen Umfeld nicht, dass der Versuch unternommen wird, die gesamte Handelstätigkeit in einem elektronischen System einzufangen. Über Akzeptanz und Funktionstüchtigkeit dieser Handelstechnik können zum heutigen Zeitpunkt keine schlüssigen Aussagen gemacht werden.

Die Handelstechnik der an den traditionellen Börsen gehandelten Optionen nimmt sich im Vergleich zur SOFFEX scheinbar bescheiden aus. Tatsache ist jedoch, dass sich der «Ring» als effizienter Handelsplatz auf den grössten Finanzmärkten bewährt. Zweifellos gibt es auch bei uns Verbesserungsmöglichkeiten. Da zu erwarten ist, dass auch in Zukunft in rascher Kadenz neue Produkte eingeführt werden, ist der Ausbildung spezialisierter Optionenhändler besondere Beachtung zu schenken. Zusätzlich zum

Einsatz in der Auftragsabwicklung muss die Elektronik vermehrt auch im Bereich der Entscheidungsfindung Einzug halten. Geradezu trivial erscheint, dass Optionen und Aktien gleichzeitig gehandelt werden müssen, eine Bedingung, die in Zürich für viele Optionen noch nicht, in Basel und Genf nur teilweise gegeben ist.

Traded Options

In diesem Abschnitt wollen wir ganz generell die Ausgestaltung des Instruments Traded Option darstellen.

Eine typische Geschäftstransaktion

Der Kunde A will eine Option schreiben (verkaufen) und nimmt mit seinem Broker (Makler) (1) Kontakt auf. Wie bei einer Aktientransaktion wird der Auftrag entgegengenommen, die Menge, der Preis und die Laufzeit festgelegt. Der Broker (1) wendet sich an die Clearingstelle (z.B. SOFFEX) und meldet den Verkaufsauftrag des Kunden A als Verkaufslimite an. Durch ein Kursinformationssystem vermittelt die Clearingstelle die aktuellen Preise. Nehmen wir an, dass die Verkaufslimite, die A realisieren will, der Kaufslimite eines anderen Brokers entspricht. In diesem Falle wird die Option durch das System zu diesem Kurs automatisch vermittelt. Die Verkaufslimite von A wird aus dem Kursinformationssystem gestrichen, und die nächst höhere Verkaufslimite wird für die nächste Transaktion berücksichtigt.

Die Clearingstelle stellt einen Kaufbeleg auf Broker (1) aus, welcher seinerseits einen Verkaufsbeleg auf den Kunden A ausstellt. Gleichzeitig stellt die Clearingstelle einen Verkaufsbeleg auf Broker (2) aus, welcher seinerseits einen Kaufbeleg auf den Kunden B ausstellt.

Die Partner der Clearingstelle sind in beiden Fällen die Broker (1) und (2), obwohl das eigentliche Geschäft von A als Verkäufer mit B als Käufer getätigt wurde. Der Grund dafür ist, dass die Clearingstelle lediglich den Brokern das Erfüllen der mit der Option erworbenen Rechte garantiert. Gleichzeitig stellt die Clearingstelle sicher, dass die erforderlichen Sicherheiten von Broker (1) gestellt wurden. Ohne die Clearingstelle wäre der Broker (2) und damit B gezwungen gewesen, selbst die Sicherheiten von Broker (1) und damit A zu überwachen. Zudem wäre A dabei gezwungen gewesen, seine Identität bekannt zu geben.

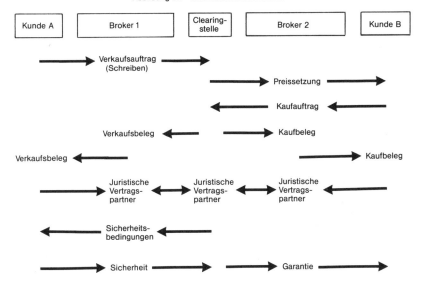

Abbildung 2.1 **Eine Geschäftstransaktion**

Market-Maker

Damit immer Kaufs- und Verkaufskurse am Markt notiert werden und die Preisbildung effektiv ist, muss in einem Markt für Traded Options ein Market-Maker-System vorgesehen sein. Jeder von der Clearingstelle als solcher anerkannte Marktteilnehmer kann als Market-Maker funktionieren. Der Market-Maker ist verpflichtet, in jeder Situation Kauf- und Verkaufskurse für die ihm zugeordneten Optionen zu stellen. Es können Kursmargen zwischen den angegebenen Kauf- und Verkaufskursen festgelegt werden, z. B. auf sFr. 10 für Optionspreise zwischen sFr. 0 und sFr. 100, sFr. 20 zwischen sFr. 100 und sFr. 200, sFr. 30 zwischen sFr. 200 und sFr. 300 usw. An der SOFFEX sind solche Höchstmargen nicht vorgesehen. Sobald anhand eines Kurses des Market-Makers ein Abschluss zustande gekommen ist, ist jener gezwungen, einen neuen Kurs zu stellen. Damit ein Marktteilnehmer als Market-Maker zugelassen wird, muss er während der Marktöffnungszeiten ständig zugänglich sein.

Da alle Optionspreise eines Market-Makers mit den Preisen der übrigen Market-Maker konkurrieren, liegt die Kursmarge zwischen Kauf- und Verkaufspreis immer tiefer als die Minimalvorgabe.

Vorausgesetzt, dass der Market-Maker die Preisbildung effektiv gestaltet und gleichzeitig keine grossen Positionen hält, liegt sein Gewinn in der Dif-

41

ferenz zwischen dem Kauf- und Verkaufskurs. Der Market-Maker kann durch Variation seiner Preissetzung seine Position am Markt verändern. Weiter werden dem Market-Maker tiefere Transaktionskosten als den übrigen Marktteilnehmern belastet (bei der SOFFEX bis zu 10mal tiefer als für die anderen Marktteilnehmer). Dies bedeutet, dass gewisse gewinnbringende und risikofreie Transaktionen nur durch den Market-Maker ausgeführt werden können. Da diese sogenannten Arbitragegeschäfte einen im Verhältnis zum eingesetzten Kapital kleinen potentiellen Gewinn versprechen, sind tiefe Transaktionskosten die unabdingliche Voraussetzung, um sie überhaupt durchführen zu können (für genaue Angaben zu den Transaktionskosten der SOFFEX siehe Tabelle 2.2 und 2.3).

Organisationsform

Die SOFFEX ist eine Aktiengesellschaft, an der die Association Tripartite Bourses (ATB), die Dachorganisation der Börsen von Basel, Genf und Zürich, und fünf Schweizer Banken beteiligt sind (Schweizerische Bankgesellschaft, Schweizerischer Bankverein, Schweizerische Kreditanstalt, Schweizerische Volksbank und Bank Leu AG).

Das integrierte Clearing-System dient
– dem täglichen Clearing, das heisst der Abrechnung der Börsenabschlüsse, der täglichen Bewertung der Positionen und der Berechnung der erforderlichen Margendeckung,
– der Ausschaltung des Erfüllungs- und Kreditrisikos zwischen SOFFEX-Mitgliedern, indem die SOFFEX für jeden Börsenabschluss als Gegenpartei auftritt und somit die Vertragserfüllung zwischen den SOFFEX-Clearing-Mitgliedern garantiert. Diese Garantiefunktion wird durch das Einfordern von Sicherheiten gewährleistet.

Die Mitgliedschaft als «General Clearing Member» bedingt ein Eigenkapital von sFr. 500 Millionen und eine zu hinterlegende Garantiesumme von sFr. 5 Millionen. Für ein «Direct Clearing Member» wurde ein Eigenkapital von mindestens sFr. 50 Millionen und eine Garantie von sFr. 1 Million festgesetzt. Ein General-Clearing-Mitglied kann im Gegensatz zum Direct-Clearing-Mitglied nicht nur die eigenen und die Aufträge seiner Kunden, sondern auch Aufträge von Börsenmitgliedern, die nicht selber Clearing-Mitglieder sind, abwickeln.

Bezeichnungen und Kursnotierung

Wir werden in diesem Abschnitt die in der Schweiz an der SOFFEX gehandelten Optionen beschreiben und deren Kursnotierungen erklären.

Um eine Option umfassend zu definieren, müssen vier Faktoren spezifiziert werden, nämlich der Typ, der zugrundeliegende Basiswert, der Strikepreis und der Verfallzeitpunkt.

Der Optionstyp

Die Option kann entweder ein Call oder ein Put sein. Der Call gibt dem Besitzer das Recht, einen gewissen Wert zu kaufen. Der Put gibt dem Besitzer das Recht, einen gewissen Wert zu verkaufen.

Der zugrundeliegende Basiswert

Der Basiswert, auf den die Option ausgestellt wird, muss bekannt sein. Zudem muss definiert sein, um welche Art des Wertpapieres, Inhaberaktie, Partizipationsschein oder Genussschein, es sich handelt.

Optionen, welche sich auf den gleichen zugrundeliegenden Wert beziehen, bilden eine Optionsklasse.

Der Strikepreis

Der Preis, zu welchem der Basispreis bezogen und ausgeübt werden kann, muss ebenfalls bekannt sein. Optionen auf den gleichen Basiswert, das gleiche Verfalldatum und unterschiedlichen Strikepreisen bilden eine Optionsserie.

Der Verfallzeitpunkt

Die Laufzeit der Option wird mit dem letzten Monat, an dem die Option ausläuft, angegeben. Die Zeitgrenze der Aktienoption kann z.B. der letzte oder der dritte Freitag im Verfallmonat sein. Bis zu diesem Zeitpunkt kann der Optionsbesitzer sein Recht geltend machen und ausüben. In den meisten Märkten wird zudem der Verfall von Futures und Optionen koordiniert. Optionen mit gleich langer Laufzeit bilden eine Optionsgruppe.

Die Notierung einer Aktienoption

Die Kursnotierung für eine Aktienoption kann folgendermassen aussehen:

Tabelle 2.3 **Elemente der Kursnotierung einer Aktienoption**

Zugrunde-liegender Wert (Telekurssymbol)	Verfall-monat	Aktien-kurs	Typ	Options-kaufkurs	Options-verkaufskurs
NES	FEB	10 000	CALL	600	650

Die Notierung dieser Option beinhaltet das Recht, die Nestlé Inhaberaktie bis zum dritten Freitag im Februar zu einem Kurs von sFr. 10 000 zu kaufen. Derjenige, welcher die Option verkaufen will, erhält sFr. 600 und derjenige, welcher die Option kaufen will, bezahlt sFr. 650.

Eine Aktienoption gilt für 5 Aktien und kann nur in dieser Menge gehandelt werden. Der Kauf- und Verkaufskurs wird trotzdem pro Aktie angegeben. Die aktuellen Kauf- und Verkaufskurse müssen also mit der Anzahl der zugrundeliegenden Aktien multipliziert werden, um den richtigen Übernahmewert für einen Kontrakt zu erhalten. In unserem Beispiel erhalten wir bei einem Verkauf eines Kontraktes sFr. 3000 minus die Transaktionskosten. Beim Kauf müssen wir sFr. 3250 plus die Transaktionskosten bezahlen. Die Transaktionskosten werden je nach Grösse der Transaktion zwischen 0,5 und 2% liegen. Sie bestehen aus einem fixen Minimalbetrag von sFr. 80 und einem proportionalen Teil, welcher im Schnitt 1% des Transaktionsbetrages ausmacht.

Die Börsengebühr und Kommissionsstruktur

Börsengebühren

Richtigerweise werden für die Market-Maker die Börsengebühren relativ tief angesetzt, was für die Funktionsfähigkeit des Marktes von entscheidender Bedeutung ist. Die Gebührenstruktur der SOFFEX sieht für diese je gehandelten Kontrakt (Option auf 5 Aktien) sFr. 0,50 vor. Broker zahlen hingegen, abgestuft nach dem Marktpreis des Optionskontraktes, zwischen sFr. 2 und sFr. 12. Unergründlich erscheint, warum die Börsengebühren nicht strikte proportional zum abgewickelten Volumen in Fr. gewählt wurden. Durch die gewählte Abstufung sind insbesondere Optionen mit einem Preis unter sFr. 50.– zu hoch mit Börsengebühren belastet.

44

Tabelle 2.4   Börsengebühren

Optionspreis (sFr.)	Gebühr (sFr.)
0– 49	2 pro Kontrakt
50– 99	5 pro Kontrakt
100–499	9 pro Kontrakt
über 500	12 pro Kontrakt

Kommissionsstruktur

Es muss angemerkt werden, dass im internationalen Vergleich die Kommissionsstruktur als angemessen bezeichnet werden darf und einem erfolgreichen Handel nicht abträglich sein dürfte. Sie sieht folgende Abstufungen vor:

Tabelle 2.5   Kommissionsstruktur

Kontraktwert (Total sFr.)		Kommission (%)	Kommission (sFr.)	Kumulierte Kommission (sFr.)	Kumulierter Kontraktwert (sFr.)	Kommission in % vom kumulierten Kontraktwert
bis	2 000	–	80	80	2 000	4,00
die nächsten	2 000	1,00	20	100	4 000	2,51
die nächsten	3 000	0,90	27	127	7 000	1,81
die nächsten	3 000	0,80	24	151	10 000	1,51
die nächsten	10 000	0,70	70	221	20 000	1,11
die nächsten	10 000	0,60	60	281	30 000	0,94
die nächsten	20 000	0,50	100	381	50 000	0,76
die nächsten	50 000	0,40	200	581	100 000	0,58
die nächsten	100 000	0,30	–	581 + 0,30% des Betrages über 100 000		

Notierungsregeln

Basiswert

Die Clearingstelle vermittelt Kauf- und Verkaufskurse. Die Wahl der Basiswerte wird von der Clearingstelle wahrgenommen. Dabei sollte die Kapitalisierung, die Liquidität und die Volatilität des Basiswertes als Auswahlkriterium herangezogen werden. Folgende Aktien sind bis heute bestimmt, die gemäss SOFFEX sowohl für Calls als auch Puts qualifizieren:

Ciba-Geigy Inhaber

Roche Holding Genussschein

Sandoz Partizipationsschein

Rück Partizipationsschein
SBV Inhaber
SBG Inhaber
SKA Inhaber
SVB Stammanteil
«Zürich» Inhaber
Nestlé Inhaber
Jacobs Suchard Inhaber
BBC Brown Boveri Inhaber
Alusuisse Inhaber

Zu erwarten ist, dass unter anderem folgende Titel in einer zweiten Phase ebenfalls qualifizieren sollten, die eine Kapitalisation von über sFr. 1 Milliarde aufweisen:

Holderbank Inhaber
Nestlé Partizipationsschein
Bührle Inhaber
«Zürich» Partizipationsschein
Winterthur Inhaber und Partizipationsschein
Surveillance Partizipationsschein
Ciba-Geigy Partizipationsschein
Pargesa Inhaber

Problematisch erscheint uns in diesem Zusammenhang die heute noch mangelnde Transparenz des schweizerischen Aktienmarktes, an dem, entgegen internationalen Gepflogenheiten, für die meisten Titel noch immer Angaben zum Umsatz je Titel und Tag fehlen. Dies führt zu der paradoxen Situation, dass zwar einerseits Optionen in einem modernen System mit guter Transparenz gehandelt werden, andererseits wichtige Informationen des der Option zugrundeliegenden Titels nicht zugänglich sind. Seit dem 16. Januar 1989 werden nunmehr Umsätze pro Tag und Titel für die oben erwähnten SOFFEX-Titel publiziert. Es bleibt zu hoffen, dass diese Angaben nicht nur auf weitere Titel ausgedehnt werden, sondern dass zukünftig die an den Börsenplätzen und im Interbankenmarkt abgewickelten Geschäfte idealerweise «real time» mit jeweiligen Angaben zu Umsatz und bezahlten Preisen pro Aktie bekanntgegeben werden.

Ein Schritt in die richtige Richtung wurde bestimmt mit der Einführung des permanenten Handels der wichtigsten Aktien gemacht, denn in permanent gehandelte Optionen kommt nur Bewegung, wenn auch die Basiswerte permanent gehandelt werden. Wertvoll ist auch, dass kotierte Optionen seit kurzem permanent gehandelt werden. Zu diesem Zweck wurde an der Börse Zürich ein eigener Optionenring geschaffen. Begrüssenswert wäre, dass an der SOFFEX Optionen auf Namenaktien gehandelt würden. Insbesondere sollte zum heutigen Zeitpunkt die Nestlé-Namenaktie qualifizieren.

Laufzeit

Jede Option hat eine Laufzeit. Als Verfalltermine werden die jeweiligen drei nachfolgenden Monate plus der nächstfolgende Ultimo des Zyklus Januar/April/Juli/Oktober gehandelt. Die Laufzeit einer Aktienoption beträgt somit max. 6 Monate. Folgendes Beispiel soll dies erläutern: Ende Januar werden erstmals Optionen mit Verfall Juli gehandelt. Sobald die April-Optionen verfallen sind, wird der Handel sowohl mit Juli- als auch mit Oktober-Optionen aufgenommen. Nach dem Verfall der Juli-Optionen werden wiederum die 3 darauffolgenden Monate gehandelt und der 6-Monats-Kontrakt im Januar eröffnet. Auf diese Weise erhält jeder Basistitel Optionen mit 4 Verfalldaten. Optionen mit kurzen Laufzeiten weisen normalerweise eine höhere Liquidität auf und wurden deshalb zuerst eingeführt. Es ist anzunehmen, dass in Zukunft auch Kontrakte mit einem längeren Verfallzyklus eingeführt werden.

Strikepreis

Die Abstufung des Strikepreises (Ausübungspreises) ist standardisiert. Folgende Regel gilt:

Tabelle 2.6 **Abstufung der Strikepreise**

Kurs Aktie (sFr.)	Abstufung (sFr.)
1– 200	10
200– 500	20
500–1 000	50
1 000–2 000	100
2 000–5 000	200
5 000 und darüber	500

Pro Titel sind mindestens drei verschiedene Ausübungspreise festzulegen, und zwar sowohl für Call- als auch für Put-Optionen. Die Ausübungspreise werden jeweils nach Massgabe des Kursverlaufs der Aktien von Monat zu Monat angepasst.

Eine Call-Option beispielsweise, bei welcher dem Optionsbesitzer der Basiswert zu einem tieferen Preis als dem aktuellen Marktpreis überlassen wird, wird in-the-money Option genannt. Ein Teil des Optionswertes besteht dann aus dem verglichen mit dem Tagespreis tieferen Kaufpreis. Dies bedeutet, dass Calls mit tieferem Ausübungspreis (Strikepreis) in-the-money oder im Geld sind und gleichzeitig Puts, welchen ein höherer Strikepreis als der aktuelle Tageskurs zugrunde liegt, ebenfalls in-the-money sind.

Der Call, welcher dem Optionsbesitzer den Basiswert zu einem höheren Preis als dem aktuellen Marktpreis überlässt, wird out-of-the-money Option genannt. Ein Put mit einem tieferen Strikepreis als dem Marktpreis ist out-of-the-money, siehe Abbildung 2.2.

Abbildung 2.2   **In- und out-of-the-money**

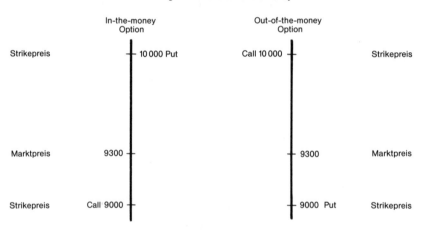

Es ist anzunehmen, dass anfänglich eine in-the-money und eine out-of-the-money Aktienoption beider Optionstypen, Calls und Puts, registriert werden. Denkbar ist, dass der Marktpreis des zugrundeliegenden Wertes sich während der Laufzeit der Option verändert, so dass die Mehrheit der Optionen einmal in-the-money und einmal out-of-the-money sind. Nehmen wir an, Ende April werden für die Nestlé Inhaberaktie sFr. 9500 bezahlt. In diesem Fall erhalten die soeben neu notierten Optionen einen Strikepreis von sFr. 9000 respektive sFr. 10 000. Sowohl die Calls als auch die Puts werden mit diesen beiden Strikepreisen gehandelt. Steigt der Kurs der Nestlé Inhaberaktie später auf sFr. 10 300 , wird der frühere out-of-the-money Call ein in-the-money Call. Genauso wird der Put mit dem Strikepreis sFr. 10 000, der früher in-the-money war, ein out-of-the-money Put, siehe Abbildung 2.3.

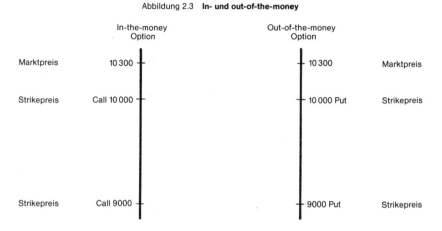

Abbildung 2.3 **In- und out-of-the-money**

Da es aus verschiedenen Gründen wichtig ist – wir werden in den kommenden Kapiteln darauf zurückkommen –, dass sowohl in-the-money als auch out-of-the-money Optionen zur Verfügung stehen, müssen nach einer starken Bewegung des Aktienkurses weitere Optionen mit neuen Strikepreisen notiert werden. Diese Optionen werden den gleichen Verfall haben wie die ursprünglich notierten. Um die Liquidität des Marktes und ein vitales Preisbild zu garantieren, muss die Einführung von neuen Optionsserien restriktiv gehandhabt werden. Denkbar wäre, dass keine neue Serie gebildet wird, wenn weniger als 45 Tage bis zum Verfalldatum verbleiben.

Das Auflösen der Optionsposition

Am Anfang dieses Kapitels wurde beschrieben, wie eine Optionsposition eingegangen wird und wie Kauf- resp. Verkaufsaufträge gehandhabt werden. Nachdem ein Abschluss zwischen dem Optionsschreiber (Aussteller) und dem Optionskäufer zustande gekommen ist, haben die Vertragspartner drei alternative Möglichkeiten, die Position aufzulösen: das Glattstellen, das Beziehen der Aktie oder das Verfallenlassen der Option.

Das Glattstellen

Das Glattstellen einer Position ist die meistgebrauchte Methode und beinhaltet, dass der Optionsschreiber am Markt eine Option mit den identischen Eigenschaften der früher verkauften Option zurückkauft. Kann er diese Option billiger zurückkaufen, als er sie verkauft hat, ist die Transaktion gewinnbringend. Dies gilt jedoch nur für den Fall, dass vom Schreiber eines Calls auf Aktien nicht verlangt wird, dass er die zugrundeliegenden Aktien auch wirklich besitzt. Ist dies der Fall, kann der tiefere Rückkaufspreis, gesamthaft betrachtet, einen Verlust bedeuten, denn der tiefere Wert des Calls kann aufgrund eines tieferen Aktienkurses entstanden sein.

Das schweizerische Optionsmodell (SOFFEX) sieht im Gegensatz zu anderen bestehenden Optionenmärkten diese Sicherheitsbestimmung nicht vor. Das System verlangt lediglich die Hinterlegung einer Sicherheit bei der Clearingstelle. Die Sicherheit besteht aus einem Geldbetrag, der sich mit dem in-the-money Wert der Option erhöht oder mit dem out-of-the-money Optionswert vermindert.

Genau gleich wie der Schreiber seine ausgestellte Option mit Gewinn, bei tieferem Kurs, oder mit Verlust, bei höherem Kurs, zurückkaufen kann, kann der Optionsbesitzer seine anfänglich gekaufte Option wieder verkaufen. Erhält er einen höheren Kurs, kann er einen Gewinn verbuchen. Er muss umgekehrt bei einem tieferen Kurs einen Verlust in Kauf nehmen.

Im Fall des Glattstellens ist der ursprüngliche Gegenpart der Optionstransaktion nicht direkt involviert. Der Gegenpart des Glattstellers ist die Clearingstelle. Der Marktteilnehmer stellt am Markt sein Engagement zum Tageskurs glatt (Schritt 2 in der Abbildung 2.4), und ein neuer Marktteilnehmer tritt an die Stelle des ersten Teilnehmers (Schritt 3 in der Abbildung 2.4). Relativ einzigartig ist in der Schweiz, dass die Transaktion mit keinen Steuern belastet wird (siehe Kapitel 15). Lediglich die Gebühr an die SOFFEX für das Glattstellen und die Kommission an den Broker sind geschuldet.

Das Ausüben

Die Wahl zwischen Ausübung und Verfall kann nur vom Optionsbesitzer getroffen werden. Er kann sein Recht ausüben und den Kauf oder Verkauf des in der Option spezifizierten zugrundeliegenden Wertes verlangen. Damit die involvierten Partner am Optionenmarkt so unabhängig wie möglich von einander agieren können, kann nicht verlangt werden, dass der Basiswert eines speziellen Verkäufers als Gegenwert geliefert werden muss. Sobald der Clearingstelle bekannt ist, dass ein Optionsbesitzer sein Recht geltend machen will, wählt sie einen oder mehrere Schreiber aus, welche dann den Basiswert liefern müssen (Schritt 2 in der Abbildung 2.5).

Nach Auswahl der Schreiber erstellt die Clearingstelle Kauf- und Verkaufsaufträge gegenüber den Marktteilnehmern (dem Optionenbesitzer, welcher die Option einlöst, und dem Schreiber, der von der Clearingstelle ausgelost wurde). Der Broker erstellt entsprechend die Abrechnungsaufträge für seine Kunden. Der Aussteller des Calls erhält die Verkaufsabrechnung und ist verpflichtet, den Basiswert zum festgesetzten Preis zu liefern; er erhält den entsprechenden Barbetrag überwiesen. Der Besitzer des Calls erhält eine Kaufabrechnung (Schritt 3 in der Abbildung 2.5). Der Schreiber eines Puts erhält ebenfalls eine Kaufabrechnung und der Besitzer eines Puts eine Verkaufsabrechnung. Wird ein Put ausgeübt, verkauft der Besitzer des Puts den Basiswert zu einem in der Option festgesetzten Preis. In sämtlichen Fällen werden normale Steuern und Transaktionskosten wie im Handel mit den zugrundeliegenden Wertpapieren belastet, was dazu führt, dass das Glattstellen kurz vor Ablauf der Option kostengünstiger als das Ausüben ist.

Der Verfall

Die dritte und letzte Möglichkeit, eine Optionsposition zu schliessen, besteht darin, das Verfalldatum der Option abzuwarten. In-the-money Optionen besitzen einen inneren Wert und werden vom Broker des Optionsbesitzers mangels anderweitiger Abmachung für den Besitzer der Option automatisch eingelöst.

Out-of-the money Optionen werden von den Konten des Optionsbesitzers oder Optionsverkäufers nach dem Verfalldatum gestrichen. Gleichzeitig verfallen alle Verpflichtungen der Clearingstelle.

Die Wahl der Ausübung

Da das Glattstellen während der ganzen Laufzeit der Option vorgenommen werden kann und die Transaktionskosten relativ tief sind, ist diese Methode von den drei beschriebenen die meistgebrauchte.

Zwar kann das Ausüben der Option ebenfalls während der ganzen Laufzeit vorgenommen werden, es fallen aber höhere Transaktionskosten an, und der Zeitwert der Option geht verloren. Der Zeitwert der Option ist jener Teil des Optionspreises, der nicht dem in-the-money Wert entspricht.

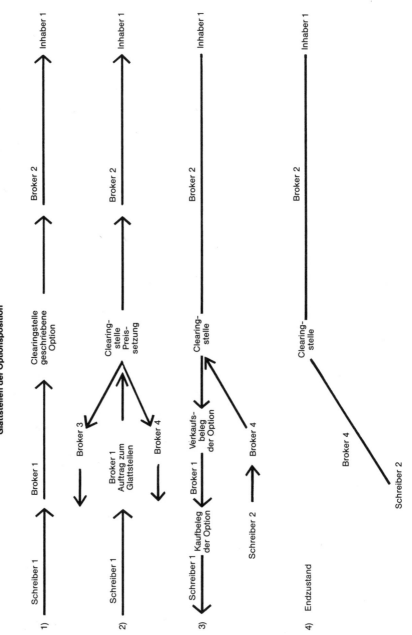

Abbildung 2.4 **Der Geschäftsablauf beim Schreiben und anschliessendem Glattstellen der Optionsposition**

52

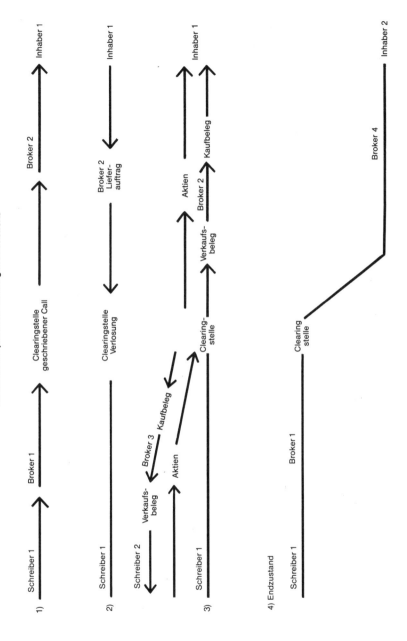

Abbildung 2.5 **Der Geschäftsablauf beim Schreiben, anschliessendem Ausüben der Option und Lieferung des Basiswerts**

1) Schreiber 1 → Broker 1 → Clearingstelle geschriebener Call → Broker 2 → Inhaber 1

2) Schreiber 1 → Clearingstelle Verlosung → Broker 2 Lieferauftrag → Inhaber 1

3) Schreiber 2 — Verkaufsbeleg → Broker 3 — Kaufbeleg → Clearingstelle
   Schreiber 1 — Aktien → Clearingstelle — Verkaufsbeleg → Aktien → Inhaber 1
   Clearingstelle — Broker 2 — Kaufbeleg → Inhaber 1

4) Endzustand
   Schreiber 1 —— Broker 1 —— Clearing stelle —— Broker 4 —— Inhaber 2

53

Der Zeitwert widerspiegelt, unter Berücksichtigung der Zinskosten zur Finanzierung des zugrundeliegenden Wertes, die Erwartungen über den zukünftigen Wert des Basistitels. Der Zeitwert nimmt um so schneller ab, je weniger Zeit bis zum endgültigen Verfall der Option bleibt. Er variiert in Abhängigkeit vom Verhältnis zwischen Strikepreis und Marktpreis und erreicht sein Maximum, wenn sich der Marktpreis in der Nähe des Strikepreises befindet. Im Kapitel 3, theoretische Bewertung, werden wir diesen Effekt näher beschreiben. Wird eine Option eingelöst, verliert sie ihren Zeitwert.

Der gesamte Zeitwert geht beim Abwarten des Verfalldatums der Option verloren, da dieser im Verfallzeitpunkt auf 0 fällt. Nachteilig wirkt sich dabei ebenfalls aus, dass die Entscheidungsfreiheit auf einen speziellen Tag beschränkt wird. Lediglich drei Situationen sind denkbar, in denen das Einlösen dem Glattstellen vorzuziehen ist. Im ersten Fall handelt es sich um eine tiefe in-the-money Option. Der Zeitwert einer solchen Option ist vernachlässigbar klein und die Option sollte, sofern es sich um die amerikanische Art von Option handelt, dann eingelöst werden, wenn die Nachfrage nach der entsprechenden Option ungenügend ist und daher der Marktwert unter den in-the-money Wert zu liegen kommt.

Ein zweiter Grund zur Einlösung besteht, wenn eine Dividendenausschüttung des zugrundeliegenden Wertes vorgenommen wird. Der Aktienkursfall nach der Ausschüttung kann höher ausfallen als der verbleibende Zeitwert. Das Einlösen kann sich in diesem Falle lohnen, da der Einlöser Aktienbesitzer wird und die Ausschüttung erhält, welche ihn für den fallenden Kurs entschädigt. Dieses Problem wird insbesondere in der Schweiz im Vergleich z.B. mit den USA von grosser Bedeutung sein, da Dividendenausschüttungen nur einmal pro Jahr vorgenommen werden. In den USA wird die Ausschüttung quartalsweise vorgenommen.

Besteht die Absicht, eine bedeutende Aktienposition schnell zu erwerben oder zu verkaufen, ohne dadurch den Markt des zugrundeliegenden Wertes direkt zu beeinflussen, ist das Einlösen dem Abwarten des Verfalltages vorzuziehen. Diese Situation bildet den dritten Grund.

Margen

Um die Risiken von Short-Positionen abzudecken, verlangt die SOFFEX von ihren Clearing-Mitgliedern auf ungedeckten Short-Positionen Margen nach der folgenden Formel:

1. Bei At-the-money- und In-the-money-Optionen: Optionspreis (Schlusskurs) + 10% des Kurses des Basiswertes.
2. Bei Out-of-the-money-Optionen: Optionspreis (Schlusskurs) + 5% des Kurses des Basiswertes.

Je nach Dynamik der Märkte kann die SOFFEX die entsprechenden Prozentsätze erhöhen oder senken. Die Banken/Broker sind verpflichtet, von ihren Kunden mindestens gleich hohe Margen zu verlangen.

Zusammenfassung

In diesem Kapitel wurde die Organisation des schweizerischen Optionenmarktes beschrieben. Neben der Behandlung des traditionellen Optionenmarktes wurde primär der Beschreibung des Handels an der SOFFEX Raum gewidmet. Einführungsweise zeigten wir, wie eine Option ausgestellt wird. Alle Transaktionen werden mit dem Clearinghaus SOFFEX als Gegenpart ausgeführt. Dieses ist im weiteren für die richtigen Kursnotierungen verantwortlich und überwacht, ob die erforderlichen Sicherheiten des Optionenschreibers vorhanden sind.

Die Market-Makers sind wesentliche Voraussetzung für einen gut funktionierenden Markt, wobei für sie tiefe Transaktionskosten einen wichtigen Faktor darstellen.

Bei den Kursnotierungen wird angegeben, ob es sich um einen Call oder Put handelt, welches der zugrundeliegende Wert ist (z.B. Nestlé Inhaberaktie), zu welchem Strikepreis die Option ausgeübt werden kann (z.B. sFr. 10 000), bis wann die Option ausgeübt werden kann (z.B. Verfallmonat Juni) und wieviel der Kauf- resp. Verkaufspreis der Option beträgt. Die Notierungsregeln der Option in Optionstyp, -klasse und -serie haben wir erläutert.

Es ist möglich, die Optionsposition auf drei verschiedene Arten aufzulösen. Erstens kann die Position glattgestellt werden. Die zweite Möglichkeit besteht in der Ausübung der Option. Dies geschieht vor allem bei tiefen in-the-money Optionen und/oder falscher Preissetzung, Ausschüttung von Dividenden kurz vor dem Verfalldatum oder mit dem Ziel, in kurzer Zeit eine Aktientransaktion durchzuführen, ohne den Kaufpreis gross zu beeinflussen. Die dritte Art der Auflösung geschieht durch den wertlosen Verfall der Option.

Es wurden eine Anzahl optionenspezifischer Begriffe definiert. Im Fachwortverzeichnis am Schluss des Buches werden die wichtigsten Ausdrücke nochmals erklärt.

Der Optionenhandel in Deutschland

Der Terminhandel in Wertpapieren ist in der Bundesrepublik Deutschland unterentwickelt. An den deutschen Börsen wurde der Terminhandel im Jahre 1970 wiederaufgenommen, nachdem er im Juli 1931 eingestellt worden war. Die Wiederaufnahme nach 39jähriger Unterbrechung betraf allerdings lediglich den Handel in Optionen auf Aktien. Seit 1971 wurde der Optionshandel auf Aktien mehrmals verbessert und standardisiert. 1986 wurde der Optionshandel in ausgewählten festverzinslichen Wertpapieren zugelassen, ohne dass sich dieser Markt allerdings entwickelte und somit praktisch bis heute (Mitte 1989) nicht existent ist. Neben dem Handel in Optionen gibt es an deutschen Börsen noch einen gut etablierten Markt in Optionsscheinen (Warrants), welche meist zusammen mit einer Anleihe emittiert werden (Optionsanleihe). Die Optionsscheine können dann später von der Anleihe getrennt und separat gehandelt werden.

Neben dem Handel in Optionen auf Aktien und in Optionsscheinen gibt es an den deutschen Börsen keine weiteren Möglichkeiten des Terminhandels. Der Finanzplatz Deutschland ist somit der letzte bedeutende Wertpapierhandelsplatz ohne Terminbörse und ohne einen börsenmässigen Terminhandel auf Aktien, festverzinsliche Wertpapiere, Indizes; eine Ausnahme bilden lediglich der Handel in Optionen auf Aktien und Renten.

Dieser in Deutschland derzeit existierende Terminhandel entspricht allerdings nicht internationalem Standard. Infolge restriktiver Deckungserfordernisse und des Ausschlusses wesentlicher Marktteilnehmer, wie z.B. Versicherungen und Investmentfonds, ist der Zweitmarkt in Optionen in Deutschland wenig liquide. Ebenso gibt es bisher kein spezielles Clearinghaus, was die Handelsfähigkeit wesentlich einschränkt. Schliesslich besteht ein sehr enger, restriktiv wirkender rechtlicher Rahmen (Termin- und Differenzeinwand), was den deutschen Terminmarkt im internationalen Vergleich nicht wettbewerbsfähig macht.

Die Tatsache, dass sich in Deutschland trotz der grossen Handelshemmnisse ein beachtlicher Markt in Aktienoptionen entwickelt hat, unterstreicht die Nachfrage nach diesem Instrument. Die starken Schwankungen an den Wertpapier- und Devisenmärkten der letzten Jahre haben vielen Marktteilnehmern verstärkt ins Bewusstsein gebracht, dass sie kaum über

Absicherungsinstrumente verfügen. Der Erfolg an den ausländischen Finanzplätzen und die zunehmende Internationalisierung der Märkte und des Anlegerverhaltens haben zudem den Ruf nach Absicherungsinstrumenten in Deutschland verstärkt. Vor diesem Hintergrund wurden die Arbeiten zur Gründung einer Deutschen Terminbörse zügig vorangetrieben. Wenn alles planmässig verläuft und der gesetzliche Rahmen geschaffen wird, wird der Handel an der neugegründeten Deutschen Terminbörse voraussichtlich zu Beginn des Jahres 1990 aufgenommen werden können.

Der Bedarf an Absicherungsinstrumenten auch in Deutschland zeigte sich u. a. darin, dass seit September 1988 an der Londoner Terminbörse (LIFFE) mit grossem Erfolg ein Terminkontrakt auf Bundesanleihen gehandelt wird. Auch die weitverbreitete Praxis von «echten» und «unechten» Pensionsgeschäften (Verkäufe mit Rückkaufvereinbarung) sowie, insbesondere seitens der Versicherungswirtschaft, von Wertpapierkäufen mit späterer Valutierung zeigen den Bedarf nach einem Terminhandel auf.

Hindernisse, die es in Deutschland auf dem Weg zu einem richtig funktionierenden Terminmarkt noch aus dem Weg zu räumen gilt, sind insbesondere:

- die Entschärfung des Termin- und Differenzeinwandes, welcher für Nichtvollkaufleute ein Optionsgeschäft als unverbindlich werden lässt,
- der bisherige Ausschluss von wesentlichen Marktteilnehmern wie Investmentgesellschaften und Versicherungen vom Termin- und Optionshandel,
- fehlende organisatorische Voraussetzungen für einen liquiden Zweitmarkt
- sowie Unsicherheiten hinsichtlich der Besteuerung.

Der Gesetzgeber hat erforderliche Massnahmen ergriffen, um die Voraussetzungen für die Geschäftstätigkeit der Deutschen Terminbörse ab Januar 1990 zu schaffen.

Im folgenden Kapitel werden der historische Hintergrund des Optionsgeschäftes in Deutschland, die derzeitige Grundstruktur des deutschen Optionshandels sowie vor allem die geplante Organisation und Struktur der neuen Deutschen Terminbörse ab 1990 beschrieben.

Das Optionsgeschäft in Deutschland

Allgemeines zum Begriff Optionsgeschäfte

Das Optionsgeschäft ist eine besondere Variante des Effekten-Terminge-schäftes. Dieses kann unterschieden werden zwischen «festen Terminge-schäften» und «bedingten Termingeschäften». Feste Termingeschäfte sind in jedem Fall zu erfüllen, während bei bedingten Termingeschäften eine Seite gegen Zahlung einer Prämie das Recht hat, zwischen Erfüllung und Aufgabe des Geschäftes zu wählen. Optionsgeschäfte sind die übliche Ver-breitungsform bedingter Termingeschäfte.

Im Wertpapiergeschäft versteht man allgemein unter einer Option das Wahlrecht, durch eine einseitige Erklärung in einem zukünftigen Zeitraum Wertpapiere zu vorher festgelegten Konditionen beziehen zu können oder die Ausgestaltungsmerkmale bestehender Wertpapiere ändern zu können, wobei die Erklärung zu einem Zeitpunkt in der Zukunft vorgenommen werden kann. Wie bereits ausgeführt, räumt eine europäische Option die Ausübungsmöglichkeit der Option nur zu einem Zeitpunkt ein. Eine ameri-kanische Option räumt die Ausübungsmöglichkeit jederzeit während der festgelegten Optionsfrist ein. Optionen können teilweise selbständig als börsennotierte Kauf- und Verkaufoptionen (Rechte) oder in Form von Op-tionsscheinen (Wertpapieren) gehandelt werden. Optionen können auch in bestehende Wertpapiere untrennbar eingebunden sein.

In der Bundesrepublik Deutschland sind bis heute der Handel in Optio-nen auf Aktien und Renten sowie der Handel in Optionsscheinen die einzi-gen Formen des börslichen Effekten-Termingeschäftes. Ausserbörslich tritt der Terminhandel in Wertpapieren auch in der Form von Pensionsge-schäften und Wertpapierleihe auf, wegen fehlender organisatorischer Vor-aussetzungen allerdings nur in geringem Masse. Ebenso gibt es einen sehr begrenzten ausserbörslichen Markt in Optionen.

Schliesslich gibt es im Wertpapierbereich noch eine weitverbreitete Form von Optionen, welche allerdings nicht selbständig dargestellt und ge-handelt werden kann, nämlich Kündigungsklauseln und Wandlungsrechte in Anleihen. Von der Bedeutung an den Wertpapiermärkten her gesehen, sind die in Anleihen mit Kündigungsklauseln eingebundenen Optionen so-gar am wichtigsten. Über 50% der am Euromarkt emittierten DM-Anlei-hen sind beispielsweise mit Kündigungsklauseln ausgestattet. Die Kündi-gungsklauseln in Anleihen werden von Investoren oft vernachlässigt, was u. a. daran liegt, dass die Kündigungsklauseln nicht Teil eines eigenständigen Marktes in Optionen darstellen.

Der eigentliche Markt für Optionen wird in Deutschland durch die börsenmässigen Optionen auf Aktien und Renten sowie durch den Handel in Optionsscheinen dargestellt. Der Unterschied ist vor allem darin zu sehen, dass
die börsenmässig gehandelten Optionen Rechte darstellen, während Optionsscheine eigenständige Wertpapiere darstellen.

Termingeschäfte in Wertpapieren haben in Deutschland keine besondere
Tradition. Die Weltwirtschaftskrise führte im Jahre 1931 zur Einstellung des
bis dahin börsenmässig betriebenen Terminhandels. Bis dahin umfasste der
Terminhandel vor allem die klassische Form der sogenannten Festgeschäfte,
wobei Käufer und Verkäufer einen festen Abschlusskurs vereinbaren und
das Geschäft zu einem später festgelegten Zeitpunkt erfüllt werden musste.
Daneben gab es bis dahin noch sogenannte «bedingte Termingeschäfte» in
Form von Prämiengeschäften, welche den heutigen Optionsgeschäften in
der Auswirkung ähnlich sind.

Seit 1956 durften deutsche Anleger wieder Termingeschäfte im Ausland
abschliessen. 1964 wurde von der Arbeitsgemeinschaft deutscher Wertpapierbörsen eine Kommission zur Prüfung der Voraussetzung einer Wieder-
einführung des Termingeschäftes in Deutschland eingerichtet. Sowohl die
Kommission als auch das deutsche Kreditgewerbe standen damals einer
Einführung der Termingeschäfte ablehnend gegenüber. Weitere umfangreiche Untersuchungen resultierten allerdings 1969 in einer Empfehlung
der Börsensachverständigen-Kommission, den Terminhandel in Form des in
den USA üblichen Optionshandels wieder einzuführen.

Angesichts der rechtlichen Rahmenbedingungen, welche dem Anleger-
schutz überragende Bedeutung beimessen (Termin- und Differenzeinwand), wurde die Form des Optionshandels auch deshalb ausgewählt, weil
«bei dieser Handelsform der wirtschaftlich unerfahrene und mit geringen
Mitteln ausgestattete Spekulant vor unübersehbaren Verlusten geschützt
wird». Das Risiko für den Optionskäufer ist immer auf den Optionspreis beschränkt. Nur der Verkäufer von Kauf- und Verkaufoptionen geht grössere
Risiken ein, welche allerdings durch umfangreiche Deckungserfordernisse
abgemildert wurden.

Am 1. Juli 1970 wurde der Handel in Optionen auf Aktien an den deutschen Wertpapierbörsen offiziell aufgenommen. Bereits damals wurde zudem zum Ausdruck gebracht, dass es sich lediglich um einen ersten Schritt
handeln sollte, dem weitere Schritte, je nach Bedarf und Marktentwicklung,
folgen sollten. In dem neu eingeführten Optionsmarkt konnten zwar Op-

tionen neu begründet werden, ein Handel in laufenden Optionen war allerdings nicht möglich. Dies hatte folgende Gründe:

- Die Optionsfrist war nicht standardisiert. Sie betrug vom Abschlusstag an gesehen entweder 2 Monate und 5 Kalendertage, 3 Monate und 5 Kalendertage oder 6 Monate und 10 Kalendertage.
- Es gab keine Clearingstelle; das Recht des Optionskäufers auf Bezug oder Lieferung bestand gegenüber einem individuellen Stillhalter.
- Der Bezugspreis entsprach in der Regel dem Kassakurs des Wertpapiers am Abschlusstag.

Durch diese Regelungen wurden alle Optionen zu individuellen Optionen, ohne Standardisierung. Ein Handel in bereits laufenden Optionen (ein Zweitmarkt) war dadurch nicht möglich. Daher wurde im Laufe der Jahre schrittweise eine Standardisierung des Optionsgeschäftes beschlossen. Die Zahl der Optionsfälligkeiten und der Basispreise wurde vereinheitlicht, und weniger restriktive Deckungserfordernisse wurden eingeführt. Die Basispreise wurden zudem an die aktuelle Kursentwicklung angebunden und auf eine vernünftige Anzahl reduziert. Auf diese Weise konnte ein Zweitmarkt in Aktienoptionen erfolgreich etabliert werden.

Seit Anfang der 80er Jahre befasste sich die Börsensachverständigen-Kommission auch mit der Frage, ob der Optionshandel auf festverzinsliche Wertpapiere und/oder das klassische Termingeschäft eingeführt werden solle. Die Überlegungen resultierten in der Empfehlung, festverzinsliche Wertpapiere in den Optionshandel einzubeziehen, für Festgeschäfte sah man hingegen keinen Bedarf. Infolge der Nichtteilnahme wesentlicher Anlegergruppen (Versicherungen, Investmentfonds), der restriktiven Deckungserfordernisse sowie der Beschränkung auf wenige individuelle festverzinsliche Wertpapiere ist der börsenmässige Optionsmarkt auf festverzinsliche Wertpapiere jedoch bis heute (Mitte 1989) praktisch nicht existent.

Bereits seit Mitte der 80er Jahre wurde angesichts der gewachsenen Risiken des internationalen Wertpapiergeschäftes, des Erfolges ausländischer Terminbörsen und der zunehmenden Liberalisierung wesentlicher Finanzplätze der Ruf nach einer Deutschen Terminbörse laut. In den letzten Jahren wurden hierzu wesentliche Untersuchungen und Vorarbeiten geleistet. Den letzten Anstoss gab die Gründung der Schweizer Terminbörse (SOFFEX). Sowohl die deutschen Wertpapierbörsen als auch das Kreditgewerbe verlangten zuletzt massiv die Gründung einer Deutschen Terminbörse. Die organisatorischen Voraussetzungen sind zwischenzeitlich geschaffen, die

Terminbörse gegründet. Nachdem, wie beabsichtigt, der gesetzliche Rahmen für einen Terminhandel in Deutschland im Laufe des Jahres 1989 geschaffen werden, wird der Handel an der Deutschen Terminbörse Anfang 1990 aufgenommen. Zunächst wird ein Optionshandel in Aktien stattfinden, dem allerdings unmittelbar der Terminhandel auf einen Anleihekontrakt und einen Aktienindex folgen soll.

Grundstruktur des deutschen Optionshandels bis 1989

Die Rechtsgrundlagen und die Regelungen für das börsenmässige Optionsgeschäft sind auf verschiedenen Ebenen festgelegt. Die Zulassungsbedingungen für Wertpapiere zum Börsenterminhandel sind im Börsengesetz geregelt. Sind die Voraussetzungen für eine Zulassung zum Börsenterminhandel (u. a. amtlicher Handel, grosse Umsätze, Einverständnis der betreffenden Aktiengesellschaft, Veröffentlichung der Umsätze) gegeben, können auch ausländische Titel zum Optionshandel zugelassen werden. Antrag auf Zulassung eines Wertpapiers zum Terminhandel muss von einem an der Wertpapierbörse zugelassenen Kreditinstitut gestellt werden. Die Börsenvorstände bestimmen dann und veröffentlichen, welche Titel zum Optionshandel zugelassen sind. Schliesslich muss der Bundesminister für Finanzen noch seine Zustimmung zum Terminhandel geben. In der Bundesrepublik Deutschland sind derzeit 56 Aktien und 14 festverzinsliche Wertpapiere zum Optionshandel zugelassen (Stand: Juni 1989).

Rechtliche Rahmenbedingungen

Die Kreditinstitute treten bei der Ausführung von Optionsgeschäften im Verhältnis zu ihren Kunden stets als Eigenhändler auf, d. h. sie stehen mit ihren Kunden in unmittelbarer vertraglicher Beziehung. Kauft beispielsweise ein Kunde eine Option, so übernimmt die Bank ihm gegenüber die Stillhalterfunktion. Die rechtlichen Beziehungen zwischen der Bank und ihrem Kunden bei der Ausübung von Optionsgeschäften sind in den «Sonderbedingungen für Optionsgeschäfte» dargelegt. Die Bank bleibt während der gesamten Laufzeit Kontrahent im Rahmen des eingegangenen Optionsgeschäftes. Sie kann diese Position für ihren Eigenbestand halten. In der Regel wird allerdings das Kreditinstitut ein entsprechendes Gegengeschäft im börsenmässigen Terminhandel abschliessen.

Zur Teilnahme am börsenmässigen Optionshandel ist nur zugelassen, wer von der Lombardkasse bzw. Liquidationskasse als Teilnehmer anerkannt wird. Der Lombardkasse/Liquidationskasse müssen alle Kreditinstitute angehören, welche Optionsgeschäfte im börslichen Handel tätigen. Die Lombardkasse ist für die Erfassung und die Überwachung der Optionsgeschäfte zuständig. Für alle Optionsgeschäfte, welche nach den «besonderen Bedingungen für Optionsgeschäfte an den deutschen Wertpapierbörsen» abgeschlossen worden sind, gewährt die Lombardkasse die ordnungsgemässe Überwachung und Erfüllung. Die Gewährleistung erfasst allerdings nur den börsenmässigen Optionshandel; für diesen gelten die «Besonderen Bedingungen». Bei der Abwicklung der Geschäftsbeziehung zwischen dem Kunden und der Bank gelten die «Sonderbedingungen für Optionsgeschäfte sowie die allgemeinen Geschäftsbedingungen der Bank».

Schliesst ein Kunde mit einer Bank ein Optionsgeschäft ab, so können dadurch letztlich 3 rechtlich selbständige und voneinander unabhängige Optionskontrakte zustande kommen:

– Das zwischen dem Kunden und der Bank abgeschlossene Geschäft.
– Das von der Bank im börsenmässigen Optionsgeschäft abgeschlossene Gegengeschäft.
– Das von dem beteiligten börsenmässigen Kontrahenten mit seinem Kunden abgeschlossene Geschäft.

Termingeschäftsfähigkeit und Differenzeinwand

Die bisherige rechtliche Handhabung (bis 1989) des Optionsgeschäftes wird im folgenden in seinen wesentlichen Punkten dargestellt, ohne auf alle Details eingehen zu können. Im Anschluss daran werden die Änderungen im Jahr 1989 skizziert.

Alle Termingeschäfte in Deutschland unterliegen den Schutzbestimmungen des Börsengesetzes über die Termingeschäftsfähigkeit. Das Börsengesetz unterscheidet zwischen termingeschäftsfähigen und nichttermingeschäftsfähigen Personen. Ein Termingeschäft ist rechtlich nur dann wirksam, wenn beide Kontrahenten die Termingeschäftsfähigkeit besitzen. Nichttermingeschäftsfähige Personen sollen vor den Risiken von Termingeschäften geschützt werden, sie können den sogenannten Termineinwand geltend machen.

Termingeschäftsfähig laut Börsengesetz sind folgende Personengruppen:
1. handelsrechtlich eingetragene Vollkaufleute,
2. «Börsenleute», welche berufsmässig Börsentermin- und ähnliche Geschäfte betreiben,
3. Börsenbesucher mit Zulassung zur Teilnahme am Börsenhandel und

4. Personen ohne Wohnsitz oder gewerbliche Niederlassung im Inland.

Die Definition des Börsentermingeschäftes ist allerdings im Börsengesetz nicht dargelegt. Nach der in der Rechtsprechung überwiegend vertretenen Auffassung und nach einem Urteil des Bundesgerichtshofes aus dem Jahre 1984 erfüllt das börsenmässige Optionsgeschäft die Kriterien eines Börsentermingeschäftes.

Termingeschäfte zwischen termingeschäftsfähigen Personen gelten nach dem Börsengesetz als verbindlich, da diese Personen nicht dem Termineinwand unterliegen. Für die nichttermingeschäftsfähigen Personen begründet ein Terminkontrakt zunächst keine Verbindlichkeit; dies gilt auch dann, wenn nur einer der Vertragspartner nichttermingeschäftsfähig ist.

Eine Berufung auf den Termineinwand kann aber auch nichttermingeschäftsfähigen Personen verwehrt werden, wenn
– sie sich nachträglich mit der aus einem Termingeschäft geschuldeten Leistung einverstanden erklären und die Leistung tatsächlich erbracht wird,
– wenn sie für das Termingeschäft Sicherheiten nach strengen Vorschriften des Börsengesetzes bestellt haben oder
– wenn sie die aus einem Termingeschäft geschuldete Leistung erbracht haben.

In der Praxis sieht das so aus, dass sich die Bank bei Optionsgeschäften mit nichttermingeschäftsfähigen Personen absichern muss. Aus diesem Grund verlangt die Bank von ihren Kunden im Optionsgesetz grundsätzlich hohe Sicherheitsleistungen. Darüber hinaus wird eine ausdrückliche, schriftliche Erklärung gefordert, dass die Sicherheitenbestellung der Verlustdeckung dienen soll. Um die Belastungen aus den Optionsgeschäften besser überwachen zu können und um sicherzustellen, dass der Kunde hierfür nicht Kredit in Anspruch nimmt, sondern tatsächlich ein effektives Guthaben vorhanden ist, werden Optionsgeschäfte mit Kunden über sogenannte Optionssonderkonten abgewickelt. Die Einrichtung dieses Kontos bedarf wiederum der ausdrücklichen Zustimmung des Kunden.

Selbst wenn ein Termingeschäft verbindlich wird, kann dennoch der sogenannte Differenzeinwand nach dem Bürgerlichen Gesetzbuch §§ 762, 764 erhoben werden. Nach diesem Paragraphen werden Differenzgeschäfte als nicht verbindlich angesehen, da sie unter den Bereich «Spiel» eingeordnet werden. Im Bürgerlichen Gesetzbuch heisst es dazu: «Wird ein auf Lieferung von Waren oder Wertpapieren lautender Vertrag in der Absicht geschlossen, dass der Unterschied zwischen dem vereinbarten Preis und dem Börsen- oder Marktpreis der Lieferungszeit von dem verlierenden Teil an den gewinnenden gezahlt werden soll, so ist der Vertrag als Spiel anzusehen. Dies gilt auch dann, wenn nur die Absicht des einen Teils auf die Zahlung des Unterschieds gerichtet ist, der andere Teil aber diese Absicht kennt oder kennen muss.» Nach dieser gesetzlichen Regelung sind Verträge zwischen Privatleuten, welche auf einen Spekulationsgewinn infolge einer Preisdifferenz gerichtet sind, unter dem Bereich «Wette» oder «Spiel» einzuordnen oder nicht verbindlich.

Nach überwiegender Auffassung sind Optionsgeschäfte nicht unter Differenzgeschäfte einzuordnen, da sie auf eine Erfüllung abzielen. Dieser Sachverhalt wurde allerdings bis heute nicht eindeutig geklärt. Es wird allerdings die Auffassung vertreten, dass Optionsgeschäfte zwischen Termingeschäftsfähigen und auch zwischen Nichttermingeschäftsfähigen, sofern die zur Ausschaltung des Termineinwandes geltenden Vorschriften eingehalten worden sind, verbindlich sind.

Termingeschäfte, bei denen eine eigentliche Lieferung nicht möglich ist, zielen nur auf eine Preisdifferenz ab und unterliegen daher dem Differenzeinwand. Von daher waren bisher Geschäfte in Terminkontrakten wie Indexkontrakten und ähnliches, bei denen lediglich ein sogenanntes Cash-Settlement, d. h. keine Lieferung, sondern ein Barausgleich bei Erfüllung, vorgesehen ist, praktisch nicht möglich.

Entwicklungstendenzen

Die sehr restriktiven Regelungen, welche teilweise sogar aus dem vorigen Jahrhundert stammen, sollen im Laufe des Jahres 1989 dahingehend geändert werden, dass ein Terminmarkt in Deutschland nach internationalem Standard möglich wird. Die vorgesehenen Änderungen sehen nach dem ersten Referentenentwurf wie folgt aus:

Auszug aus einem Statement von Bundesfinanzminister Stoltenberg vom 28. 11. 1988:

«In den letzten Jahren hat sich in den wichtigsten internationalen Börsen neben dem Wertpapierhandel ein lebhafter Terminmarkt entwickelt. Termingeschäfte haben zum Inhalt, dass heute Konditionen für Wertpapier- oder Devisengeschäfte festgelegt werden, deren Ausführung erst zu einem späteren Zeitpunkt erfolgen soll. Termingeschäfte werden abgeschlossen, um Kursrisiken abzusichern. Die Terminbörse erfüllt damit eine wichtige volkswirtschaftliche Funktion, weil sie mehr Planungssicherheit ermöglicht.

In der Bundesrepublik bestehen bisher nur begrenzte Möglichkeiten für Termingeschäfte. Das hat sich als erheblicher Wettbewerbsnachteil gegenüber anderen Börsenplätzen erwiesen. Die Bundesregierung hat deshalb schon im Jahreswirtschaftsbericht 1988 angekündigt, dass sie die Rahmenbedingungen für die Gründung einer deutschen Terminbörse durch eine Novellierung des Börsengesetzes verbessern wird.

Termingeschäfte werden in erster Linie in der Form von Optionsgeschäften beziehungsweise „Future-Kontrakten" abgewickelt. „Future-Kontrakte" werden bisher vom Begriff des Börsentermingeschäftes nicht erfasst. Deshalb sieht die Novelle vor, den Begriff „Börsentermingeschäft" auszuweiten und an die weitergehende Entwicklung der Finanzmärkte anzupassen.

Darüber hinaus soll der Kreis der Anleger, die rechtsverbindliche Börsentermingeschäfte abschliessen können, erweitert werden. Aufgrund der Rechtslage kommen hierfür zur Zeit praktisch nur Vollkaufleute in Frage. Alle anderen Anleger haben die Möglichkeit, sich unter Berufung auf den sogenannten Differenz- und Termineinwand aus Termingeschäften zu lösen, was natürlich bedeutet, dass sie als Geschäftspartner kaum in Frage kommen.

Die Neuregelung im Referentenentwurf sieht vor, dass private Anleger, wenn sie mit den Risiken einer Teilnahme am Börsentermingeschäft vertraut gemacht wurden, sich nicht mehr auf den Differenz- und Termineinwand berufen können. Dadurch wird einerseits erreicht, dass alle Partner eines Börsentermingeschäfts Vertrauensschutz geniessen. Unter Beachtung des erforderlichen Anlegerschutzes schaffen wir andererseits erweiterte Spielräume für Finanzdispositionen.

Sollten sich Fehlentwicklungen auf dem Gebiet der Börsentermingeschäfte zeigen, verbleibt dem Bundesminister der Finanzen die Möglichkeit, durch Rechtsverordnung mit Zustimmung des Bundesrates zusätzliche Sicherungen für Börsentermingeschäfte einzuführen.»

Die entsprechende Börsengesetznovelle wurde vom Deutschen Bundestag Mitte 1989 verabschiedet, so dass hiermit die Voraussetzungen für den Beginn der Geschäftstätigkeit an der Deutschen Terminbörse ab Mitte Januar 1990 geschaffen sind.

Einzelheiten des derzeitigen Optionshandels in Deutschland

Im folgenden werden die Einzelheiten des derzeitigen Optionshandels in Deutschland dargestellt. Diese werden sich allerdings mit Beginn des Jahres

1990 ändern, wenn die zwischenzeitlich gegründete Deutsche Terminbörse ihre Tätigkeit aufnimmt. Aus diesem Grund werden die derzeitigen Organisationsstrukturen des deutschen Optionshandels lediglich in ihren wesentlichen Zügen dargestellt, während die Regelungen der neuen Deutschen Terminbörse ausführlicher dargestellt werden.

Mindestschluss

Der Mindestschluss zeigt die Mindestanzahl von Aktien pro Optionsgeschäft an. Bei inländischen Werten beträgt dieser 50 Stück pro Optionskontrakt, bei ausländischen Aktien 100 Stück. Die Festlegung eines Mindestschlusses wurde aus organisatorischen und Kostengründen getroffen. Es kann sein, dass Banken in ihrem Kundengeschäft einen höheren Mindestabschluss verlangen.

Der Basispreis ist der bei Abschluss eines Optionsgeschäftes festgelegte Preis, zu dem das Wertpapier bei Ausübung der Option entweder bezogen (im Falle einer Kaufoption) oder verkauft (im Falle einer Verkaufoption) werden kann.

Optionsgeschäfte über Aktien können nur zu den Preisen gemäss Tabelle 2.7 abgeschlossen werden.

Tabelle 2.7 **Abstufung der Basispreise**

Preise in DM

2,50	oder ein Vielfaches davon	
	bis einschliesslich	30,–
35,—	oder ein höherer durch 5 teilbarer	
	Betrag bis einschliesslich	100,–
110,—	oder ein höherer durch 10 teilbarer	
	Betrag bis einschliesslich	200,–
200,—	oder ein höherer durch 20 teilbarer	
	Betrag bis einschliesslich	500,–
500,—	oder ein höherer durch 50 teilbarer	
	Betrag bis einschliesslich	1000,–
1100,—	oder ein höherer durch 100 teilbarer Betrag	

Ausgehend vom letzten amtlichen Kassakurs des Wertpapieres können Basispreise für Aktienoptionen jeweils nur innerhalb der drei Basispreisgruppen gewählt werden, die aufsteigend oder absteigend auf den aktuellen Kurs folgen. Ein einmal festgestellter Basispreis gilt für die gesamte Laufzeit. Neue Basispreise können jeweils aufgrund der aktuellen Kursentwicklung der Aktie begründet werden. Beispiel: Ist der Wertpapierkurs bei DM 170,– so können am nächsten Tag Optionen mit den Basispreisen 170,–,

180,– und 190,– sowie 150,– und 160,– begründet werden. Diese Basispreise stehen für Neuabschlüsse während der Optionslaufzeit auch weiterhin zur Überprüfung, unabhängig von der Kursentwicklung des Wertpapieres.

Optionsgeschäfte bei festverzinslichen Wertpapieren können nur zu Basispreisen in der Bezugsgrösse von DM 2,– oder einem Vielfachen davon abgeschlossen werden. Ebenso wie bei Aktien können Basispreise für Rentenoptionen grundsätzlich nur innerhalb der drei Gruppen gewählt werden, die aufsteigend oder absteigend auf den aktuellen Kassakurs vom Vortag der Rentenpapiere folgen.

Laufzeiten

Aktienoptionen:

Die Fälligkeit der Optionskontrakte wurde auf vier Termine pro Jahr konzentriert. Stichtage für das Ende der jeweiligen Laufzeit sind jeweils der 15. Kalendertag oder der folgende Börsentag der Monate Januar, April, Juli und Oktober.

Bei Optionskontrakten, die innerhalb des ersten Kalendervierteljahres abgeschlossen werden, endet die Laufzeit jeweils am 15. Kalendertag der Monate April, Juli oder Oktober desselben Jahres.

Bei Optionskontrakten, die innerhalb des zweiten Kalendervierteljahres abgeschlossen werden, endet die Laufzeit jeweils am 15. Kalendertag der Monate Juli oder Oktober desselben Jahres.

Bei Optionskontrakten, die innerhalb des dritten Kalendervierteljahres abgeschlossen werden, endet die Laufzeit jeweils am 15. Kalendertag des Monats Oktober desselben Jahres oder der Monate Januar und April des folgenden Jahres.

Bei Optionskontrakten, die innerhalb des vierten Kalendervierteljahres abgeschlossen werden, endet die Laufzeit jeweils am 15. Kalendertag der Monate Januar, April oder Juli des folgenden Jahres. Abweichende Regelungen sind ausgeschlossen. Endet die Laufzeit einer Option nicht an einem Börsentag, so kann die Option am nächsten Börsentag ausgeübt werden. Da ein Optionsgeschäft jederzeit abgeschlossen werden kann, können sich im Einzelfall ursprünglich Laufzeiten von wenigstens einem halben Monat und längstens 9½ Monaten ergeben.

Rentenoptionen:

Die Fälligkeitstermine sind jeweils auf den 25. Kalendertag in den Monaten Januar, April, Juli, Oktober konzentriert.

Abrechnung

Von einer «Bruttoabrechnung» spricht man dann, wenn die Spesen (Courtage, Provision und eventuell anfallende Börsenumsatzsteuer) in der Abrechnung separat ausgewiesen werden. Bei der «Nettoabrechnung» sind diese Spesen in den Kurs einbezogen.

Die bisher «netto» abzurechnenden Optionsgeschäfte können zukünftig im Interesse einer kundenfreundlicheren Handhabung «brutto» abgerechnet werden. Nr. 5, Absatz 2, Satz 1 der Sonderbedingungen für Optionsgeschäfte wird Nr. 29, Absatz 2, letzter Satz der Allgemeinen Geschäftsbedingungen angepasst und lautet: Käufe und Verkäufe von Optionen kann die Bank netto abrechnen, soweit nicht der Kunde Bruttoabrechnung verlangt.

Optionskonto

Aus rechtlichen Gründen werden Abrechnungen über gekaufte Optionen über ein Optionssonderkonto gebucht; die Bezahlung der Optionsprämie muss aus Guthaben erfolgen.

Spannen der Optionspreise

Mit «Optionspreis» wird der Kurs für die im Markt gehandelte Option bezeichnet. Die Optionspreise werden in Spannen von DM 0,05 angegeben. Der Optionspreis ist vom Käufer der Option bei Abschluss des Geschäftes zu zahlen. Die Abrechnung für den Käufer erfolgt netto, gegebenenfalls brutto. Im Falle einer vorzeitigen Beendigung der Laufzeit der Option, zum Beispiel bei Kauf-, Umtausch- oder Abfindungsangeboten, wird keine nachträgliche Ermässigung des Optionspreises vorgenommen.

Auftragserteilung

Aufträge zum Abschluss von Optionsgeschäften können telefonisch, brieflich, fernschriftlich oder am Schalter erteilt werden. Der Auftrag muss die üblichen Einzelheiten wie bei einem normalen Börsenauftrag enthalten, das heisst Wertpapiergattung, Stückzahl, ferner Laufzeit der Option sowie Basispreis und Höhe des Optionspreises. Der Optionspreis kann im Auftrag – wie bei Börsenorders allgemein üblich – billigst oder bestens oder auch limitiert angegeben werden. Die Limitierung des Optionspreises kann die Ausführung des Auftrages einengen. Es empfiehlt sich daher, bei der Auftragserteilung zu überlegen, ob der vorzugebende Basispreis ausreichend Spiel lässt.

Wichtig für den Inhaber einer Option, der eine Veräusserung seines Rechtes während der Optionsfrist beabsichtigt, ist die Bestimmung, dass eine laufende Option nur bis zum 3. Börsentag vor Fälligkeit übertragbar ist, das heisst verkauft werden kann.

Nebenrechte (Dividenden, Bezugsrechte)

Dividende: Der Basispreis bleibt bei der Gewährung von Dividenden oder Boni unverändert.

Bezugsrechte: Bei der Gewährung von Bezugsrechten im Falle einer Kapitalerhöhung während der Optionslaufzeit wird der Basispreis zunächst um den Wert des am ersten Handelstag des Bezugsrechtes an der Frankfurter Wertpapierbörse festgestellten Bezugsrechtskurses ermässigt. Der sich nach dem Abschlag ergebende Basispreis wird dann auf den am nächsten liegenden Basispreis gerundet.

Ausübung der Option

Hier ist zwischen der Ausübung seitens des Kunden gegenüber dem Kreditinstitut und der Ausübung des Kreditinstituts gegenüber seinem Kontrahenten im börsenmässigen Optionsgeschäft (Deckungsgeschäft) zu unterscheiden. Der Kunde muss sein Kreditinstitut so rechtzeitig unterrichten, dass die Bank ihrerseits in der Lage ist, die Option auf Aktien für das Deckungsgeschäft usancenmässig auszuüben. Erklärungen des Kunden müssen der Bank deshalb spätestens am Fälligkeitstag bis 10.00 Uhr zugegangen sein (bei Renten: 17.00 Uhr vorletzter Börsentag). Es empfiehlt sich daher, diese Erklärung bereits am Vortag nach Börsenschluss abzugeben. Findet am Fälligkeitstag keine Börsenversammlung statt, so kann die Option noch am nächstfolgenden Börsentag bis zu dem erwähnten Zeitpunkt ausgeübt werden. Die Optionsausübung ist an keine besondere Form gebunden; sie kann also mündlich, fernmündlich, schriftlich oder fernschriftlich erklärt werden. Die Bank unterrichtet ihrerseits den Stillhalter bei Ausübung einer Option unverzüglich durch Abrechnung des Geschäftes oder durch Ausführungsanzeige.

Erfüllung des Optionsgeschäftes

Hat der Kunde seine Option ausgeübt, so werden ihm die betreffenden Wertpapiere brutto zum Basispreis abgerechnet.

Sicherheiten/Deckungserfordernisse

Bei Aktien-Optionen

Der Stillhalter hat im Rahmen seiner Funktion verschiedene Sicherheiten zu leisten. Sie sind im Regulativ der Lombardkasse/Liquidationskassen zur Zeit wie folgt festgelegt:

a) Stillhalter in Wertpapieren

Er muss mindestens 30% der den Gegenstand des Geschäftes bildenden Wertpapiere bereithalten; für den nicht durch Optionspapiere gedeckten Teil des Geschäftes muss Sicherheit in der Weise geleistet werden, dass der Wert dieser Sicherheit um mindestens 30% über dem Wert liegt, der sich aus dem Basispreis der nicht durch Optionspapiere gedeckten Stückzahl des Geschäftes ergibt. Diese Sicherheit kann in Geld bzw. lombardfähigen Wertpapieren geleistet werden, wobei Rentenwerte bis zu 90% und Aktienwerte bis zu 75% ihres Kurswertes angerechnet werden.

b) Stillhalter in Geld

Auf Verlangen der Kasse ist Sicherheit bis zur Höhe von 30% des Engagements zu leisten.

Renten-Optionen

Bei Kaufoptionen hat der verkaufende Kunde (Stillhalter in Wertpapieren) für eine Sicherheit in voller Höhe des Engagements (100% kongruente Deckung) Sorge zu tragen. Der Stillhalter in Geld hat Sicherheiten mindestens in Höhe der im Regulativ der Lombardkassen jeweils geforderten Sätze zu leisten (derzeit 15% bei den Rentenoptionen gegenüber 30% im Optionsgeschäft mit Aktien).

Die Deutsche Terminbörse (DTB)

Organisation der Deutschen Terminbörse

Im Juli 1988 ist die Deutsche Terminbörse GmbH (DTB), Frankfurt am Main, als Trägergesellschaft der Börse und als Clearingstelle für ihre Mitglieder gegründet worden. Das Stammkapital beträgt DM 10 Mio. Gesellschafter sind die Deutsche Bank, Dresdner Bank, Commerzbank, DG-Bank, DGZ-Bank sowie die Bayerische Hypothekenbank, Bayerische Vereinsbank, Berliner Bank, BHF-Bank, Trinkaus und Burkhardt, Vereins- und Westbank, Hauck & Sohn, Metzler Seel., Oppenheim, Delbrück, Merck/ Finck, Warburg Brinckmann Wirtz. Der Gesellschaftszweck der DTB ist der Betrieb einer vollcomputerisierten Terminbörse für Optionen und Financial Futures mit integrierter Clearing-Organisation. Die Deutsche Terminbörse (DTB) wird ihre Tätigkeit im Januar 1990 aufnehmen, nachdem die entsprechenden gesetzlichen Voraussetzungen Mitte 1989 geschaffen wurden.

Der rechtliche Rahmen für die Börse wird durch das Börsengesetz vorgegeben. Daneben regelt die Börsenordnung organisatorische und strukturelle Aspekte. Besondere Bedingungen regeln den Handel zwischen den Börsenmitgliedern. Ergänzend werden Clearing-Bedingungen festgelegt, die die Grundlage für den Ablauf des Clearings bilden. Sonderbedingungen regeln das Verhältnis zwischen Börsenmitglied und Kunde.

Hauptaufgabe der Deutschen Terminbörse ist es, die Ausführung von Termingeschäften zu ermöglichen. Die Terminbörse ist eine vollelektronische Börse (gleiche Systemausgestaltung wie die SOFFEX in der Schweiz; siehe «Der Optionenhandel in der Schweiz»). Aufträge und Angebote der Börsenteilnehmer werden automatisch zusammengeführt und die Abschlüsse automatisch an die Clearingstelle weitergeleitet. Börsenteilnehmer werden sowohl Händler als auch Market Maker sein. Mitglieder sind sowohl Kreditinstitute als auch Maklerfirmen. Kreditinstitute werden zugelassen sowohl zum Handel für eigene und für Kundenpositionen als auch als Market Maker. Makler werden zugelassen zum Handel für eigene Rechnung und als Market Maker. Für die Zulassungen gibt es Voraussetzungen, auf welche an späterer Stelle eingegangen wird.

Von dem bestehenden deutschen Optionshandel unterscheidet sich die Funktionsweise der Deutschen Terminbörse vor allem durch folgende Punkte:
- die neue Deutsche Terminbörse ist ein Market-Maker-System. Aufgabe des Market-Makers ist es, für einen liquiden Markt zu sorgen. Er ist ver-

pflichtet, verbindliche Geld- und Brief-Kurse zu stellen und somit Geschäftsabschlüsse jederzeit zu ermöglichen.

– die DTB benutzt ihr eigenes Clearing-System. «Clearing» bedeutet, dass eine Abwicklungs- und Verrechnungsstelle im Verhältnis zu den Börsenmitgliedern als Kontrahent für jeden Geschäftsabschluss in Optionen oder Terminkontrakten auftritt. Die Abrechnungsstelle schützt somit Käufer und Verkäufer vor finanziellen Verlusten, die durch Nichterfüllung der Kontrakte entstehen können. Eine derartige Clearingstelle ist internationaler Standard. Die Clearingstelle tritt somit als Kontraktpartner in jedes Geschäft ein und ist die Voraussetzung für einen liquiden Zweitmarkt.

– Alle Positionen werden täglich bewertet (Market-to-Market-Prinzip). Die Clearingstelle setzt die Höhe der Deckungserfordernisse danach fest; diese Beträge sind in bar vor Beginn des Handels am nächsten Tag zur Verfügung zu stellen.

– Handelszeiten. Der Handelstag wird in folgende Zeitperioden gegliedert: vorbörsliche Orientierungsphase, Eröffnungsphase, Handel, nachbörsliche Orientierungsphase. Der Handelstag geht voraussichtlich von 10.00 bis 16.00 Uhr.

– Die Deutsche Terminbörse ist ein standortunabhängiges System, das Marktgeschehen vollzieht sich in einem zentralen vollelektronischen Handels- und Clearing-System. Börsenmitglieder geben ihre Kauf- und Verkauforders via Terminals in das System ein. Bei übereinstimmenden Orders werden die Geschäfte automatisch ausgeführt, des weiteren stellen Market Maker während der Börsenzeit verbindliche Geld- und Brief-Kurse.

Teilnahmevoraussetzungen

Börsenmitglieder können alle heutigen Mitglieder der deutschen Börsen (Kreditinstitute und Maklerfirmen) werden. Börsenteilnehmer, können Clearing-Mitglieder sein. Ein Börsenteilnehmer, der nicht Clearing-Mitglied ist, muss sich um eine Clearing-Vereinbarung mit einem General-Clearing-Mitglied bemühen und somit ein Clearing-Mitglied zur Abwicklung der Geschäfte einschalten. Market Maker können als Börsenmitglieder nur fungieren, wenn sie Clearing-Mitglied sind oder eine Clearing-Vereinbarung mit einem General-Clearing-Mitglied haben.

Es gibt zwei Arten von Clearing-Mitgliedern:

- General-Clearing-Mitglieder, die Geschäfte für eigene Rechnung, für ihre Kunden und für Nicht-Clearing-Mitglieder abwickeln.
- Direct-Clearing-Mitglieder, welche eigene Geschäfte und für ihre Kunden abwickeln. Einem Direct-Clearing-Mitglied ist es jedoch nicht erlaubt, Geschäfte für andere Nicht-Clearing-Mitglieder abzuwickeln.

Clearing-Mitglieder sind der Deutschen Terminbörse gegenüber verantwortlich, alle Verpflichtungen aus den Kontrakten zu erfüllen, für die sie das Clearing übernommen haben.

Ein Clearing-Mitglied muss ein Kreditinstitut sein. Die Voraussetzung für eine Zulassung als General-Clearing-Mitglied sind: Mindestanforderungen an Eigenmittel sowie gegenüber der Deutschen Terminbörse eine Bankgarantie. Ein Clearing-Mitglied muss über adäquate Einrichtungen und Personal verfügen, um die umgehende und ordnungsgemässe Abwicklung der Geschäfte an der Deutschen Terminbörse sicherzustellen. Ebenso muss ein Clearing-Mitglied die ordnungsgemässe, stückemässige Abwicklung über den Frankfurter Kassenverein und die geldmässige Abwicklung über die Landeszentralbank Frankfurt sicherstellen.

Optionsgeschäfte an der DTB

Der Handel wird elektronisch durchgeführt. Marktteilnehmer kommunizieren mit dem Markt über Computerterminals, indem sie Aufträge und/oder Quotierungen eingeben, Marktinformationen erhalten und Informationen abfragen. Die Eingaben werden automatisch vom System sortiert, gegenübergestellt und ausgeführt. Dieses Handelssystem bringt eine Anzeige der besten verfügbaren Angebote im gesamten Markt, führt elektronisch die Aufträge auf Basis des günstigsten Preises und der höchsten Zeitpriorität zusammen und erlaubt eine Abfrage von besseren oder zusätzlichen Quotierungen.

Das System nimmt sowohl Bestens/Billigst-Aufträge, limitierte Aufträge und kombinierte Aufträge an. Die Deutsche Terminbörse bietet folgende Kombinationen (gekoppelte Ausführung von zwei Aufträgen), welche als ein Auftrag gehandelt werden, an:

- Bull-Spreads (Calls und Puts)
- Bear-Spreads (Calls und Puts)
- Bullish Time-Spreads (nur Calls)

– Bearish Time-Spreads (nur Puts)
– Straddles
– Strangles

Der Handel beginnt täglich mit einer Eröffnungsphase, in der das System eine Zusammenführung des Auftragsbestandes vornimmt und einen Eröffnungspreis ermittelt, zu dem die meisten Aufträge ausgeführt werden können. Diese Eröffnungsphase schliesst sich an eine vorbörsliche Phase an, in der Marktteilnehmer Aufträge und Quotierungen eingeben können, ohne dass jedoch bereits ein Abschluss erfolgt. Das System wird keine besonderen Schlusspreise ermitteln. Der der täglichen Bewertung und der Anforderung der Margen zugrundegelegte Preis wird ermittelt unter Heranziehung folgender Kriterien: zuletzt gezahlter Kurs, Geld- und Brief-Kurs zum Schluss des Handels.

Zustandegekommene Geschäfte werden unmittelbar an die Clearingstelle übermittelt, so dass die Börsenteilnehmer ihre aktuellen Handelspositionen jederzeit abfragen können. Positionen können jederzeit während der Handelszeit durch gegenläufige Geschäfte glattgestellt werden.

Einzelheiten des Optionshandels an der DTB

An der Deutschen Terminbörse sollen zunächst Optionen auf Aktien gehandelt werden. Bereits im Frühjahr 1990 soll dann der Handel in einem Bundesanleihe-Terminkontrakt («Bund-Future») und in einem Aktien-Terminkontrakt («DAX-Future») ebenfalls aufgenommen werden.

Nach dem jetzigen Stand werden voraussichtlich Optionen auf folgende Aktien gehandelt:

Allianz, BASF, Bayer, BMW, Commerzbank, Daimler Benz, Deutsche Bank, Dresdner Bank, Hoechst, Karstadt, Nixdorf, Siemens, VEBA, VW.

Die endgültige Festlegung erfolgt kurz vor dem eigentlichen Handelsbeginn der Deutschen Terminbörse. Nach heutigem Stand (Juni 1989) ergeben sich folgende Kontrakt-Spezifikationen für Aktien-Optionen:

Kontraktgrösse

50 Aktien der zugrundeliegenden Gattung

Basispreise

Für jede Fälligkeit stehen mindestens drei verschiedene Basispreise pro Optionsklasse zur Verfügung. Bei Einführung von Kontrakten mit einem neuen Verfallmonat werden drei Basispreise, die dem letzten Börsenkurs der Aktien am nächsten liegen, eingeführt.

Die Basispreise werden nach folgender Regel festgesetzt:

Tabelle 2.8 **Abstufung der Basispreise**

Preise in DM

Aktienpreis		Intervalle des Basispreises
0,–	bis 99,–	15,–
100,–	bis 199,–	10,–
200,–	bis 499,–	20,–
500,–	bis 999,–	50,–
1000,–	und darüber	100,–

Einführung neuer Optionsserien

Sobald der Kurs einer Aktie sich dem nächsten Basispreis «in the money» nähert (mehr als der halbe Weg zwischen «at the money» und «in the money»), wird eine neue Optionsserie eröffnet.

Optionsserien/Verfallmonate

März, Juni, September, Dezember; bestehende Optionsserien verfallen damit nach längstens 9 Monaten.

Ausübung

Ausübungen durch den Optionskäufer sind an jedem Handelstag während der Börsenzeit möglich.

Letzter Handelstag einer Serie

Der Handel einer Serie endet am ersten Freitag, der dem 14. Kalendertag eines Verfallmonats folgt, zum Ende der Börsenzeit.

Verfalltag

Eine Optionsserie verfällt am ersten Freitag, der dem 14. Kalendertag eines Verfallmonats folgt, mit dem Ende der nachbörslichen Orientierungsphase.

Erfüllungstag

Zwei Börsentage nach dem Tag der Ausübung.

Lieferbarkeit

50 Aktien des Basiswertes; Ausnahme: Allianz-Kontrakte, die in bar zu erfüllen sind.

Optionspreise

Die Optionspreise werden in Intervallen von DM 0,10 ermittelt; bei geringen Optionsprämien wird voraussichtlich eine grössere Spanne vorgesehen.

Optionsprämie

Zahlbar vor Handelsbeginn des dem Abschlusstag folgenden Börsentages.

Margin-Verpflichtung

Die täglichen Margin-Verpflichtungen werden für die offenen Positionen der Teilnehmer nach folgender Methode berechnet:
in-the-money or at-the-money:
market to market Prämie + X% der zugrundeliegenden Kurse
out-of-the-money:
market to market Prämie + Y%
X und Y werden noch festgelegt, Y wird geringer sein als X.

Positionslimit

Zwei separate Limits: eins für verkaufte Puts und gekaufte Calls und eins für gekaufte Puts und verkaufte Calls. Es ist kein Ausgleich zwischen den beiden Limiten gestattet. Positionslimits werden für jede zugrundeliegende Aktiengattung ermittelt. Ein Limit für die Zahl der Optionskontrakte, die von einzelnen Kunden gehalten werden darf, wird als Prozentsatz des zugrundeliegenden Gesamtaktienkapitals festgelegt.

Börsenstunden

Voraussichtlich 10.00 Uhr bis 16.00 Uhr

Wünschenswerte Weiterentwicklungen

An der Deutschen Terminbörse werden in einem ersten Schritt Optionen auf Aktien gehandelt. Bereits absehbar ist, dass im Frühjahr 1990 der Handel in einem Bundesanleihe-Terminkontrakt und in einem Aktien-Terminkontrakt aufgenommen werden soll. Offensichtlich ist diese Vorgehensweise an dem Schweizer Vorbild und an den technischen Gegebenheiten ausgerichtet. Wünschenswert wäre allerdings auch, dass möglichst frühzeitig Optionen auf einen Bundesanleihe-Kontrakt und auf einen Aktien-Kontrakt gehandelt werden. Die internationalen Erfahrungen an den wesentlichen Terminmärkten zeigen dieses Bedürfnis. Gerade Optionen auf Indices haben sich als die mit am meisten gehandelten Instrumente herausgestellt. Für Portfolio-Manager, welche global denken, besitzen diese Instrumente nämlich einen besonderen Reiz. Mit Hilfe von Optionen auf Indices ist es möglich, Optionsstrategien im Hinblick auf das Gesamtmarktrisiko durchzuführen.

Ein weiteres Argument spricht für die möglichst schnelle Einführung von Optionen auf Indices. Im sogenannten ausserbörslichen Markt (OTC-Markt) werden derartige Optionen bereits rege gehandelt. Interessant sind sie hierbei vor allem für Portfolio-Manager, welche globale Strategien verfolgen und beispielsweise Absicherungsstrategien (sogenannte «Portfolio-Insurance») betreiben. Solange derartige Optionen nicht an der Börse angeboten werden, muss vermutet werden, dass sich ein grösseres Umsatzvolumen in Optionen ausserhalb der Börse bewegt. Werden aber derartige Optionen an der Börse eingeführt, so zeigt die Erfahrung, dass sich die Liquidität (die Umsatzvolumina) vor allem in diesen Instrumenten konzentriert.

Ein weiterer Punkt erscheint im Hinblick auf die Funktionsweise der Deutschen Terminbörse besonders wichtig: Keine Terminbörse wird auf Dauer voll funktionsfähig sein ohne einen funktionierenden Markt für Wertpapierleihe bzw. Pensionsgeschäfte. Die Möglichkeit eines «Leerverkaufs» ist eine notwendige Voraussetzung für ein Market Maker System. Kaum ein Market Maker wird beispielsweise bereit sein, Puts zu verkaufen, wenn er sich nicht gleichzeitig über einen «Leerverkauf» des zugrundeliegenden Wertpapieres absichern kann. Die Möglichkeit von Leerverkäufen (Short/Selling) setzt allerdings das Vorhandensein eines funktionierenden und liquiden Marktes für Wertpapierleihe und/oder Pensionsgeschäfte voraus. Bisher ist dies in Deutschland nicht der Fall. Dies liegt weniger an gesetzlichen Einschränkungen als an mangelnder Erfahrung, Börsenusancen, steuerlichen und (möglicherweise) auch Mindestreservevorschriften. Eine Weiterentwicklung hin zu einem funktionierenden «Repo»-Markt ist eine der Voraussetzungen für einen dauerhaften und liquiden deutschen Terminmarkt.

Wünschenswert wäre, dass alle potentiellen Marktteilnehmer in Deutschland sich am Handel an der Deutschen Terminbörse beteiligen können; hier sind besonders Investmentfonds und Versicherungsgesellschaften angesprochen. Hierauf wird an späterer Stelle noch näher eingegangen.

Preisfindung von Optionen

Für das Recht, Wertpapiere zu einem festen Preis kaufen oder verkaufen zu können, bildet sich an der Börse aus dem Verhältnis von Angebot und Nachfrage ein Preis. Dieser Preis für Optionen liegt je nach Papier, wie auch nach Länge der Laufzeit, unterschiedlich hoch, wobei Börsentendenzen, d. h., ob steigende oder fallende Kurse erwartet werden, eine entscheidende Rolle spielen. Fundamentale wie auch technische Faktoren stecken dabei den Rahmen ab.

Bemerkenswert ist, dass in Deutschland in der Regel für Kaufoptionen mehr gezahlt wird als für Verkaufoptionen. Der Grund mag sein, dass Börsianer von Natur aus eher mit steigenden als mit fallenden Kursen rechnen. Höhere Call- als Put-Preise müssen sich allerdings auch unter normalen Verhältnissen infolge der sogenannten «Call-Put-Parität» (Arbitrage-Strategie) ergeben. Die Optionspreise lagen in den letzten Jahren je nach Laufzeit zwischen 3 und 20% des Basispreises bei den Kaufoptionen und zwischen 2 und 15% des Basispreises bei den Verkaufoptionen.

Ein «fairer» Optionspreis kann, wie weiter hinten ausgeführt, nach einem Bewertungsmodell für Optionen, dem sogenannten Black Scholes Modell, errechnet werden (siehe Kapitel «Die theoretische Bewertung»). Dieses Bewertungsmodell basiert auf einem Arbitrage-Prinzip. Dabei wird dargestellt, dass sich wirtschaftlich eine Option immer aus einer Kombination von dem Wertpapier und Kassenhaltung bzw. Kreditaufnahme kombinieren lässt. Stellt man also das Wertpapier und eine Kreditaufnahme in einem bestimmten Verhältnis zusammen, so ergibt sich wirtschaftlich im Endeffekt das gleiche Ergebnis wie bei einer Option. Wenn aber zwei Instrumente bzw. Kombinationen im wirtschaftlichen Ergebnis gleich sind, müssen sie den gleichen Preis haben.

Das Black Scholes Modell hat sich praktisch an allen internationalen Optionsbörsen als der Bewertungsmassstab für Optionen durchgesetzt. Das zugrundeliegende Arbitrage-Prinzip setzt allerdings einige Bedingungen voraus, welche in Deutschland nicht gegeben sind. So wird u. a. unterstellt, dass es möglich ist, «Leerverkäufe» bei Wertpapieren zu tätigen. Die Tatsache, dass in Deutschland viele Voraussetzungen des Black Scholes Prinzips nicht gegeben sind, dürfte dafür ausschlaggebend sein, dass sich die Optionspreise in Deutschland bisher an den «fairen» Optionspreisen nach dem Black

Scholes Prinzip kaum ausrichteten. Ähnliches gilt für die Warrant-Preise. Nach der Schaffung eines liquiden Terminmarktes sollten sich auch in Deutschland Optionspreise an dem Black Scholes Modell ausrichten. Bei der Errechnung der täglichen Deckungserfordernisse an der Deutschen Terminbörse und bei der Berücksichtigung der Optionsgeschäfte im Zusammenhang mit neuen Eigenkapitalrichtlinien für Banken ist im Prinzip das Black Scholes Prinzip zugrundegelegt.

Anwendbarkeit für potentielle Anleger in Deutschland

Kapitalanlagegesellschaften für Versicherungen, welche an dem Kapitalmarkt eine sehr wichtige Rolle einnehmen, sind von Termingeschäften in Deutschland bisher praktisch ausgeschlossen. Private Haushalte können am Terminmarkt nur begrenzt teilnehmen. Es ist, wie bereits weiter vorne detailliert ausgeführt, vorgesehen, im Laufe des Jahres 1989 die gesetzlichen Voraussetzungen für eine weitgehende Teilnahme dieser wichtigen Anlegergruppe an der Terminbörse zu schaffen.

Im einzelnen sehen die bisherigen Regelungen so aus:

Kapitalanlagegesellschaften

Für Kapitalanlagegesellschaften hat das Bundesaufsichtsamt für das Kreditwesen in einem Schreiben vom 24.9.1974 darauf hingewiesen, dass «eine Geschäftätigkeit, die den Abschluss von Terminkontrakten über Devisen, Waren, Geld u. ä. zum Inhalt hat» unvereinbar mit den Bestimmungen des Kapitalanlagegesetzes sei, «da sie über die allein zulässige blosse Vermögensanlage hinausgeht». Eine Ausnahme besteht für Währungskurssicherungsgeschäfte für Wertpapier-Sondervermögen. Hiernach dürfen von den Kapitalanlagegesellschaften die Devisentermingeschäfte als Hilfsgeschäfte zur Kurssicherung ihrer in Fremdwährung gehaltenen Wertpapieranlagen vorgenommen werden. Im übrigen stehen auch die Regelungen im Kapitalanlagegesetz selbst einer Beteiligung der Kapitalanlagegesellschaften in Optionsgeschäften entgegen.

Zwischenzeitlich besteht grundsätzlich Einigung darüber, dass Investmentgesellschaften für alle Arten des Optionsgeschäftes zugelassen werden sollten. Dies gilt auch im Hinblick auf die Schaffung eines einheitlichen europäischen Investmentmarktes, welche gleiche Wettbewerbsbedingungen und gleiche Anlagemöglichkeiten für alle beteiligten Investmentgesellschaften verlangt. Hiernach ist 1989 die Übernahme des EG-Rechts in nationales Recht vorgesehen. Nach dem Recht der Europäischen Gemeinschaft (Artikel 21 der Koordinierungsrichtlinien) ist die Teilnahme der Investmentgesellschaften am Optionshandel möglich. Es steht daher zu erwarten, dass Ende 1989 mit einer entsprechenden Novelle des KAGG die Voraussetzungen geschaffen werden, dass deutsche Kapitalanlagegesellschaften sich an allen Arten von Optionsgeschäften beteiligen können.

Versicherungsgesellschaften

Bei deutschen Versicherungen ist die Frage, ob sie Optionsgeschäfte tätigen dürfen oder nicht, nicht eindeutig geklärt. Dem strengen Gesetzestext nach dürfen Versicherungsgesellschaften, im Gegensatz zu Kapitalanlagegesellschaften, Optionsgeschäfte tätigen, und zwar alle vier Arten. Optionsgeschäfte stellen nämlich keine Anlagegeschäfte dar und berühren damit nicht direkt eine Bilanzposition. Optionsgeschäfte werden von den grösseren Versicherungsgesellschaften bereits getätigt, allerdings in sehr geringem Rahmen.

Es gilt aber auch die Regel, dass für die unter Aufsicht stehenden Versicherungsunternehmen grundsätzlich gilt, dass alle Anlagen mit «spekulativem Charakter» zu vermeiden sind. Bei der Beurteilung, ob eine Anlage «spekulativ» ist oder nicht, gehen die Meinungen jedoch weit auseinander. Die Aufsichtsämter nahmen bisher die Beurteilung sehr restriktiv vor. Das Bundesaufsichtsamt für das Versicherungswesen hat Geschäfte mit spekulativem Hintergrund für unzulässig erklärt, weil sie die Sicherheit und Rentabilität der Anlagen gefährden. Optionsgeschäfte sind demnach nur mit dem sogenannten «freien Vermögen» denkbar.

Eine Novellierung des Versicherungsaufsichtsgesetzes ist vorgesehen, u. a. mit dem Ziel, Geschäfte in derivativen Produkten zu regeln (Optionen, Futures). Nach dem derzeitigen Stand (Mitte 1989) muss allerdings bezweifelt werden, ob dies noch vor Beginn der Geschäftstätigkeit der DTB (Januar 1990) möglich sein wird.

Zusammenfassung

Die Organisation des sich im Aufbau befindenden deutschen Terminhandels war Thema dieses Kapitels. Der zur Zeit nicht internationalen Standards entsprechende Optionenmarkt, das Fehlen eines Clearinghauses und der Liquidität im Zweitmarkt und der zu restriktiv wirkende rechtliche

Rahmen rufen nach einer Neuorganisation des Terminhandels in Deutschland.

Der Bedarf an Absicherungsinstrumenten auch in Deutschland zeigt sich eindrücklich darin, dass seit September 1988 an der LIFFE in London Terminkontrakte auf Bundesanleihen gehandelt werden. Sollte der gesetzliche Rahmen geschaffen werden, sollte es möglich sein, im Frühjahr 1990 den Handel an der neuen Deutschen Terminbörse aufzunehmen.

In einem ersten Teil wurde der historische Hintergrund des Optionengeschäftes in Deutschland und die derzeitige Grundstruktur des deutschen Optionenhandels beschrieben. Dem historischen Hintergrund wird dabei bedeutender Raum gewidmet. Die rechtlichen Rahmenbedingungen, die Termingeschäftsfähigkeit und die Problematik des Differenzeinwandes wurden beleuchtet.

In einem zweiten Teil wurde die detaillierte Ausgestaltung der Optionen an der geplanten Deutschen Terminbörse behandelt. Pate für diese neue Börse hat die Schweizer SOFFEX gestanden. Damit ist auch die DTB als vollcomputerisierte Börse wie die SOFFEX konzipiert, und es erstaunt nicht, dass die Ausgestaltung der gehandelten Kontrakte sehr ähnlich denen der SOFFEX gewählt wurde. Ausgestaltungsmerkmale wie Kursnotierung, Laufzeiten, Auftragsabwicklung, Nebenrechte, Ausübungs- und Erfüllungsprozedere und die unterschiedlichen Optionstypen werden beschrieben. Abschliessend werden wünschenswerte Weiterentwicklungen der Deutschen Terminbörse und die Anwendbarkeit für potentielle Anleger ausgelotet.

Die ökonomische Bedeutung von Optionen

Die Funktion der Finanzmärkte besteht grundsätzlich darin, finanzwirtschaftliche Transaktionen wie Investitionen, Finanzierungen, Sparprozesse, Absicherungsgeschäfte etc. effizient zu gestalten. Dabei sind insbesondere in bezug auf den Optionenmarkt folgende 4 Gesichtspunkte von Wichtigkeit:

– die optimale Allokation von Finanzmitteln und Risiken
– die Abwicklung zu günstigen Transaktionskosten
– die optimale Beschaffung, Verarbeitung und Verbreitung von Information
– die Liquiditätserhöhung des Finanzmarktes

In diesem Abschnitt soll die Bedeutung des Finanzmarktinstruments Option im Lichte dieser Funktionserfüllung dargestellt werden.

Dabei wird gezeigt, dass Finanzinnovationen wie Optionen keine Spielereien darstellen; das Nullsummenspiel Optionenhandel stellt eine wichtige Funktion an den Finanzmärkten sicher und leistet damit einen durchaus produktiven Beitrag zur Entwicklung einer Volkswirtschaft.

Allokation von Finanzmitteln und Risiken

Bei der erwähnten Allokation geht es primär um die Verteilung des durch das Sparen entstehenden und Anlagen suchenden Kapitals und dabei insbesondere um die Allokation des mit Investitionen verbundenen Kapitals. In Form handelbarer Finanztitel wird das Risiko unter den Anlagen gestreut und es ist das funktionale Ziel der Finanzmärkte, möglichst jedes gewünschte Risiko-Rendite-Niveau anzubieten. Es kann nun gezeigt werden, dass erst durch den Einsatz von Optionen dieses Ziel im Markt vollständig erreicht werden kann und ohne dieses Instrument ein «unvollständiger» Markt bestünde. Dies soll an einem Beispiel erläutert werden.

Es wird angenommen, dass auf dem Markt lediglich zwei Anlagen A und B existieren, die in 4 verschiedenen Marktlagen (z. B. unterschiedliche Annahmen über die volkswirtschaftliche Entwicklung) unterschiedliche Werte annehmen.

Tab. 3.1 **Anlagen A+B**

$$A = \begin{bmatrix} 3 \\ 2 \\ 1 \\ 0 \end{bmatrix} \qquad\qquad B = \begin{bmatrix} 0 \\ 0 \\ 4 \\ 4 \end{bmatrix}$$

Ein Marktteilnehmer erachtet die Marktlage 3 als am wahrscheinlichsten. Seine ideale Investition sähe folgendermassen aus:

Tab. 3.2 **Gewünschte Anlage C**

$$C = \begin{bmatrix} 0 \\ 0 \\ 1 \\ 0 \end{bmatrix}$$

Die Anlage C ist durch Kombination der obigen Anlagen A und B nicht zusammenstellbar. Erst durch den Einsatz von Puts und Calls lässt sich die Anlage C erstellen.

Tab. 3.3 **Optionen D und E**

$$D = \text{Call (B, Strikepreis 3)} = \begin{bmatrix} 0 \\ 0 \\ 1 \\ 1 \end{bmatrix}$$

$$E = \text{Put (A, Strikepreis 1)} = \begin{bmatrix} 0 \\ 0 \\ 0 \\ 1 \end{bmatrix}$$

Tab. 3.4 **Anlagekombinationen**

$$C = D - E = \begin{bmatrix} 0 \\ 0 \\ 1 \\ 1 \end{bmatrix} - \begin{bmatrix} 0 \\ 0 \\ 0 \\ 1 \end{bmatrix} = \begin{bmatrix} 0 \\ 0 \\ 1 \\ 0 \end{bmatrix}$$

Dieses Beispiel zeigt, wie mit dem Finanzinstrument Option der Markt vervollständigt werden kann.

Abwicklung zu günstigen Transaktionskosten

Eine weitere wichtige Funktion effizienter Finanzmärkte liegt in der kostengünstigen Abwicklung von Transaktionen. Geld als Instrument zur Erleichterung des Handels ist ein Beispiel einer Finanzinnovation dieser Art älteren Datums. In konkreten Berechnungen des Kapitels 14, Sicherheitsbestimmungen und Transaktionskosten, werden wir zeigen, dass die Transaktionskosten im Optionenhandel im Verhältnis zum Handel im zugrundeliegenden Wert bei gleicher Verschiebung von Risiko von einem Marktteilnehmer auf den anderen bedeutend tiefer liegen können.

Die Entwicklung des Euromarktes in den fünfziger Jahren hat eindrücklich gezeigt, wie der Markt bei zu hohen Transaktionskosten auf dem Heimmarkt Auswege sucht, um grosse Volumen mit einer tieferen Transaktionskostenbelastung abzuwickeln. Dies erklärt auch den grossen Erfolg, den der Optionenmarkt in Ländern mit hohen Steuerabgabesätzen hatte. Auch in der Schweiz, wo Optionen steuerlich bevorzugt behandelt werden, dürfte dies der Fall sein. Insbesondere im Bereich der kurz laufenden festverzinslichen Wertpapiere wird sich der Markt mit grösster Wahrscheinlichkeit einen Ausweg aus der zu hohen Abgabenbelastung über den Optionenmarkt suchen.

Informationsgehalt des Optionenhandels

Einwandfrei funktionierende Finanzmärkte erhöhen den Informationsstand der Wirtschaft. Verschiedenste Daten, wie die Aktienpreisentwicklung, Zinssätze, Inflationsraten usw., gelten als Indikatoren für Entscheidungen realwirtschaftlicher Art. Es ist bekannt, dass der Wert von Optionen in entscheidendem Mass von der Volatilität des zugrundeliegenden Wertes abhängig ist. Geht man davon aus, dass im Optionspreis alle im Markt verfügbaren Informationen zum Ausdruck gebracht werden, muss gefolgert werden, dass aus dem Optionspreis eine Prognose für die zukünftige Volatilität des zurundeliegenden Titels abgeleitet werden kann. Lediglich dank des Instruments Option – und zugleich auf einfache Art und Weise – ist es möglich, Prognosen zur zukünftigen Preisvolatilität zu stellen. Insbesondere für das Portfoliomanagement ist diese Information von gewisser Wichtigkeit, da aufgrund dieser eine zukünftige Risikoeinschätzung des Portefeuilles möglich ist.

Erhöhte Liquidität durch Optionen

Ganz generell darf angemerkt werden, dass Wertpapiere in den Finanzmärkten in vielen Fällen lediglich aus dem Grund gekauft werden, weil deren Veräusserung jederzeit über den Markt gesichert ist. Diese Sicherheit,
die Marktliquidität, beinhaltet an und für sich einen Wert, für den der Anleger bereit ist, einen Preis zu bezahlen.

Neben dieser Kleidung von Realwerten in Wertschriftenform (Securiti-
sation) spielt die Standardisierung eine entscheidende Rolle. Diese ermöglicht ein bedeutend höheres Volumen und damit eine bessere Preisfindung
für das entsprechende Wertpapier. Kotierte Optionen sind standardisierte
Kontrakte, die neben diesem Vorteil der Standardisierung weiter durch die
Möglichkeit von Arbitrage gegenüber dem Kassamarkt im zugrundeliegenden Wert die Liquidität des Marktes erhöhen. Der heute für Optionen in
der Schweiz mögliche Terminhandel beinhaltet zudem die Gelegenheit, das
Handelsvolumen in den kotierten Optionen bedeutend zu vertiefen. Über
den Terminmarkt ist es sozusagen möglich, weiter Optionen zu schreiben,
indem diese auf dem Markt leer verkauft werden.

Zusammenfassung

Optionen erfüllen eine wichtige Funktion in den Finanzmärkten. Wir haben gesehen, wie Optionen in effizienter Art bei der Allokation von Finanzmitteln und Risiken helfen, der wohl wichtigsten Funktion des Finanzmarktes an und für sich. Als Finanzinnovation sind Optionen die Reaktion
auf sich schnell ändernde technologische und ökonomische Rahmenbedingungen der Wirtschaft. Wir haben in diesem Kapitel weiter angesprochen,
dass mit Optionen die Abwicklung von Finanzmarkttransaktionen zu günstigen Kosten durchgeführt werden kann. Optionen beinhalten durch ihre
Kursbildung Informationen. Wir haben dargestellt, dass diese beim Portfoliomanagement verwendet werden können. Abschliessend haben wir die
wichtige Funktion der Liquiditätserhöhung im Markt durch den Optionenhandel besprochen.

Die theoretische Bewertung

Das vorliegende Kapitel soll dem Leser (Investor) in kurzer Form die theoretische Preissetzung von Optionen näherbringen und aufzeigen, welche Faktoren die Wahl der Bewertungsmodelle bestimmen. Zudem wird das Prinzip erläutert, nach welchem üblicherweise eine Optionsbewertung aufgebaut ist. Dem Leser soll damit das Verständnis für die mathematischen Modelle vermittelt werden, welche später beschrieben werden. Nicht näher werden wir in diesem Kapitel auf die tieferen mathematischen Zusammenhänge eingehen.

Wir werden das Bewertungsmodell von Black-Scholes vorstellen und anhand von Beispielen erläutern. Alle Variabeln, welche im Modell vorkommen, werden präsentiert und ihre Berechnung dargestellt. Das vorliegende Kapitel beinhaltet zudem die Beschreibung verschiedener Sensitivitätsanalysen und den Zusammenhang zwischen den Preisen von Calls und Puts. Abschliessend wird die Binomialverteilungsmethode als Optionsbewertungsmodell dargelegt.

Die folgenden Abschnitte sollen dem Leser eine gute Übersicht über das Gebiet der theoretischen Bewertung ermöglichen und das Verständnis der weiteren Kapitel dieses Buches erleichtern. Der am Optionenmarkt interessierte Teilnehmer muss wissen, wie die einzelnen Faktoren den Optionspreis beeinflussen. Er soll die Grundgedanken verstehen, auf denen die Modelle aufbauen, und nicht lediglich die Mathematik auswendig kennen.

Anwendung der theoretischen Optionsbewertung

Die theoretische Bewertung von Optionen ist, richtig angewendet, ein wichtiges Hilfsmittel im Handel mit Optionen. Trotzdem sollte man den theoretischen Preis einer Option nicht ausschliesslich als Kriterium für den Kauf oder Verkauf dieser Option heranziehen. Dies kann zu einer tiefen Rendite des investierten Kapitals und zu schlechten Investitionen führen, denn eine unterbewertete Option wird unter Umständen unterbewertet bleiben. Ausserdem kann sich der Preis des Basiswertes ungünstig verändern. Verfällt die Option wertlos, erzielt man trotz des günstigen Preises der Option eine schlechte Rendite. Auch wenn zwischen verschiedenen Optionen der gleichen Optionsklasse gewählt wird, ist es in vielen Fällen besser, eine im Vergleich zur theoretischen Bewertung teurere Option zu wählen. Eine billige out-of-the-money Option kann sich im Vergleich mit einer teuren at-the-money Option als sehr teuer erweisen, auch wenn die Preisentwicklung des zugrundeliegenden Basiswertes positiv ist. Dies geschieht dann, wenn die Preisentwicklung nicht positiv genug ist, um der out-of-the-money Option am Verfalltag einen Wert zu geben, während die at-the-money Option den gewinnbringenden Break-Even-Punkt erreicht.

Wie bei allen Märkten, so muss man sich auch beim Optionenmarkt nach dem Marktpreis und nicht nach eventuellen, theoretisch berechneten Werten richten. Wenn die zwei Preise von einander abweichen, ist der Marktpreis immer der richtige und der theoretische Preis immer der falsche.

In einem gut funktionierenden Optionenmarkt – d.h. in einem Markt, wo verschiedene Transaktionstypen im Basiswert durchgeführt werden können, wo Calls und Puts kotiert werden und wo viele Marktteilnehmer aktiv sind – stimmt der theoretische Preis mit dem Marktpreis nahezu jederzeit überein. Ein gut funktionierender Markt ist die absolute Voraussetzung, dass theoretische Bewertungsmodelle ihre Gültigkeit haben. Ist diese Voraussetzung erfüllt, sind theoretische Bewertungen von hohem Nutzen. Vergleicht man verschiedene Optionen auf den gleichen Basiswert, findet man Situationen, in denen die eine unterbewertet und die andere überbewertet ist. Die unterbewertete Option wäre eine Kaufgelegenheit unter der Voraussetzung, dass eine Preisveränderung des Basiswertes erwartet wird und die verglichenen Optionen die gleichen Rechte beinhalten.

Eine allgemein gültige Regel im Optionenhandel besagt, dass man stark überbewertete Optionen nicht kaufen sollte. Eine positive Preisentwicklung des Basiswertes führt lediglich dazu, dass der Optionspreis auf sein theoretisches Preisniveau zurückfindet. Sind alle Optionen überbewertet, kann als Alternative der zugrundeliegende Wert gekauft werden.

Richtig angewendet können die theoretischen Optionspreise für den Anleger eine gute Wegleitung abgeben, um eine objektive Wahl zwischen den verschiedenen Optionen auf den gleichen Basiswert zu ermöglichen. Beim Quervergleich zwischen Optionen auf verschiedene Basiswerte ist jedoch grösste Vorsicht geboten. Ein weiteres Anwendungsgebiet der theoretischen Bewertung von Optionen eröffnet sich für die Beobachtung der Preisveränderung des Basiswertes. Nehmen wir beispielsweise an, eine Aktienoption sei eine Zeitlang unterbewertet und danach überbewertet gewesen. Diese relative Veränderung können wir als ein Signal für gewisse vom Markt erwartete Bewegungen des Basiswertes betrachten.

Die Bewertungsmethoden

In den USA wurden vorwiegend von Akademikern bedeutende Anstrengungen in der Entwicklung von Modellen zur Berechnung von theoretischen Optionspreisen unternommen. Die bekannteste Bewertungsmethode ist das Black-Scholes-Modell, welches 1973 von F. Black und M. Scholes publiziert wurde. Diese Methode wurde ursprünglich für die Bewertung von Aktienoptionen entwickelt; später wurde in mehreren Arbeiten versucht, das Modell zu verbessern und dessen Anwendungsbereich zu erweitern.

Es gibt verschiedene Möglichkeiten, den theoretischen Optionspreis zu berechnen. Analytische Modelle wie das Black-Scholes-Modell, Simulationsmethoden und numerische Methoden sind in den letzten Jahren entwickelt worden. Die Unterschiede zwischen den verschiedenen theoretischen Methoden sind klein. So lange man die spezifischen Grenzen jeder Methode versteht und beachtet, spielt die Wahl bei der praktischen Anwendung keine entscheidende Rolle. Wichtig ist, dass diejenige Methode angewendet wird, welche dem untersuchten Optionstyp entspricht, und dass mit dieser Methode während einer gewissen Zeitspanne gearbeitet wird. Auf diese Art lernt man die Methode kennen und sieht, wie die berechneten Optionspreise mit den wirklichen Optionspreisen korrelieren. Über konstante Abweichungen kann zeitweise hinweggesehen werden, und man kann sich ganz auf die relativen Veränderungen konzentrieren.

Die analytische Lösung zur Berechnung des theoretischen Optionspreises stellt für den Anwender die einfachste Methode dar. Das komplexe Problem wird auf eine mathematische Formel reduziert, welche auf den meisten programmierbaren Rechnern gelöst werden kann. Die numerische Methode und die Simulation sind für den Anleger weniger leicht zugänglich. Dies erklärt teilweise, warum die Black-Scholes-Methode so erfolgreich ist.

Für die meisten Optionsarten kann ein analytisches Preismodell konstruiert werden. Von grosser Bedeutung bei der Wahl der Methode zur Berechnung des Optionspreises sind die Konstruktionsart der Vereinbarung und die Eigenschaften des Basiswertes.

Die Abhängigkeit der Methode von der Optionsart

Die Konstruktion der Option

Die amerikanische Option, d.h. die Option, welche dem Inhaber das Recht gibt, zu jeder Zeit während der Laufzeit der Option sein Recht gemäss der

Abmachung geltend zu machen, lässt dem Optionsbesitzer mehr Möglichkeiten offen als die europäische Option,welche nur am Verfalltag ausgeübt werden kann. Trotzdem werden in den meisten Fällen die amerikanischen und europäischen Optionen zu gleichen Preisen gehandelt. Es gibt aber Ausnahmen, und deshalb sollten bei der theoretischen Bewertung die verschiedenen Modelle entsprechend der zugrundeliegenden Optionskonstruktion angewendet werden.

Die Eigenschaften des Basiswertes

Die Aktie wird im allgemeinen als eine ewige Anlage betrachtet, auch wenn uns die Wirklichkeit lehrt, dass dies nicht der Fall ist. Eine Obligation ist im Unterschied zur Aktie eine zeitlich begrenzte Anlage. Die Obligation wird am Tage des Verfalls zu einem im voraus bestimmten Preis eingelöst, ungeachtet des Tageskurses. Diese Zeitbegrenzung führt dazu, dass verschiedene Methoden zur Bewertung der Aktien- und der Obligationenoption angewendet werden müssen.

Für Devisen können die erwähnten Methoden nur mit Änderungen angewendet werden. Aufgrund des Zinsgefälles zwischen den Ländern erhält man abhängig vom Verfalltag andere Preise für die gleiche Währung.

Nehmen wir an, der Zins für 6 Monate in der Schweiz sei 4%, während für die gleiche Laufzeit der Zins in den USA 10% beträgt. Ein schweizerisches Unternehmen muss in einem halben Jahr einem Geschäftspartner in den USA $ 1 000 000 bezahlen, möchte aber kein Währungsrisiko eingehen.

Alternative eins besteht darin, dass man heute $ 952 381 bei einem Kurs von 1.54 kauft. Bei einer 10% Dollarverzinsung wird man in einem halben Jahr im Besitz der benötigten $ 1 000 000 sein. Dies würde heute folgendes kosten: (952 381×1.54) = sFr. 1 466 667.

Die zweite Alternative besteht darin, bei einer Bank einen Terminkontrakt abzuschliessen, der es dem Unternehmer ermöglicht, die $ 1 000 000 in einem halben Jahr zu einem festen Kurs zu kaufen. Die Anlage in Schweizerfranken wird bis dahin zu 4% verzinst. Der Terminkurs, den die Bank dem Unternehmen anbietet, beträgt 1.496, und damit ist der totale Preis für die $ 1 000 000 in einem halben Jahr sFr. 1 496 000. Der Betrag für das Schweizer Unternehmen ist gleich gross wie das in der Schweiz zu 4% plazierte Kapital nach 6 Monaten: (1 466 667 + 1 466 667×4%/2) = sFr. 1 496 000. Wäre die Notierung der Bank tiefer als 1.496 gewesen, wäre es besser gewesen, die US $ auf Termin zu kaufen und das Kapital in der Schweiz zu verzinsen. Dieses Verhältnis würde nicht lange am Markt andauern, da ein anderes Unternehmen eine risikofreie Arbitrage durchführen könnte, indem es in den USA Geld aufnehmen und dann in der Schweiz plazieren würde, ohne ein Kursrisiko einzugehen. Auch eine höhere Kursnotierung als 1.496 würde zu risikolosen Arbitragegewinnen führen. Nur bei einem Preis von 1.496 für den 6-Monate-Termin ist der Markt im Gleichgewicht.

Gleichgewichtspreis $/sFr.	
Kontant	1.54
Termin (6 Monate)	1.496

Marktzins (6 Monate)	
USA	10%
Schweiz	4%

Aus dem obigen Beispiel wird ersichtlich, dass unterschiedliche Marktzinse je nach Zahlungstermin in verschiedenen Ländern von einander abweichende Devisenkurse mit sich bringen. Der Terminpreis einer Währung, deren Zinsniveau höher liegt als das unsere, wird tiefer sein als der Kontantkurs der gleichen Währung.

Bei der Berechnung des Optionspreises ist immer auch die Art des Basiswertes zu beachten. Im weiteren ist zu berücksichtigen, ob die Ausübung einer Option unmittelbar zu einer Transaktion im Basiswert führt oder nicht. Im ersten Fall handelt es sich um eine Kontantoption. Beinhaltet die Option einen Zeitaufschub, nennt man dies eine Terminoption.

Der Unterschied wird deutlicher, wenn wir ihn am obigen Beispiel demonstrieren.Wir nehmen an, dass eine Option mit folgenden Konditionen gehandelt wird: Die Option von amerikanischem Typ mit einer Restlaufzeit von einem halben Jahr gibt dem Inhaber das Recht, US $ zum Kurs von 1.63 zu verkaufen. Bei der Ausübung der Option hängt das Resultat davon ab, ob es sich um eine Kontant- oder Terminoption handelt. Im Falle einer Kontantoption würde die sofortige Ausübung dazu führen, dass der Inhaber der Option die US $ zum Kurs von 1.63 verkaufen kann und gleichzeitig diese wieder zum Kurs von 1.54 kaufen könnte. Dies führt somit zu einem Gewinn von sFr. 0.09 pro $. Hätte es sich aber um eine Terminoption gehandelt, hätte die Ausübung der Option zum folgenden Resultat geführt: Der Terminkurs für US $ wurde zu 1.496 gehandelt, was bedeutet, dass der Optionsinhaber die US $ auf Termin zu einem Kurs von 1.496 kaufen und den Verkauf gemäss den Optionsbedingungen zum Kurs von 1.63 realisieren kann. Der Gewinn per US $, welcher in 6 Monaten realisiert wird, wenn die Abrechnung stattfindet, ist somit 0.134. Damit die Gewinne der beiden Alternativen vergleichbar werden, muss der Gewinn von sFr. 0.134 zum Gegenwartswert diskontiert werden.

Obwohl ein Unterschied im Wert der beiden Optionen im Ausübungszeitpunkt besteht, kann der Marktpreis ähnlich sein. Trotzdem muss bei der Wahl des Bewertungsmodelles immer berücksichtigt werden, ob es sich um eine Kontant- oder Terminoption handelt.

Das Prinzip der risikofreien Portfeuilletechnik

Die theoretische Bewertung von Optionen geht davon aus, dass risikofreie Investitionen weder mehr noch weniger rentieren können als risikolose festverzinsliche Anlagen. Dies darf insofern als realistische Annahme betrachtet werden, als bei der Arbitrage Käufe oder Verkäufe dazu führen, dass alle risikofreien Anlagen die gleiche Rendite abwerfen. Definitionsgemäss wird diese Rendite zum risikofreien Zinssatz. Durch Konstruktion eines aus dem risikofreien Basiswert und einer Option auf diesen Wert zusammengesetzten Anlageportefeuilles kann der Preis der Option berechnet werden. Dies unter der Annahme, dass

- der Preis des risikofreien Basiswertes bekannt ist
- die Preisveränderung des Basiswertes in einer statistischen Wahrscheinlichkeitsverteilung formalisiert werden kann
- der risikofreie Zins während der Laufzeit der Option bekannt ist

Diese risikofreie Portefeuilletechnik wird nachfolgend am Beispiel einer europäischen Aktienoption erläutert.

Um die Methode möglichst einfach illustrieren zu können, nehmen wir an, dass der momentane Preis des gewählten Basistitels von DM 200 während der untersuchten Zeitperiode mit DM 50 plus oder minus variiert. Es muss beigefügt werden, dass die zu untersuchende Technik auch wesentlich kompliziertere Preisveränderungsannahmen erlauben würde. In unserem Beispiel kann sich der Preis der Aktie vom Zeitpunkt 1 zu Zeitpunkt 2 entweder auf DM 150 oder DM 250 bewegen. Weiter wird angenommen, dass während dieser Zeitperiode keine Dividende bezogen wird und die Periodenlänge einen Monat beträgt. Der Call, welcher zum Zeitpunkt 1 bewertet werden soll, gibt dem Inhaber das Recht, 5 Aktien zum Kurs von DM 210 pro Aktie zu erwerben. Die Option verfällt im Zeitpunkt 2 und kann dann folgenden Wert beinhalten: entweder DM 0 unter der Annahme, dass die Aktie dann DM 150 wert ist, oder $(250-210) \times 5 = DM\ 200$ pro Kontrakt, vorausgesetzt die Aktie wird mit DM 250 gehandelt.

Das risikolose Portefeuille, welches zum Zeitpunkt 1 konstruiert wurde, besteht einerseits aus 5 Aktien à DM 200 und X geschriebenen Optionen, welche DM Y pro Stück kosten. Wenn der Preis pro Kontrakt zum Zeitpunkt 1 DM 1 beträgt, wird der totale Wert des Portefeuilles auf DM 999 sinken. Der Eingangswert des Portefeuilles hat immer weniger Wert als DM 1000, da die Option ein Recht und damit ein Wert für den Inhaber beinhaltet. Während der Laufzeit der Option (ein Monat) führt der risikofreie Zinssatz zu einer Kapitalzunahme von $\frac{1}{2}\%$. Die Zusammenfassung ersehen Sie aus der Tabelle 4.1.

Zu zeigen ist, dass sich der Eingangswert des Portefeuilles ohne Rücksicht auf die Entwicklung des Aktienkurses gleich entwickelt wie das zum risikofreien Zinssatz angelegte Portefeuille.

Tabelle 4.1 **Beschreibung der risikofreien Portefeuilletechnik (Anfangswerte)**

Anfangswert des Anlageportefeuilles	Wert in DM	Zeitpunkt 1 Zeitpunkt 2 $\frac{1}{2}\%$ Zins in 1 Monat	Endwert des Anlageportefeuilles	Wert in DM
5 Aktien à DM 200	1000,–	Aktienkurs DM 250	5 Aktien à DM 250	1250,–
			X Stück ausgestellte Calls (Strikepreis DM 210) à Wiederanschaffungswert 200 DM/Stck.	–X × 200,–
		Aktienkurs DM 200	Endwert des Portefeuilles	?
X Stück ausgestellte Calls (Strikepreis DM 210) à Verkaufspreis Y DM/Stck.	–X × Y,–		5 Aktien à 150 DM	750,–
Anfangswert des Portefeuilles	?	Aktienkurs DM 150	X Stck. ausgestellte Calls (Strikepreis DM 210) à Wiederanschaffungspreis 0 DM/Stck.	–X × 0
			Endwert des Portefeuilles	750,–

93

Im Zeitpunkt 2 hat das Portefeuille, bei einem Aktienkurs von DM 150, den Wert von DM 750. Die Optionen verfallen wertlos. Erreicht die Aktie im Zeitpunkt 2 einen Wert von DM 250, so muss der totale Wert des Portefeuilles ebenfalls DM 750 erreichen. Der Wert des Portefeuilles soll ja unabhängig von der Aktienpreisentwicklung sein. Der Unterschied zwischen dem Wert der Aktien von DM 1250 und dem theoretischen Wert des Portefeuilles von DM 750 beträgt DM 500. Dieser Betrag entspricht den Kosten der zurückzukaufenden Optionen.

Jetzt kann auch die Anzahl der auszugebenden Optionen berechnet werden. Bei einem Schlusskurs von DM 250 beträgt für jeden Kontrakt (mit Strikepreis DM 210 und Recht zum Kauf von 5 Aktien) der Verlust DM 200. Um den totalen Verlust von DM 500 zu erhalten, müssen 2,5 Optionen ver-

Tabelle 4.2 **Beschreibung der risikofreien Portefeuilletechnik (Berechnete Werte)**

Anfangswert des Anlageportefeuilles	Wert in DM	Zeitpunnkt 1 ½% Zins in 1 Monat	Zeitpunkt 2	Endwert des Anlageportefeuilles	Wert in DM
				5 Aktien à DM 250 2,5 Stück ausgestellte Calls (Strikepreis DM 210) à Wiederanschaffungswert 200 DM/Stck.	1250,–
5 Aktien à DM 200	1000,–		Aktienkurs DM 250	Endwert des Portefeuilles	– 500,– 750,–
2,5 Stück ausgestellte Calls (Strikepreis DM 210) à Wiederanschaffungspreis 101.50 DM/Stck.	–253,50	Aktienkurs DM 200		5 Aktien à 150 DM	750,–
Anfangswert des Portefeuilles	746,50		Aktienkurs DM 150	2,5 Stck. ausgestellte Calls (Strikepreis DM 210) à Wiederanschaffungspreis 0 DM/Stck.	0
				Endwert des Portefeuilles	750,–

kauft (geschrieben) werden. Der Wert des Portefeuilles von DM 750 im Zeitpunkt 2 zeigt, wie gross der ursprüngliche Wert des Portefeuilles (750/1,005 = 746.50, unter der Annahme des risikofreien Zinses) war. Der Eingangswert der Aktien betrug DM 1000. Der Unterschied zwischen dem Eingangswert des Portefeuilles und dem Eingangswert der Aktien entspricht dem Wert der ausgegebenen Optionen, also DM 253.50 : 2,5 = DM 101.50. Die Tabelle 4.1 kann nun vervollständigt werden, siehe Tabelle 4.2. Gleich wie wir den theoretischen Preis des Calls berechnet haben, können wir auch den Preis des Puts ermitteln. In vielen Fällen genügt es, den Preis des Calls zu kennen, da das Arbitrageverhältnis den entsprechenden Putpreis ebenfalls definiert. Diese Methode werden wir später darstellen. Sie ist unter dem Namen Call-Put-Parität bekannt.

Faktoren, welche den Optionspreis beeinflussen

In diesem Abschnitt werden wir erläutern, welche Faktoren auf welche Weise den Optionspreis beeinflussen. Als Beispiel nehmen wir Calls und Puts auf Aktien ohne Dividendenausschüttung. Sofern nichts anderes erwähnt wird, handelt es sich um Kontantoptionen vom Typus amerikanisch.

Die nachfolgend aufgezählten Faktoren beeinflussen den Optionspreis:
– Preis des Basiswertes
– Strikepreis
– Volatilität des Basiswertes
– Laufzeit der Option
– risikofreier Zins

Am Verfalltag der Option sieht das Gewinn/Verlustdiagramm wie folgt aus:

Abbildung 4.1 **Das Gewinn/Verlust-Diagramm am Verfalltag der Option**

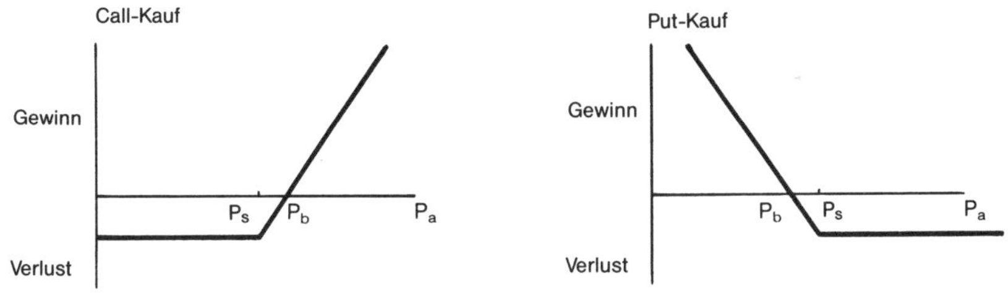

P_a: Aktienpreis
P_s: Strikepreis
P_b: Break-Even-Preis der Aktie

Wenn bei einem Call auf eine Aktie der Aktienpreis am Verfalltag tiefer liegt als der Strikepreis, so verfällt die Option wertlos, und der Verlust für den Inhaber der Option entspricht dem Preis, den er für die Option bezahlt hat. Der Verlust kann daher nie grösser sein als der für die Option bezahlte Preis. Für jede Deutsche Mark, um die der Aktienpreis den Strikepreis übertrifft, erhält der Inhaber der Option eine Mark zurück. Um den Break-Even-Preis zu erreichen, muss der Unterschied zwischen dem Aktienpreis und dem Strikepreis gross genug sein, um die Kosten für den Kauf der Option zu decken. Steigt der Aktienpreis über den Break-Even-Preis, kann der Besitzer der Option einen Gewinn realisieren. Dieser entspricht der Differenz zwischen dem Aktienpreis und dem Strikepreis minus dem Kaufpreis der Option. Der Gewinn aus einem Putkauf kann mit der gleichen Rechnung und umgekehrten Vorzeichen ermittelt werden. Liegt der Aktienpreis höher als der Strikepreis der Option, verfällt der Put wertlos, und der gesamte Einsatz geht verloren. Jede Mark, um die der Aktienpreis tiefer fällt als der Strikepreis der Option, bedeutet für den Besitzer eines Puts eine Mark Erlös. Der Erlös steigt, je tiefer der Aktienpreis unter den Strikepreis der Option fällt.

Das bis anhin Beschriebene bezieht sich ausschliesslich auf den Fall, dass die Option bis zum Verfalltag gehalten wird. Im folgenden wird sich unser Interesse aber auf die Bedeutung der verschiedenen Faktoren richten, welche den Optionspreis während der Laufzeit, d.h. vor Verfall der Option beeinflussen.

Der Preis des Basiswertes

Der Wert eines Calls nimmt bei steigendem Preis des zugrundeliegenden Wertes zu. Der Wert eines Puts fällt.

Der Strikepreis

Tiefe Strikepreise führen zu hohen Preisen für den Call, während hohe Strikepreise den Put sehr wertvoll machen. Ein Put, welcher dem Besitzer das Recht einräumt, die Aktie zu einem hohen Preis zu verkaufen, ist mehr wert als ein Put mit tieferem Strikepreis. Vorausgesetzt wird in diesem Zusammenhang, dass als einziger Einflussfaktor der Strikepreis unterschiedlich gewählt wurde und alle anderen Faktoren gleich bleiben. Der Strikepreis und der Aktienpreis setzen wichtige Grenzen für den möglichen Marktwert einer Option. Liegt der Strikepreis eines Calls tiefer als der aktuelle Aktienpreis, bildet die Differenz den absolut tiefsten Preis, zu welchem die Option gehandelt werden sollte. Dies gilt ohne Berücksichtigung der Transaktionskosten insbesondere für die amerikanische Option. Nehmen wir an, die Aktie werde zu DM 200 gehandelt. Der entsprechende Call räumt das Recht ein, diese Aktie zu einem Preis von DM 150 zu kaufen. Der Mindestpreis für eine solche Option beträgt DM 50. Könnte jemand die Option für DM 40 kaufen, wäre bei sofortiger Ausübung der Option der Erwerb der Aktie zum Preis von DM 190 möglich. Durch den Verkauf der Aktie zum Preis von DM 200 würde ein risikofreier Gewinn von DM 10 anfallen. Diese Arbitragemöglichkeit würde sofort die Nachfrage des Marktes nach Calls steigern und dadurch den Preis auf mindestens DM 50 pro Option bringen.

Dieser eben hergeleitete Aritragewert einer Option wird auch Realwert oder innerer Wert genannt (intrinsic value). Neben diesem inneren Wert wird für eine Option aber auch ein Zeitwert bezahlt. Calls (Puts), deren Strikepreis höher (tiefer) als der Marktpreis liegt, beinhalten keinen Realwert. Der gesamte Wert dieser Option besteht aus Zeitwerten.

Preisvolatilität

Ist die Preisvolatilität eines Basiswertes null, ist das Finanzinstrument Option bedeutungslos, da der Wert der Option am Ende der Laufzeit gegeben ist. Kann sich der Preis des Basiswertes nicht verändern, fällt die Schutzfunktion der Option, nämlich den maximalen Verlust in Form des Optionspreises einzugrenzen und gleichzeitig das unbegrenzte Gewinnpotential beizubehalten, für den Anleger dahin. Kann sich der Preis des Basiswertes hingegen verändern, wirkt sich der Schutzeffekt vorteilhaft aus. Bei starken Auf- und Abwärtsbewegungen im Preis des zugrundeliegenden Wertes können bei erwartungsgemässer Entwicklung grosse Gewinne erzielt werden. Entwickelt sich der Preis hingegen nicht erwartungsgemäss, hält sich der Verlust in Grenzen, da maximal der Einsatz verloren gehen kann. Selbst bei kleineren Preisveränderungen ist die Möglichkeit gegeben, mit Optionen ansehnliche Gewinne zu erzielen. Unabhängig davon, ob die Preisvariation klein oder gross ist, wird bei einer negativen Preisentwicklung der Verlust (meist der gesamte Einsatz) gleich gross sein. Bei einer positiven Preisentwicklung hingegen spielt die Variationsstärke des Preises des zugrundeliegenden Wertes für die Höhe des erzielten Gewinnes eine entscheidende Rolle. Daraus folgt, dass eine Option auf einen Basiswert mit grosser Preisvolatilität einen höheren Wert haben sollte als eine Option auf einen Basiswert mit kleiner Preisvolatilität. Dies gilt für Calls und Puts.

Laufzeit

Optionen mit kurzer Laufzeit haben einen tieferen Wert als Optionen mit längerer Laufzeit. Der Grund dafür liegt in der Tatsache, dass bei einer Option mit langer Laufzeit die Wahrscheinlichkeit einer grossen Preisbewegung des zugrundeliegenden Wertes steigt. Dies gilt wiederum sowohl für Calls als auch für Puts.

Risikofreier Zins

Der Erwerb eines Calls kann als Alternative zum Kauf des Basiswertes, beispielsweise einer Aktie, angesehen werden. Durch den Kauf eines Calls wird meist der grössere Teil der Investition auf den Verfalltermin der Option verschoben. Zu jenem Zeitpunkt muss, sofern die Option einen inneren Wert besitzt, der Strikepreis bezahlt werden. Das bedeutet, dass während der Laufzeit der Option der Schreiber der Option die Aktie finanziert. Der Käufer einer Option kann sein nicht investiertes Kapital in festverzinslichen Papieren, beispielsweise in risikofreien Zinspapieren anlegen. Je höher die Rendite dieses zinstragenden Wertpapieres ist, desto grösser sind die zusätzlichen Einkünfte für den Anleger. Diese Tatsache widerspiegelt sich im Optionspreis, da dieser steigt, wenn der risikofreie Zinssatz steigt. Umgekehrt kann derjenige, der seine Aktie verkauft, bei höherem Zinsniveau das freigesetzte Kapital zu einem höheren Zinssatz anlegen. Aufgrund dieser Überlegungen muss der Wert eines Puts, eine Art Ersatz für den Aktienverkauf, bei steigendem Zinssatz sinken.

Wenn der zugrundeliegende Wert nicht auf Kontantbasis, sondern auf Terminbasis gehandelt wird, verändern sich die Voraussetzungen, da der Aspekt der Finanzierung verschwindet. Der Wert der Option ist ein diskontierter Gegenwartswert des erwarteten Wertes am Verfalltag. Ein Anstieg des risikofreien Zinssatzes führt zur Erhöhung des Diskontierungsfaktors, und sowohl der Call als auch der Put erhalten einen tieferen Wert.

Als Voraussetzung für das oben Gesagte gilt, dass der Terminpreis des Basiswertes nicht durch die Zinsveränderung beeinflusst wird. Normalerweise beeinflusst aber die Zinsveränderung den Terminpreis. Wie stark er sich verändert, hängt vom Basiswert ab. Der Terminpreis von Gold beispielsweise wird, wie die Vergangenheit zeigt, nicht ausschliesslich von der Zinsveränderung beeinflusst. Hingegen ändert sich der Preis eines Währungs- oder Obligationenterminkontrakts kongruent.

Ausschüttungseffekt

Eine Ausschüttung des zugrundeliegenden Wertes während der Laufzeit der Option beeinflusst die Preissetzung der Option. Was passiert zum Beispiel bei einer Dividendenausschüttung einer Aktie? Die Dividende fällt dem Aktienbesitzer zu und nicht dem Optionsinhaber. Normalerweise fällt der Aktienkurs nach der Ausschüttung in der Höhe der Dividende. Für den Besitzer eines Calls bedeutet dies eine Wertverminderung und für den Besitzer des Puts eine Wertsteigerung. Für den Besitzer des Calls kann es deshalb optimal sein, die Option direkt vor der Ausschüttung der Dividende auszuüben.

An dieser Stelle sollen die Faktoren, welche den Optionspreis beeinflussen, kurz zusammengefasst werden. Die Kurve in der Abbildung 4.2 beschreibt den Preis eines Calls als Funktion des Aktienpreises.

Abbildung 4.2 **Die Abhängigkeit des Callpreises vom Aktienpreis**

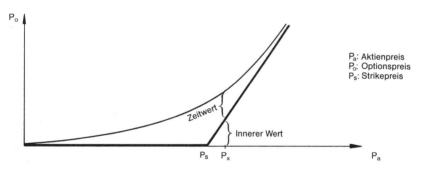

Beim Aktienpreis P_x besitzt der Call einen inneren Wert, da der Aktienpreis über dem Strikepreis liegt. Die fettgedruckte Linie stellt den Minimalpreis der Option dar. Was darüber hinaus bezahlt wird, ist der Zeitwert. Die bereits beschriebenen Faktoren, z.B. Preisvolatilität, Zins etc., bestimmen die Lage der Kurve. Eine höhere Volatilität des zugrundeliegenden Wertes beispielsweise hat zur Folge, dass sich die Kurve nach oben verschiebt, und bei tieferer Volatilität liegt die Kurve näher bei der Minimalpreislinie.

Der Optionspreis ist Null oder fast Null für einen Call mit einem Strikepreis, der weit über dem Aktienkurs liegt. Dies können wir aus dem linken Teil der Preiskurve ersehen. Liegt der Aktienpreis wesentlich höher als der Strikepreis, bewegt sich der Preis des Calls in absoluten Zahlen beinahe parallel zum Aktienpreis. Mit andern Worten: die Schutzeigenschaft der

Option ist fast ohne Bedeutung. Wie aus der Abbildung ersichtlich, nähert sich die Optionspreiskurve der Minimalpreiskurve, je mehr wir uns auf der X-Achse nach rechts bewegen. Der Abstand zwischen der Optionspreiskurve und der Minimalpreislinie ist dann am grössten, wenn der Aktienpreis mit dem Strikepreis übereinstimmt, d.h. bei P_s. Hier ist gleichzeitig die Schutzfunktion der Option am grössten. Das gleiche gilt für den Zeitwert der Option. Er ist ebenfalls dann am grössten, wenn der Aktienkurs dem Strikepreis entspricht. Das letzte gilt ebenso für Put-Optionen.

Abbildung 4.3 **Die Veränderung des Optionspreises in Abhängigkeit der einzelnen Einflussfaktoren**

Preisfaktoren	Richtung der Änderung	Änderung des Call-preises	Änderung des Put-preises
Preis des Basiswertes	↑ ↓	↑ ↓	↓ ↑
Strikepreis	↑ ↓	↓ ↑	↑ ↓
Volatilität des Basiswertes	↑ ↓	↑ ↓	↑ ↓
Laufzeit	↑ ↓	↑ ↓	↑ ↓
Risikofreier Zins	↑ ↓	↑(↓)* ↓(↑)*	↓ ↑

↑ steigt ↓ fällt   *) gilt bei Terminoptionen

Bis jetzt haben wir das Prinzip der analytischen Optionsbewertung aufgezeigt und die Faktoren besprochen, welche den Preis beeinflussen. Im nächsten Abschnitt werden wir sehen, wie die Black-Scholes-Formel konkret angewendet wird.

Anwendung des Black-Scholes-Modelles*

Wie in einem früheren Abschnitt erwähnt, haben Modelle ihre Grenzen und sind nicht für alle Typen von Optionen anwendbar. Ursprünglich wurde das Black-Scholes-Modell für die Bewertung von europäischen Kontantoptionen auf Aktien ohne Dividendenausschüttung entwickelt. Mit verhältnismässig kleinen Änderungen kann die Methode aber auch für andere Basiswerte verwendet werden.

100

Unter der Annahme, dass der Zins und die Standardabweichung (Preisvolatilität) während der Laufzeit der Option konstant sind, der Aktienkurs lognormal verteilt ist und weder steuerliche Belastungen noch Transaktionskosten mit dem Handel von Optionen vorhanden sind, gilt Formel:

$$P_c = P_a N(d_1) - P_s r^{-t} N(d_2)$$
$$P_p = P_s r^{-t} N(-d_2) - P_a N(-d_1)$$

$$d_1 = \frac{\ln[P_a/(P_s r^{-t})]}{\sigma\sqrt{t}} + \frac{\sigma\sqrt{t}}{2}$$

$$d_2 = \frac{\ln[P_a/(P_s r^{-t})]}{\sigma\sqrt{t}} - \frac{\sigma\sqrt{t}}{2}$$

P_c : Preis des Calls in sFr.
P_p : Preis des Puts in sFr.
P_a : Aktienpreis in sFr.
P_s : Strikepreis in sFr.
R : Risikofreier Zinssatz (z.B. 0,05 oder 5%)
r : Zinsfaktor = 1+R (z.B. 1,05)
t : Laufzeit der Option (Jahre)
σ : Standardabweichung
N(): Kumulative Normalverteilung

Anhand eines Beispiels sehen wir, welche Variabeln und Daten die Formel braucht. Den Aktienpreis P_a und den Strikepreis der Option P_s erhalten wir aus den täglichen Publikationen der Massenmedien. Wir nehmen an, dass P_a = 2000 und P_s = 1800 ist. Der Zinssatz (r) wird an verschiedenen Stellen gebraucht, aber immer in der Kombination r^{-t}. Der Ausdruck r^{-t} ist der Gegenwartswert eines Frankens, welcher in t Jahren ausbezahlt wird. Wir nehmen weiterhin an, dass der Call in 90 Tagen verfällt. Der risikofreie Zins beträgt 4,5%. Der Gegenwartswert eines Frankens bei einem Zinssatz von 4,5% mit Fälligkeit in 90 Tagen wird durch die folgende Formel erhalten:

$$NV = \frac{1}{1 + \frac{R \times D}{360}}$$

NV: Gegenwartswert eines Frankens, welcher in D Tagen ausbezahlt wird
R: Zinssatz
D: Restlaufzeit der Option in Tagen

---

* Dieses Zeichen bedeutet hier und auch im folgenden Kontext, dass die Lektüre der anschliessenden Ausführungen für das weitere Verständnis dieses Buches nicht absolute Voraussetzung ist und aus diesem Grund von an den mathematischen Teilen weniger Interessierten diagonal erfolgen oder sogar weggelassen werden kann.

Der mit der oben erwähnten Formel berechnete Gegenwartswert beträgt 0,989. Diesen Wert setzen wir in die Formel für r^{-t} ein. Mit $r^{-t} = 0,989$ und $t = 0,25$ erhält man $r = 1,045$. Hier wird nochmals klar, dass die Zeit (t) in Jahren angegeben werden muss.

Bis hierhin waren alle Daten, die wir angewendet haben, vorgegeben. Die Standardabweichung, die die Preisvariation in der Black-Scholes-Formel ausdrückt, muss hergeleitet werden. Gefragt ist die zukünftige Preisvolatilität. Die historischen Preisdaten zeigen, wie gross die Preisvariation in der Vergangenheit war. Nimmt man an, dass die zukünftige Preisvolatilität nichts mit der historischen zu tun hat, hilft die Herleitung aus den historischen Daten wenig. Ist man jedoch der Überzeugung, dass ein Zusammenhang zwischen den historischen Daten und den zukünftig zu erwartenden Preisbewegungen hergestellt werden kann und dass es möglich ist, zukünftige Bewegungen aus der Vergangenheit abzuleiten, kann die folgende Methode angewendet werden.

Das Black-Scholes-Modell basiert auf der Annahme, dass der Preis des Basiswertes logonormal verteilt ist. Es werden Quotienten gebildet, indem beispielsweise der Preis der Woche 2 dividiert wird durch den Preis der Woche 1 und der Preis der Woche 3 dividiert wird durch den Preis der Woche 2. Wird danach der natürliche Logarithmus für diese Werte berechnet, sind diese neuen Werte lognormal verteilt. Es erscheint vorerst schwierig, intuitiv die Standardabweichung dieser Werte als Mass der Volatilität eines Basis-

Tabelle 4.3   Berechnungsgrundlage der Standardabweichung

Wöchentliche Preise in sFr. P_a	Quotient $K_{(i)} =$ $P_{a(i)}/P_{a(i-1)}$	Natürlicher Logarithmus der Quotienten $\ln K_{(i)}$	Abweichung vom Mittelwert $\ln K_{(i)} - \mu$	Quadrierte Abweichung vom Mittelwert $(\ln K_{(i)} - \mu)^2$
2000				
2100	1,05000	0,04879	0,04050	0,00164
2100	1,00000	0,00000	−0,00829	0,00007
2200	1,04762	0,04652	0,03823	0,00146
2400	1,09091	0,08701	0,07872	0,00620
2300	0,95833	−0,04256	−0,05085	0,00258
2200	0,95652	−0,04445	−0,05274	0,00278
2100	0,95455	−0,04652	−0,05481	0,00300
—				
—				
—				
2000	1,05263	0,05129	0,04300	0,00185
Anzahl 20 Stck.	Anzahl 19 Stck.	Summe 0,15756		Summe 0,02756

102

wertes zu akzeptieren. Da in der Praxis die mit dieser Methode berechneten theoretischen Preise gut mit den Preisen übereinstimmen, welche international für Aktienoptionen bezahlt werden, scheint es jedoch einleuchtend, diese Annahme zu akzeptieren. In einem praktischen Beispiel soll die Standardabweichung mit historischen Daten berechnet werden. Die Tabelle 4.3 führt in der Kolonne 1 die wöchentlichen Preise für eine Aktie auf. Die oben beschriebenen Quotienten finden sich in Kolonne 2 und 3.

Die gesamte Formel zur Berechnung der Standardabweichung sieht folgendermassen aus:

$$\sigma = \sqrt{\frac{\sum_{i=1}^{n}(\ln K_{(i)} - \mu)^2}{n-1}}$$

σ: Standardabweichung für die Periode
n: Anzahl Quotienten (Anzahl Kurse −1)
$\ln K_{(i)}$: logarithmierter Wert der Quotienten (Kolonne 3)
μ: Durchschnitt der Quotienten ($\ln K_{(i)}$)

Der Durchschnittswert der Quotienten μ nach der logarithmischen Umwandlung ist $(0{,}15756/19)=0.00829$. Die Abweichung der berechneten Quotienten vom Durchschnittswert ist in Kolonne 4 der Tabelle 4.3 aufgeführt. Die quadrierten Werte davon sind in Kolonne 5 ersichtlich.

Die Summe der quadrierten Abweichungen ergibt 0,02756. Sie entspricht dem Total der Kolonne 5. Die Berechnung gemäss Formel ergibt:

$$\sigma_w = \sqrt{\frac{0{,}02756}{19-1}} = 0{,}03913$$

σ_w: Wochenstandardabweichung

Bevor die Standardabweichung in die Black-Scholes-Formel eingesetzt werden kann, muss noch eine Angleichung gemacht werden. Die Standardabweichung muss das gleiche Zeitmass aufweisen wie das in der Black-Scholes-Formel verwendete Mass (t). Die oben berechnete Standardabweichung bezieht sich auf die Veränderungen der Preise von Woche zu Woche. Die Umrechnung geschieht durch die Multiplikation der erhaltenen Abweichung mit der Quadratwurzel der Anzahl Perioden (Wochen) pro Jahr. In unserem Falle sollen, da das Jahr 52 Wochen hat, 0.03913 mit der Wurzel aus 52 multipliziert werden. Noch besser ist es, nur die Tage zu berücksichtigen, an denen Kurse notiert werden. Dies bedeutet, dass Samstage und Sonntage weggerechnet werden müssen und dass nur 70% des Jahres zu berücksichtigen sind. Unsere Standardabweichung ist deshalb:

$$\sigma_w = \sqrt{0,7 \times 52} \times 0,03913 = 0,236$$

Um die intuitiv nur schwer erfassbare Volatilität zu veranschaulichen, zeigt die nachstehende Tabelle den Zusammenhang zwischen den jährlichen und täglichen Schwankungen der Preise und der Volatilität auf. Es schätzt jemand, dass der Preis einer Aktie im Durchschnitt jährlich 20% steigt oder fällt. Dies entspricht einer täglichen durchschnittlichen Schwankung von 1% und die Volatilität dieser Aktie ist 0,2. Die untenstehende Tabelle gibt weitere Werte an.

Tabelle 4.4 **Tägliche und jährliche Schwankungen der Aktienkurse in Abhängigkeit von der Volatilität**

Volatilität in %	Jährliche Schwankungen in % Auf	Ab	Tägliche Schwankungen in % Auf	Ab
10	10,5	− 9,5	0,52	− 0,52
12	12,7	−11,3	0,63	− 0,63
14	15,0	−13,1	0,74	− 0,73
16	17,4	−14,8	0,84	− 0,83
18	19,7	−16,4	0,95	− 0,94
20	22,1	−18,1	1,05	− 1,04
22	24,6	−19,7	1,16	− 1,14
24	27,1	−21,3	1,26	− 1,25
26	29,7	−22,9	1,37	− 1,35
28	32,3	−24,4	1,48	− 1,45
30	35,0	−25,9	1,58	− 1,56

Alle benötigten Werte für die Black-Scholes-Formel stehen nun wie folgt zur Verfügung:

$P_a = 2000$
$P_1 = 1800$
$r\ \ = 1,045$
$t\ \ = 0,25$
$r^{-t} = 0,989$
$\sigma\ = 0,236$

Das Einsetzen in die Black-Scholes-Formel ergibt:

$$d_1 = \frac{\ln\,[2000/(1800\times 0,989)]}{0,236\times\sqrt{0,25}} + \frac{0,236\times\sqrt{0,25}}{2} = 1,046$$

$$d_2 = \frac{\ln\,[2000/(1800\times 0,989)]}{0,236\times\sqrt{0,25}} - \frac{0,236\times\sqrt{0,25}}{2} = 0,928$$

Gemäss Tabelle 4.5 ergeben sich folgende Werte für N(d1) und N(d2):

$N\,(d_1) = 0,8519$
$N\,(d_2) = 0,8237$

Die genauen Werte für die verwendeten d_1 und d_2 können durch Interpolation in der Tabelle 4.5 ermittelt werden. Der theoretische Preis des Calls (P_c) wird folgendermassen berechnet:

$$P_c = P_a\,N\,(d_1) - P_s\,r^{-t}\,N\,(d_2) = 2000\times 0,8519 - 1800\times 0,989\times 0,8237 = 237,5$$

Der Wert eines Puts (P_p) kann analog berechnet werden.

Korrektur für die Dividendenausschüttung

Wie bereits erwähnt, hat der Besitzer einer Option kein Anrecht auf Dividendenzahlung. Ein Call erfährt dadurch eine Art von Verwässerung, weshalb auch der theoretische Preis fällt. Ein Put hingegen erfährt eine Art Aufbesserung.

Die Korrektur für die Ausschüttung wird normalerweise so gemacht, dass der Gegenwartswert der Ausschüttung vom aktuellen Aktienpreis abgezogen wird. Die Adjustierung wird nur dann gemacht, wenn die Ausschüttung während der Laufzeit der Option vorgenommen wird.

Da Dividendenausschüttungen im schweizerischen Aktienmarkt normalerweise nur einmal pro Jahr erfolgen, muss für die Berechnung des theoretischen Optionspreises folgendermassen vorgegangen werden. Die Option sollte mit auf den Tag der Ausschüttung verkürzter Laufzeit ohne Ausschüttungskorrektur bewertet werden. Liegt dieser Optionspreis höher als der ursprüngliche, mit der langen Laufzeit berechnete und um die Ausschüttung adjustierte Preis, sollte dieser verwendet werden. Allerdings kann lediglich

Tabelle 4.5   **Werte von N(d) für ausgewählte Werte von d**

d	N(d)	d	N(d)	d	N(d)
		−1.00	0.1587	1.00	0.8413
−2.95	0.0016	−0.95	0.1711	1.05	0.8531
−2.90	0.0019	−0.90	0.1841	1.10	0.8643
−2.85	0.0022	−0.85	0.1977	1.15	0.8749
−2.80	0.0026	−0.80	0.2119	1.20	0.8849
−2.75	0.0030	−0.75	0.2266	1.25	0.8944
−2.70	0.0035	−0.70	0.2420	1.30	0.9032
−2.65	0.0040	−0.65	0.2578	1.35	0.9115
−2.60	0.0047	−0.60	0.2743	1.40	0.9192
−2.55	0.0054	−0.55	0.2912	1.45	0.9265
−2.50	0.0062	−0.50	0.3085	1.50	0.9332
−2.45	0.0071	−0.45	0.3264	1.55	0.9394
−2.40	0.0082	−0.40	0.3446	1.60	0.9452
−2.35	0.0094	−0.35	0.3632	1.65	0.9505
−2.30	0.0107	−0.30	0.3821	1.70	0.9554
−2.25	0.0122	−0.25	0.4013	1.75	0.9599
−2.20	0.0139	−0.20	0.4207	1.80	0.9641
−2.15	0.0158	−0.15	0.4404	1.85	0.9678
−2.10	0.0179	−0.10	0.4602	1.90	0.9713
−2.05	0.0202	−0.05	0.4801	1.95	0.9744
−2.00	0.0228	0.00	0.5000	2.00	0.9773
−1.95	0.0256	0.05	0.5199	2.05	0.9798
−1.90	0.0287	0.10	0.5398	2.10	0.9821
−1.85	0.0322	0.15	0.5596	2.15	0.9842
−1.80	0.0359	0.20	0.5793	2.20	0.9861
−1.75	0.0401	0.25	0.5987	2.25	0.9878
−1.70	0.0446	0.30	0.6179	2.30	0.9893
−1.65	0.0495	0.35	0.6368	2.35	0.9906
−1.60	0.0548	0.40	0.6554	2.40	0.9918
−1.55	0.0606	0.45	0.6736	2.45	0.9929
−1.50	0.0668	0.50	0.6915	2.50	0.9938
−1.45	0.0735	0.55	0.7088	2.55	0.9946
−1.40	0.0808	0.60	0.7257	2.60	0.9953
−1.35	0.0885	0.65	0.7422	2.65	0.9960
−1.30	0.0968	0.70	0.7580	2.70	0.9965
−1.25	0.1057	0.75	0.7734	2.75	0.9970
−1.20	0.1151	0.80	0.7881	2.80	0.9974
−1.15	0.1251	0.85	0.8023	2.85	0.9978
−1.10	0.1357	0.90	0.8159	2.90	0.9981
−1.05	0.1469	0.95	0.8289	2.95	0.9984

für den Call und nicht für den Put der theoretische Preis bei verkürzter Laufzeit höher liegen als der um den Dividendenverlust adjustierte Wert. Trifft dies kurz vor der Dividendenausschüttung zu, wird die Option vor dieser Ausschüttung ausgeübt.

Ist die Höhe der Ausschüttung oder der exakte Zeitpunkt unbekannt, können die Werte aufgrund von Bilanzprognosen und früheren Ausschüttungen geschätzt werden.

Call-Put-Parität

Der Preis eines Puts oder eines Calls kann, wie eben gezeigt, mit Hilfe der Black-Scholes-Formel berechnet werden. Es genügt dabei, einen der beiden Preise zu kennen. Ist beispielsweise der Preis des Puts bekannt, kann der Preis des Calls aufgrund von Arbitrageüberlegungen hergeleitet werden. Durch den Kauf des Basiswertes und eines Puts kann ein Portefeuille geschaffen werden, das sich gewinnmässig genau gleich entwickelt wie ein Call. Voraussetzung ist, dass die Option vom Typus europäisch ist und Termingeschäfte mit dem Basiswert möglich sind. Der Wert dieses Portefeuilles nimmt mit steigendem Aktienpreis zu. Grundsätzlich besteht mit dem Besitz des Basistitels ein uneingeschränktes Gewinnpotential. Fällt hingegen der Preis, kann der Put ausgeübt werden. Der entstandene Verlust wird dadurch begrenzt. Das Portefeuille hat damit die gleichen Eigenschaften wie ein Call. Der Call kann deshalb direkt am Markt gekauft oder wie besprochen synthetisch nachgebildet werden. Ist die eine Position billiger als die andere, führt dies dazu, dass die billigere so lange vorgezogen wird, bis wieder Gleichgewichtspreise herrschen. Dieses durch den Markt bestimmte Verhältnis zwischen einem Call- und einem Put-Preis wird Call-Put-Parität genannt.

Folgende Portefeuilles können gleichgesetzt werden:

Kauf des Basiswertes und eines Puts = Kauf eines Calls
Leerverkauf des Basiswertes und Kauf eines Calls = Kauf eines Puts

Im Kapitel 6 werden wir die Call-Put-Parität weiter analysieren. An dieser Stelle sollen vor allem die Preisrelationen und einige allgemeingültige Regeln im Zusammenwirken von Calls und Puts beschrieben werden. Wird der Call auf einen bestimmten Basiswert zu einem hohen Preis (hoher Zeitwert) gehandelt, wird entsprechend, sofern vorhanden, auch der Put zu einem hohen Zeitwert gehandelt werden. Gilt dies nicht, eröffnet der Markt Arbitragemöglichkeiten. Umgekehrt gilt, dass in der Regel ein unterbewerteter Call einen unterbewerteten Put hervorruft. Es kann aber auch sein, dass die Imperfektionen des Marktes diese Regeln stören. Dies zum Beispiel dann, wenn Leerverkäufe des Basiswertes verboten oder die Transaktionskosten sehr hoch sind.

Wie wir später sehen werden, hat die Methode von Black-Scholes noch weitere Anwendungsmöglichkeiten. Mit Hilfe der Preisformel kann unter anderem analysiert werden, wie die verschiedenen Bestimmungsfaktoren den Preis einer Option beeinflussen. Die Analyse der Reaktion des Optionspreises auf Veränderungen dieser verschiedenen Variabeln wird Sensitivitätsanalyse genannt. Diesen Werten werden griechische Buchstaben zugeordnet. Im folgenden wollen wir diese Faktoren einzeln behandeln.

Die Sensitivität des Optionspreises auf Preisveränderungen des Basiswertes – Delta

Bekanntlich steigt der Preis des Calls, wenn der Preis des Basistitels steigt. Nicht erwähnt wurde bis anhin, um wieviel er steigen soll in Abhängigkeit von der Veränderung des Preises des Basiswertes. Der Deltawert hilft uns dabei.

Mathematisch betrachtet ist der Deltawert die erste Ableitung der Optionspreisfunktion nach dem Basiswert. Der Wert des Calls verändert sich mit den gleichen Vorzeichen wie der Preis des Basiswertes. Der Deltawert eines Calls ist daher positiv. Mit Hilfe der gleichen Überlegungen kommt man zum Schluss, dass der Deltawert des Puts negativ sein muss.

Der Deltawert eines Calls kann Werte zwischen 1 und 0 annehmen. Ein Call mit einem Deltawert von 1 steigt im Wert um 1 Einheit, wenn der Aktienkurs um 1 Einheit steigt. Der Wert des Calls fällt um1 Einheit, wenn der Aktienkurs um 1 Einheit fällt. Ein Deltawert in der Nähe von 1 bedeutet für einen Call, dass der Strikepreis weit unter dem Tageskurs der Aktie liegt, d.h. der Call beinhaltet einen hohen inneren Wert.

Ein Deltawert von 0 bedeutet, dass die Option auf Preisveränderungen des Basiswertes nicht reagiert. Out-of-the-money Optionen mit sehr kurzer Laufzeit weisen Deltawerte von nahezu 0 auf, da es unwahrscheinlich ist, dass sie je einen inneren Wert aufweisen werden. Der Deltawert eines Puts kann zwischen 0 und –1 liegen. In-the-money Puts mit hohem innerem Wert weisen einen Deltawert von fast –1 auf. Durch den Kauf eines solchen Puts wird das gleiche Resultat wie beim Leerverkauf des Basiswertes erzielt.

Der Deltawert ist ein umfassendes Mass zur Risikomessung einer Option. 20 Callkontrakte auf je 5 Aktien mit einem Deltawert von 1 zu besitzen, ergibt das gleiche Risiko, ausgedrückt in DM, wie der Besitz von 100 Aktien. Das Schreiben von 40 Putkontrakten auf je 5 Aktien mit einem Deltawert von –0,5 entspricht dem gleichen Risiko (–0,5 × [–40 × 5] = 100). In der folgenden Tabelle sind verschiedene Investitionsportefeuilles aufgeführt, die das gleiche Risiko, ausgedrückt in DM, aufweisen.

Tabelle 4.6   Deltaäquivalente Portefeuilles

Tageskurs der XYZ-Aktie: DM 100

	Portefeuille 1	Portefeuille 2	Portefeuille 3
	Kauf 100 XYZ-Aktien	Kauf 20 Calls auf je 5 XYZ-Aktien Strikepreis DM 20 Deltawert 1,00	Verkauf 40 Puts auf je 5 XYZ-Aktien Strikepreis DM 100 Delta –0,50
Gewinn/Verlust			
Wenn die Aktie um DM 1 steigt	100 Stck. × 1 DM = 100 Gewinn = 100 DM	100 Stck. × 1 DM × 1,00 = 100 Gewinn = 100 DM	–200 Stck. × 1 DM × –0,50 = 100 Gewinn = 100 DM
Wenn die Aktie um DM 1 fällt	100 Stck. × – 1 DM = –100 Verlust = DM 100	100 Stck. × –1 DM × 1,00 = –100 Verlust = DM 100	–200 Stck. × – 1 DM × –0,50 = –100 Verlust = DM 100

Das totale Risiko eines Optionenportefeuilles wird berechnet, indem für jeden Aktientyp die Deltawerte, multipliziert mit den Preisen des zugrundeliegenden Wertes, summiert werden.

Ist der Strikepreis mit dem Preis des Basistitels identisch, ist der Deltawert für den Call +0,5 und jener für den Put –0,5.

Der Deltawert ist keine Konstante. Er verändert sich mit der Preisbewegung des Basiswertes. Da die Charakteristik der Veränderung des Deltawertes von grosser Wichtigkeit für das Verständnis von Risiken im Zusammenhang mit Optionen ist, wollen wir als nächstes diesen Wert betrachten.

Die Sensitivität des Deltawertes, in Abhängigkeit vom Preis des Basiswertes – Gamma

Wie wir im vorherigen Abschnitt gesehen haben, ist der Deltawert für out-of-the-money- und in-the-money-Optionen unterschiedlich hoch. Der Deltawert verändert sich zum Beispiel, wenn sich eine Option von einer out-of-the-money Option zur in-the-money Option entwickelt. Wie stark sich der Deltawert einer Option von einer bestimmten Ausgangslage aus verändert, kann mit dem Gammawert ausgedrückt werden. Mathematisch betrachtet, ist der Gammawert die zweite Ableitung der Optionspreisfunktion nach dem Preis des Basiswertes. Der Gammawert eines Calls und eines Puts ist gleich oder grösser als Null. Ändert sich der Deltawert einer Option bei einer Preisänderung des Basiswertes nicht, ist der Gammawert Null. Dies finden wir vor allem bei Optionen, die entweder stark out-of-the-money oder stark in-the-money sind. At-the-money Optionen weisen den grössten Gammawert auf.

Im Kapitel 7, Hedging, werden wir die Technik des Portefeuilleschutzes beschreiben, für die der Gammawert eine wichtige Rolle spielt. Im Moment wollen wir uns mit der Aussage zufriedengeben, dass hohe Gammawerte für einen Anleger, der konstante Deltawerte haben will, ein Problem darstellen. Dies aus dem Grund, weil der Wert des Portefeuilles sich bei Preisbewegungen der Basiswerte schnell verändert. Das bedeutet, dass die Zusammensetzung des Portefeuilles öfters überprüft werden muss, um einen konstanten Deltawert zu erhalten. Die Überwachungs- und Transaktionskosten werden zu wichtigen Faktoren.

Die Variation des Optionspreises bei sich ändernder Laufzeit – Theta

Mit Verkürzung der Laufzeit der Option und sonst konstanten Faktoren fällt der Optionspreis. Dies gilt sowohl für Calls als auch für Puts. Der Thetawert zeigt dabei an, wie empfindlich die Option auf Laufzeitveränderungen reagiert. Er ist für alle Optionen positiv und steigt mit abnehmender Laufzeit der Option. Dies bedeutet, dass der Zeitwert der Option mit näherrückendem Verfalltag zunehmend schneller abnimmt. Dieser Effekt kann für verschiedene Optionsstrategien ausgenutzt werden. Im Kapitel 8, Trading, und Kapitel 10, Praktische Anwendungen, werden wir darauf zurückkommen.

Die Sensitivität des Optionspreises, in Abhängigkeit von der Standardabweichung – Eta

Verschiedene Optionen reagieren, sowohl prozentual als auch absolut, verschieden empfindlich auf Veränderungen der Standardabweichung (Volatilität der Aktie). Ein hoher Etawert bedeutet eine hohe Optionspreisabhängigkeit von der Standardabweichung. Derjenige Investor, welcher eine Optionsposition in der Hoffnung eingeht, dass sich die zukünftige Volatilität des zugrundeliegenden Wertes ändern wird, sollte den Etawert der Option genaustens studieren.

Die Sensitivität des Optionspreises in Abhängigkeit vom risikofreien Zinssatz – Epsilon

Wie früher erwähnt, beeinflusst der risikofreie Zinssatz den Optionspreis. Höhere Zinsen machen Calls wegen der geringen Kapitalbindung teurer, Puts hingegen billiger. Epsilon drückt aus, um welchen Wert die Option bei Änderung des risikofreien Zinssatzes ansteigt oder fällt. Wer bedeutende Zinssatzänderungen erwartetet, sollte diesen Wert beachten.

Implizierte Standardabweichung

Im Abschnitt «Anwendung des Black-Scholes-Modelles» wurde die praktische Anwendung dieser Formel dargestellt. Vorausgesetzt wurde, dass der Investor eine Prognose über die Volatilität des Basiswertes machen kann. Diese Prognose ist gleich schwierig wie eine Prognose der zukünftigen Preisentwicklung.

Ist der Marktpreis der Option bekannt, kann anhand der Formel berechnet werden, welcher Standardabweichung der Preis entspricht. Unter der Voraussetzung, dass der Optionspreis die effektiven Markterwartungen widerspiegelt, kann die erwartete Standardabweichung aus der Preissetzung des Marktes abgeleitet werden.

Die Methode kann noch weiter verfeinert werden, indem man für jede Option mit unterschiedlichen Bedingungen auf den gleichen Basiswert die individuelle implizierte Standardabweichung berechnet. Das gewogene Mittel der Resultate kann auf zwei verschiedene Arten ermittelt werden. Ist die Anzahl der umgesetzten Kontrakte bekannt, werden die einzelnen Werte mit dem Umsatz gewichtet. Ist der genaue Umsatz nicht bekannt, erhalten die at-the-money Optionen eine grössere Gewichtung, da im Normalfall mehr at-the-money Optionen als out-of-the-money und in-the-money Optionen gehandelt werden.

Von den analytischen Preisbewertungsmodellen für Optionen ist heute die Black-Scholes-Methode die verbreitetste und anerkannteste. Wie wir früher angemerkt haben, ist es in gewissen Fällen notwendig, die Methode anzupassen. Sie ist lediglich für gewisse Optionskontrakte und bestimmte Basiswerte gültig anwendbar. Optionen auf Termingeschäfte sollten beispielsweise nach der Black-Methode (1976, genannt nach dem gleichen Black, welcher zusammen mit Scholes die Black-Scholes-Methode geschaffen hat) berechnet werden.

Andere Methoden weisen weitere Finessen auf und können leichter Spezialfälle berücksichtigen. Die Binomialverteilungsmethode scheint von diesen die flexibelste und heute am besten entwickelte zu sein. Dabei handelt es sich um eine sogenannte numerische Methode. Sie erfordert einen grösseren Rechenaufwand als analytische Methoden. Mit wenigen Ausnahmen werden jedoch ähnliche Resultate erzielt.

Die amerikanische Option ist analytisch schwierig zu bewerten, da sie dem Inhaber das Recht gibt, die Option jederzeit auszuüben. Wir erinnern uns an das Beispiel mit der Ausschüttungskorrektur, bei dem die Dividendenausschüttung während der Laufzeit der Option vorgenommen wurde. Trotz Anpassung der Formel kann nur ein annähernd richtiges Resultat erzielt werden. Die Bewertung mit Hilfe der Binomialverteilungsmethode kann hier helfen.

Die Binomialverteilungsmethode*

Die Methode geht vom gleichen Grundgedanken wie die analytischen Optionsbewertungsmethoden aus. Auch hier wird zur Herleitung der Berechnungsart die risikofreie Portefeuilletechnik, welche wir früher beschrieben haben, herangezogen. Dort gingen wir von der vereinfachten Annahme aus, dass der Basiswert nach einer gewissen Zeitperiode zwei Werte aufweisen kann. Auf der selben Annahme basiert auch die Binomialverteilungsmethode. Dabei wird schrittweise vorgegangen. Der Prozess ist aus der Abbildung 4.3 ersichtlich.

In jedem Knotenpunkt kann der Aktienpreis entweder steigen oder fallen. Die Wahrscheinlichkeit eines Preisanstieges oder -falles wird indirekt aus der Binomialverteilung abgeleitet und ist in jedem Knotenpunkt 50% zu 50%.

Am Verfalltag der Option ist der Zeitwert sicher gleich Null. Aus je zwei Aktienpreisen am Verfalltag (in der Abbildung 4.4 z.B. P1(n) und P2(n)) kann der Optionspreis im Knotenpunkt links davon (P1(n-1)) berechnet werden. Mit dem systematischen Durcharbeiten in der Abbildung nach rechts in dem Sinn, dass jeweils der höhere der beiden Werte weitergeschrieben wird, kann man schliesslich den Preis der Option im Bewertungszeitpunkt (P(0)) berechnen. Wenn der berechnete Optionspreis in einem Knotenpunkt tiefer liegt als der innere Wert der Option, wird die Option in

112

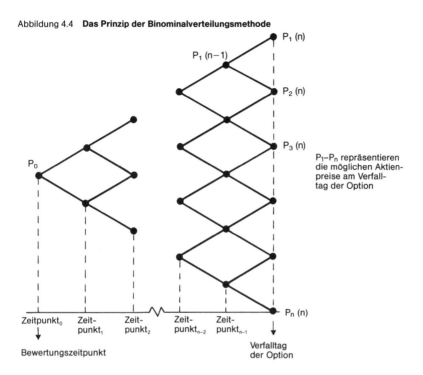

Abbildung 4.4   **Das Prinzip der Binominalverteilungsmethode**

$P_1(n)$

$P_1(n-1)$

$P_2(n)$

$P_3(n)$

P_0

P_1–P_n repräsentieren
die möglichen Aktien-
preise am Verfall-
tag der Option

$P_n(n)$

Zeitpunkt$_0$ Zeit-   Zeit-   Zeit-   Zeit-
              punkt$_1$ punkt$_2$ punkt$_{n-2}$ punkt$_{n-1}$

Bewertungszeitpunkt

Verfalltag
der Option

P_0: Preis des zugrundeliegenden Basiswertes im Bewertungszeitpunkt

diesem Zeitpunkt ausgeübt werden. Durch das Weiterschreiben des jeweils höheren Wertes in jedem Knoten kann der Effekt des vorzeitigen Ausübens und jegliche Art der Ausschüttung (z.B. der Dividendenausschüttung) berücksichtigt werden.

Die Methode ist einfach darzustellen, jedoch aufgrund des Rechenaufwandes nicht für jedermann leicht anwendbar.

Zusammenfassung

Zusammenfassend darf festgestellt werden, dass das Benutzen von Bewertungsmodellen im Optionenhandel von grosser Wichtigkeit ist. Von Bedeutung ist dabei, dass ein den Eigenschaften des jeweiligen Optionentypus angepasstes Modell angewendet wird.

Wir haben die verschiedenen Faktoren wie Preis des Basiswertes, Strikepreis, Volatilität des Basiswertes, Laufzeit der Option und risikofreier Zinssatz definiert und deren Einfluss auf den Optionspreis dargestellt.

113

Wir haben die risikofreie Portefeuilletechnik beschrieben, welche die Grundlage zur Herleitung des theoretischen Optionspreises bildet. Stimmen im Markt die beschriebenen Preisrelationen nicht, wird jedermann ein risikofreies Portefeuille konstruieren können, welches mehr als den risikofreien Zinssatz abwirft. Diese Arbitrage ist während einer kurzen Zeit möglich, bis die Arbitragetätigkeit den Markt wieder ins Gleichgewicht bringt.

Im Zusammenhang mit der Bewertungsformel von Black-Scholes haben wir gezeigt, wie die Grunddaten ermittelt werden und wie Dividendenausschüttungen berücksichtigt werden können. Die theoretischen Preise von Calls und Puts können auf unterschiedliche Art berechnet werden. Es genügt jedoch, einen der beiden theoretischen Preise (Call oder Put) zusammen mit dem Kauf- und Verkaufskurs der Aktie zu kennen. Die Call- und Putpreise sind voneinander abhängig. Diese Beziehung wird als Call-Put-Parität bezeichnet.

Die Sensitivität des Optionspreises auf verschiedene Einflussfaktoren kann anhand der Black-Scholes-Formel analysiert werden. Die dabei angewendeten Masse sind der Deltawert, der Gammawert, der Thetawert, der Etawert und der Epsilonwert. Deren Bedeutung und Anwendungen wurden ausführlich erläutert.

Abschliessend haben wir eine numerische Methode zur Berechnung des theoretischen Optionspreises, die Binomialverteilungsmethode, beschrieben. Diese Methode weist eine hohe Flexibilität auf, da sie auch da anwendbar ist, wo die analytischen Modelle versagen. Es können mit ihr jegliche Besonderheiten und Ausnahmen berücksichtigt werden. Da die Methode mehr Datenkapazität verlangt, einen grossen Programmieraufwand verursacht und lediglich in ganz speziellen Fällen bedeutend bessere Resultate erzielt, wird sie nur selten angewendet.

Die Marktteilnehmer

Eine Möglichkeit, einen Markt zu analysieren, besteht darin, die Bedürfnisse der Marktteilnehmer zu eruieren und abzuklären, wie diese zufriedengestellt werden könnten. Es gibt drei verschiedene Marktteilnehmer: den Arbitrageur, den Hedger und den Trader.

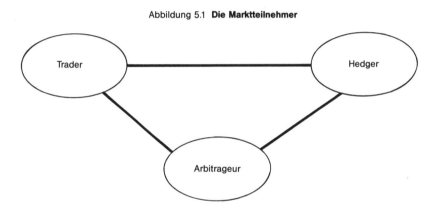

Abbildung 5.1 **Die Marktteilnehmer**

Der Arbitrageur

Der Arbitrageur versucht, Kursunterschiede des gleichen Basiswertes am gleichen oder auch an unterschiedlichen Handelsplätzen auszunützen. Diese Kursunterschiede sollten theoretisch nicht bestehen, da sie es dem Arbitrageur ermöglichen, für seine Investitionen eine höhere Rendite als den risikofreien Zinssatz zu erzielen. In einem effizienten Markt darf eine risikofreie Investition keine höhere Rendite als den risikofreien Zinssatz abwerfen. Der Arbitrageur erfüllt eine wichtige Funktion, indem er durch seine Aktivitäten den Markt ins Gleichgewicht bringt. Da Märkte die Tendenz haben, Ungleichgewichte schnell auszugleichen und nur relativ kleine Abweichungen zuzulassen, sind die möglichen Gewinne für einen Arbitrageur sehr klein. Aus diesem Grund müssen für den Arbitrageur die Transaktionskosten sehr tief liegen und die gehandelten Beträge eine gewisse Grösse aufweisen. Arbitrage wird meistens von Market-Makers durchgeführt, da diese in den Genuss von tieferen Transaktionskosten (Börsengebühren) kommen. Wie risikofreie Positionen eingegangen werden, werden wir eingehend im Kapitel 6, Arbitrage, beschreiben.

Der Hedger

Die zweite Kategorie von Marktteilnehmern wird Hedger genannt. Er verfolgt das Ziel, die Risikoexponierung, welcher er aus verschiedenen Gründen ausgesetzt ist, auf den Markt abzuwälzen. Im Market-Maker haben wir ein typisches Beispiel eines Hedgers. Der Market-Maker ist verpflichtet, am Markt verbindliche Kurse zu stellen. Er muss Positionen halten, damit er die entsprechenden Optionen liefern kann. Der Market-Maker will sich im allgemeinen nicht exponieren. Daher wird er danach trachten, entsprechende Gegenpositionen mit inversem Risiko zu halten.

Neben den Market-Makers gibt es weitere Marktteilnehmer mit dem Bedürfnis nach Hedging. So zum Beispiel den Portefeuilleverwalter, der sein Risiko in den Aktien- und Obligationenmärkten zeitweise reduzieren will. Als dritte Gruppe von Hedgern treten die Unternehmungen auf, welche durch ihre tägliche Tätigkeit dem Devisen- und Zinsrisiko ausgesetzt sind. Optionen auf zinstragende Wertpapiere oder Devisen können ausgezeichnete Instrumente sein, diese unfreiwilligen Risiken auszugleichen. Im Kapitel 7, Hedging, werden wir diese Technik beschreiben.

Der Trader

Der Trader bildet die dritte Kategorie. Im Gegensatz zum Hedger sucht der Trader das Risiko. Der Trader geht von gewissen Erwartungen betreffend Preisentwicklung aus. Die Erwartungen können die Preisentwicklung und/oder die Volatilität des zugrundeliegenden Wertes betreffen. Da der Trader gewillt ist, ein grösseres Risiko einzugehen, ist sein Gewinnpotential grösser als das des Arbitrageurs.

Der Optionenmarkt bietet dem Trader die Möglichkeit, seinen Erwartungen Ausdruck zu verleihen. Statt des Schwarz-Weiss-Bildes (Kauf und Verkauf) des Kontantmarktes bietet der Optionenmarkt die ganze Skala von Grautönen. Das Kombinieren von Strategien werden wir im Kapitel 8, Trading, beschreiben.

Zusammenfassung

Wir haben den Optionenmarkt aus der Perspektive der drei Teilnehmerkategorien betrachtet. Zuerst wurde gezeigt, wie der Arbitrageur die relativen Preisfehler im Markt aufspürt und durch das Einnehmen von Positionen, die sich risikomässig gegenseitig aufheben, mit kleinen Margen risikofreie Gewinne erzielt. Danach haben wir die Partner am Markt beschrieben, die ihre Risiken reduzieren wollen und die Möglichkeiten der Risikoabsicherung am Optionenmarkt im Bereich von Währungen, Zinsen und Aktien ausnützen. Schliesslich haben wir gesehen, wie der Trader willentlich Risiken eingeht und den Hebeleffekt am Optionenmarkt ausnützt.

Die nachfolgenden drei Kapitel behandeln die Strategien, welche diese drei Marktteilnehmer zur Erreichung ihrer Ziele benützen können.

Arbitrage

Der Begriff Arbitrage bezeichnet Strategien, deren Rendite über dem risikofreien Zinssatz liegt, obschon die Gesamtheit der eingegangenen Positionen kein Risiko beinhaltet. Eine risikofreie Position entsteht in der Regel durch den gleichzeitigen Kauf und Verkauf einer Position, die die selben Rechte und Pflichten umfasst. Arbitrage bedeutet also, dass zum gleichen Zeitpunkt der gleiche Basiswert zu verschiedenen Preisen gekauft und verkauft wird.

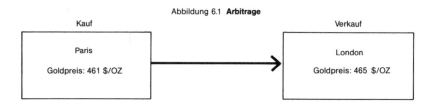

Abbildung 6.1 **Arbitrage**

Die selbe Option oder Optionskonstruktion kann verschiedene Marktpreise aufweisen, da das gleiche Profil von Rechten und Pflichten auf verschiedene Art und Weise zusammengesetzt werden kann. Es werden sogenannte synthetische Positionen aufgebaut. Eine synthetische Position kann sich beispielsweise aus einem Put und einem Call zusammensetzen, die in dieser Kombination die gleichen Eigenschaften aufweist wie der zugrundeliegende Basistitel.

Synthetische Positionen des Basiswertes

Der gleichzeitige Kauf eines Puts und Verkauf eines Calls entspricht dem Leerverkauf des Basiswertes, d.h. dem Verkauf des Basiswertes ohne dessen Besitz. Der Verkauf des Puts beinhaltet, wie bei einem Leerverkauf der Aktie, einen Gewinn beim Fallen des Aktienkurses. Das ungedeckte Schreiben des Calls hingegen ergibt beim Kursanstieg der Aktie einen Verlust. Da der Put das Recht einräumt, die Aktie bei einem bestimmten Kurs zu verkaufen, steigt sein Wert beim Fallen des Aktienkurses. Da der Call dem Käufer das Recht einräumt, die Aktie zu einem bestimmten Kurs zu erwerben, steigt

Abbildung 6.2 **Synthetischer Leerverkauf des Basiswertes**

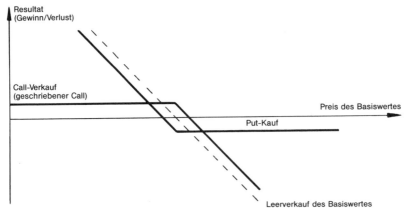

der Wert des Calls bei steigendem Aktienkurs. Für den Schreiber des Calls steigt hingegen die Belastung, da die Eindeckung seiner Verpflichtung zur Lieferung teurer wird. Vgl. Abbildung 6.2.

In der obigen und der folgenden Abbildung entspricht die gestrichelte Linie jeweils der Zusammensetzung der durchgezogenen Linien. Auf die gleiche Art und Weise kann der Kauf des Basiswertes durch den Kauf eines Calls und den Verkauf eines Puts synthetisch zusammengestellt werden. Mit Ansteigen des zugrundeliegenden Basiswertes steigt der Preis des Calls. Ein Call vermittelt ja das Recht, ein Eigentum zu einem bestimmten Preis zu erwerben. Deshalb korreliert der Preis eines Calls positiv mit dem Preisanstieg des Basiswertes. Da ein Put den Inhaber berechtigt, den Basiswert zu einem bestimmten Preis zu veräussern, steigt dessen Wert bei einem Preisabfall des zugrundeliegenden Basiswertes. Je tiefer der Preis des Basiswertes fällt, desto grösser der Gewinn.

Für den Schreiber (Verkäufer) eines Puts beinhaltet dieser Zerfall einen Verlust, da dessen Verpflichtung ansteigt. Vereinfacht kann gesagt werden, dass der Call die Charakteristika eines Kaufs des Basiswertes, der Put diejenigen eines Verkaufs des Basiswertes aufweist.

Synthetische Positionen der Optionen

Gleich wie wir die synthetische Position Aktie mit Optionen gebildet haben, können synthetische Positionen durch Verwendung von Optionen und des Basiswertes konstruiert werden. Mit solchen Positionen können Porte-

119

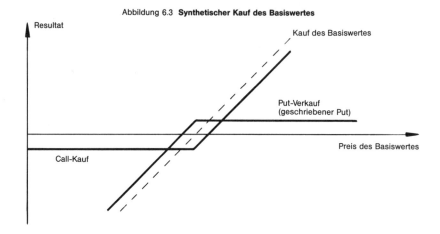

Abbildung 6.3 **Synthetischer Kauf des Basiswertes**

feuilles geschaffen werden, deren Wert sich identisch zu den Wertveränderungen bestehender Optionen verhält..

Die Charakteristika eines Calls können durch die Kombination des Kaufs des Basiswertes und eines Puts erzeugt werden. Der Basiswert generiert bei einer Preissteigerung des Basiswertes den gleichen Gewinn wie der Call. Der Put garantiert einen Mindestpreis, den Strikepreis, für den Verkauf des Basiswertes. Somit beinhaltet diese Basiswert-Put-Kombination, gleich wie ein Call, einerseits Gewinnchancen beim Anstieg des Basiswertes und gleichzeitig einen Schutz gegen den Preiszerfall des Basiswertes, siehe Abbildung 6.4.

Die Charakteristika eines geschriebenen Calls können durch den Leerverkauf des Basiswertes und das Schreiben eines Puts auf die gleiche Art nachgebildet werden. Dieses Spiegelbild der soeben beschriebenen Position entspricht dem aus dem Basiswert und dem Put zusammengesetzten Call. Bei einem Anstieg des Preises des Basistitels bedeutet der Leerverkauf einen Verlust. Der geschriebene Put verfällt wertlos und die Prämie, welche dem Schreiber gutgeschrieben wurde, entspricht der Prämie eines geschriebenen Calls. Ein geschriebener Call beinhaltet, genau gleich wie der Leerverkauf des Basiswertes, einen Verlust. Der ausgestellte Call gibt dem Käufer das Recht, den Basiswert zu einem bestimmten Preis zu erwerben. Je höher der Marktpreis im Verhältnis zum Strikepreis steigt, desto grösser wird sowohl der Verlust des Verkäufers des Calls als auch des Leerverkäufers des Basiswertes. Vgl. Abbildung 6.5.

Abbildung 6.4 **Synthetischer Kauf des Calls**

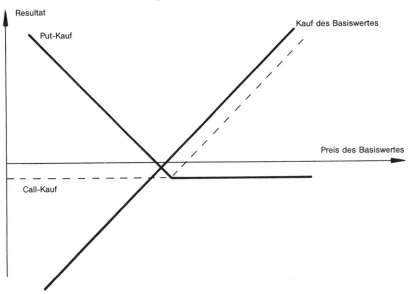

Resultat

Put-Kauf

Kauf des Basiswertes

Preis des Basiswertes

Call-Kauf

Abbildung 6.5 **Synthetisch geschriebener Call (Call-Verkauf)**

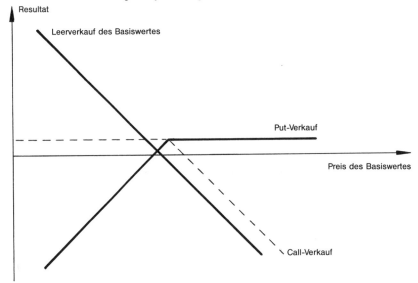

Resultat

Leerverkauf des Basiswertes

Put-Verkauf

Preis des Basiswertes

Call-Verkauf

121

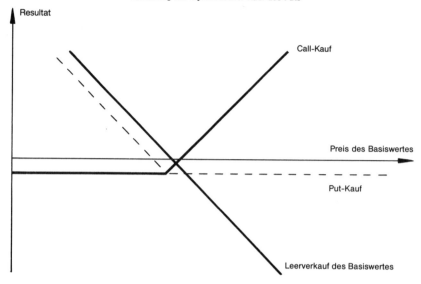

Abbildung 6.6 **Synthetischer Kauf des Puts**

Resultat

Call-Kauf

Preis des Basiswertes

Put-Kauf

Leerverkauf des Basiswertes

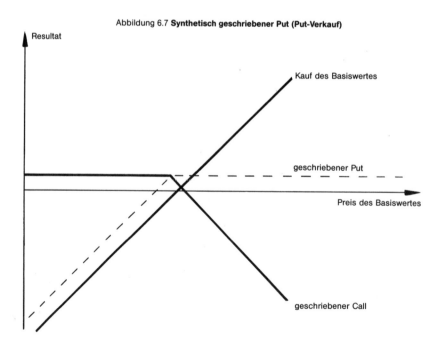

Abbildung 6.7 **Synthetisch geschriebener Put (Put-Verkauf)**

Resultat

Kauf des Basiswertes

geschriebener Put

Preis des Basiswertes

geschriebener Call

122

Die Eigenschaften eines Puts gleichen einer synthetischen Position, bestehend aus einem Leerverkauf des Basiswertes und dem Kauf eines Call. Der Kauf eines Puts beinhaltet bei sinkendem Preis des Basiswertes, wie der Leerverkauf des Basiswertes, einen Gewinn. Der Put berechtigt den Käufer, den Basiswert zu einem bestimmten Preis – dem Strikepreis – zu veräussern. Je tiefer der Marktpreis unter den Strikepreis fällt, desto wertvoller wird der Put. Es ist ja immer möglich, den Basiswert zum Marktpreis zu erwerben und anschliessend den Put (Verkaufsoption) auszuüben, siehe Abbildung 6.6.

Der geschriebene Put entspricht in der beschriebenen Art und Weise dem Kauf des Basiswertes und eines Calls. Bei einem Preiszerfall des Basistitels beinhaltet der Put für den Verkäufer genau den gleichen Verlust wie für den Käufer des Basistitels. Der Put steigt im Wert, wenn der Preis des Basistitels fällt.

Genau so wie die synthetische Position eines Calls dem Spiegelbild des geschriebenen Calls entspricht, gilt, dass der geschriebene Put dem Kauf des Basistitels kombiniert mit einem geschriebenen Call entspricht, siehe Abbildung 6.7.

Zusammenfassung der beschriebenen Zusammenhänge:

Kauf des Basiswertes
= Kauf eines Calls und Schreiben eines Puts

Leerverkauf des Basiswertes
= Schreiben eines Calls und Kauf eines Puts

Kauf eines Calls
= Kauf des Basiswertes und eines Puts

Geschriebener Call
= Leerverkauf des Basiswertes und Schreiben eines Puts

Kauf eines Puts
= Leerverkauf des Basiswertes und Kauf eines Calls

Geschriebener Put
= Kauf des Basiswertes und Schreiben eines Calls

Mathematisch können diese Zusammenhänge noch einfacher dargestellt werden:

A = Kauf des Basiswertes	A = C−P
−A = Leerverkauf des Basiswertes	−A = −C+P
C = Kauf des Calls	C = A+P
−C = Schreiben eines Calls	−C = −A−P
P = Kauf des Puts	P = −A+C
−P = Schreiben eines Puts	−P = A−C

Conversion und Reversal

Die bisher beschriebenen Zusammenhänge sind es, welche die Arbitrage ermöglichen. Das Vorhandensein von synthetischen Positionen ermöglicht es, gleichzeitig Positionen zu kaufen und zu verkaufen, welche identische Gewinn-Verlust-Profile aufweisen. Ist dies zu unterschiedlichen Preisen möglich, entstehen risikofreie Gewinne.

Conversion

Teure Calls und billige Puts

Der Call entspricht dem Kauf des Basistitels, kombiniert mit dem Kauf eines Puts. Wenn ein Call zu einem hohen Preis verkauft werden kann, gleichzeitig der Basiswert zum Marktpreis erworben wird und ein Put zu einem relativ tiefen Preis gekauft wird, kann ein von der Preisentwicklung des Basiswertes unabhängiger, risikofreier Gewinn erzielt werden.

Wir nehmen an, dass ein Call mit einem Strikepreis von sFr. 2100 zu einem Preis von sFr. 500 geschrieben werden kann. Kann gleichzeitig ein Put mit gleichem Verfalldatum und Strikepreis für sFr. 250 und der Basistitel für sFr. 2100 erworben werden, so kann in Zukunft ein risikofreier Gewinn von sFr. 250 erzielt werden. Der für sFr. 2100 erworbene Basiswert kann später ungeachtet des Marktpreises wieder verkauft werden. Übersteigt der Marktpreis im Mai sFr. 2100, wird der geschriebene Call vom Käu-

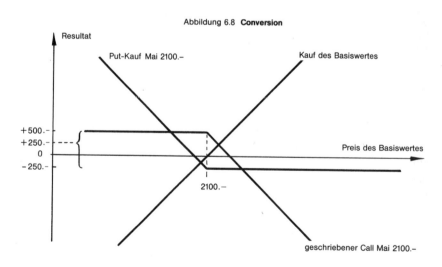

Abbildung 6.8 **Conversion**

fer ausgeübt, und es wird für die Veräusserung des gekauften Basiswertes ein Preis von sFr. 2100 realisiert. Fällt der Marktpreis des Basiswertes im Mai unter sFr. 2100, kann der Put ausgeübt und der Verkauf bei sFr. 2100 erzwungen werden. Wie beschrieben, werden wir den Basiswert zum gleichen Preis verkaufen, wie wir ihn gekauft haben. Gleichzeitig wurde der Call für sFr. 500 geschrieben (verkauft) und der Put zum Preis von sFr. 250 gekauft. Es entsteht aus dieser Transaktion ein Gewinn von sFr. 250 (500 – 250). Wie Transaktionskosten, Zinskosten und Ausschüttungen diese Berechnung beeinflussen können, werden wir später in diesem Kapitel behandeln.

Wie wir in späteren Beispielen zeigen werden, brauchen die Strikepreise der Optionen nicht übereinzustimmen, damit die Marktsituation von relativ überbewerteten Calls und/oder unterbewerteten Puts ausgenützt werden kann.

Tabelle 6.2 Conversion

Preise in sFr.

	Heute	Am Verfalldatum Alternative 1	Am Verfalldatum Alternative 2
Aktienkurs	2300	2500	1800
Call Strike-preis 2100	600	400	0
Put Strike-preis 2100	300	0	300

Arbitrageaktivität:			
Kauf der Aktie	−2300	Der geschriebene Call wird vom Käufer ausgeübt und die Aktie verkauft, was sFr. 2100 (Strikepreis) ergibt.	Der Put wird ausgeübt und die Aktie verkauft, was sFr. 2100 (Strikepreis) ergibt.
Verkauf des Calls	+ 600		
Kauf des Puts	− 300		
		Resultat:	Resultat:
Nettoinvestition	−2000	−2000 + 2100 = 100	−2000 + 2100 = 100

In der oben beschriebenen Strategie werden «teure» Calls verkauft und «billige» Puts gekauft. Da diese Art von Transaktionen risikolos sind, werden sie so lange durchgeführt, bis am Markt Gleichgewicht zwischen den Preisen für Calls und Puts herrscht. Dies ist zudem die wichtigste Funktion, welche der Arbitrageur in einem gut funktionierenden Markt erfüllt.

Reversal

Billige Calls und teure Puts

Die umgekehrte Situation, d.h. «billige» Calls und «teure» Puts, kann der Arbitrageur ebenfalls ausnützen. Diese Arbitragemöglichkeit wird Reversal genannt und baut darauf auf, dass der «billige» Call gekauft wird. Wird der Basiswert gleichzeitig leer verkauft (d.h. verkauft, ohne ihn zu besitzen), wird eine synthetische Position kreiert, die dem Kauf eines Puts entspricht. Wird zudem ein Put geschrieben, entsteht wiederum eine risikofreie Position.

Ein Put mit Verfalldatum September und einem Strikepreis von sFr. 3100, der dem aktuellen Marktpreis des Basistitels entspricht, wird für einen Preis von sFr. 600 geschrieben. Gleichzeitig wird der Basistitel zu einem Preis von sFr. 3100 leer verkauft und ein Call mit Strikepreis sFr. 3100 zu einem Preis von sFr. 300 gekauft. Die Transaktion hat zur Folge, dass der am Ende der Laufzeit notwendige Rückkauf des leerverkauften Basistitels gesichert ist. Sollte der Preis des Basiswertes im September unter sFr. 3100 fallen, wird der geschriebene Put vom Käufer ausgeübt werden, während der Basistitel gezwungenermassen zum Kurse von sFr. 3100 gekauft werden muss. Sollte der Preis des Basistitels im September aber die sFr. 3100 übersteigen, kann der Call ausgeübt werden und der Basistitel zum Preis von sFr. 3100 gekauft werden. Die Wiedereindeckung des Leerverkaufs der Aktie wird durch den

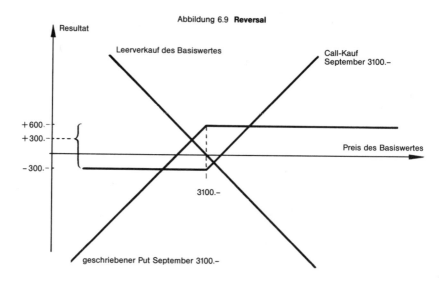

Abbildung 6.9 **Reversal**

Besitz der Optionen garantiert. Aus diesem Grund ist die Transaktion risiko-frei. Der Preisunterschied zwischen den «teuren» geschriebenen Puts (sFr. 600) und den gekauften «billigen» Calls (sFr. 300) ergibt den sogenann-ten risikofreien Gewinn von sFr. 300. Die Möglichkeit der Erzielung eines risikofreien Gewinnes wird die Arbitrageure mobilisieren. Dies führt dazu, dass diese so lange kaufen und verkaufen, bis das beschriebene Ungleichge-wicht verschwunden ist, vgl. Abbildung 6.9.

Tabelle 6.3 **Reversal**

Preise in sFr.

	Heute	Am Verfalldatum Alternative 1	Am Verfalldatum Alternative 2
Aktienkurs	2700	3400	2700
Call Strike-preis 3100	200	300	0
Put Strike-preis 3100	700	0	400

Arbitrageaktivität:

Leerverkauf der Aktie	+2700	Der Call wird ausgeübt,	Der geschriebene Put wird vom Käufer aus-
Verkauf des Puts	− 200	was sFr. 3100	geübt, der Kauf der Aktie zum Preis von
	+ 700	kostet.	sFr. 3100 (Strikepreis) wird notwendig.
		Resultat:	Resultat:
Nettoinvestition	3200	+3200−3100 = 100	+3200−3100 = 100

Zusammenfassend soll nochmals festgehalten werden, dass wenn der Call «teuer» und der Put «billig» ist, eine Conversion durchgeführt werden kann, vgl. Abbildung 6.10.

Abbildung 6.10 **Conversion**

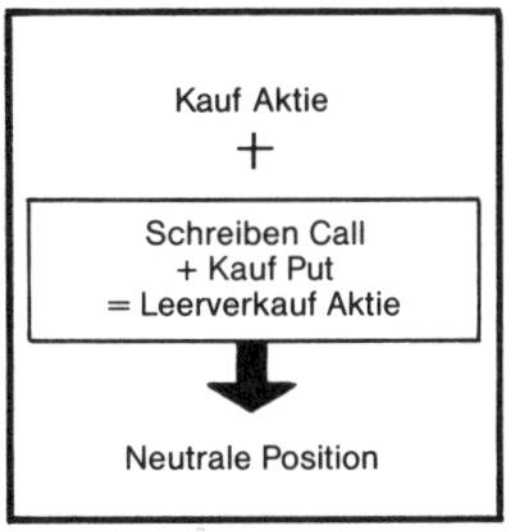

Kauf Aktie
+
Schreiben Call
+ Kauf Put
= Leerverkauf Aktie

Neutrale Position

Ist der Put «teuer» und der Call «billig», kann ein Reversal durchgeführt werden, vgl. Abbildung 6.11.

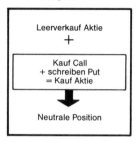

Abbildung 6.11 **Reversal**

Leerverkauf Aktie
+

Kauf Call
+ schreiben Put
= Kauf Aktie

Neutrale Position

Um effizient feststellen zu können, ob eine Option «teuer» oder «billig» ist, kann die folgende Formel angewendet werden (Das Resultat zeigt, ob die Preisverhältnisse Arbitrage zulassen oder ob die Marktpreise im Gleichgewicht sind.):

Callpreis = Preis des Basiswertes − Strikepreis + Putpreis

Ist der Callpreis kleiner als in der Formel berechnet, kann ein Reversal, ist er grösser, kann eine Conversion durchgeführt werden.

Conversion

Callpreis > Preis des Basiswertes − Strikepreis + Putpreis
600 > 2300 − 2100 + 300
(gemäss dem vorherigen Beispiel für die Conversion)

Reversal

Callpreis < Preis des Basiswertes − Strikepreis + Putpreis
200 < 2700 − 3100 + 700
(gemäss dem vorherigen Beispiel für den Reversal)

Ausschüttungseffekt, Kapitaleffekt und Transaktionskosten*

Wie im vorhergehenden Kapitel bereits erwähnt, verkomplizieren sich die gemachten Berechnungen durch eventuelle Ausschüttungen, welche vor dem Verfalltag der Option anfallen. In gleicher Weise können die Transaktionskosten und die Kosten oder Einnahmen, welche beim Halten einer Position in der Form von Zinsen entstehen, von Einfluss sein.

Ausschüttung

Bei der Arbitrage muss die Ausschüttung vor Verfall berücksichtigt werden. Der Besitzer der Aktien kommt eventuell in den Genuss einer Ausschüttung. Entsprechend muss, um ein arbitragefreies Verhältnis zwischen Call und Put zu erhalten, der Preis eines Calls um den Ausschüttungsbetrag gesenkt werden.

Callpreis = Preis des Basiswertes − Strikepreis + Putpreis − Ausschüttung

Da bei einer Conversion die Aktie gekauft wird, erhält der Investor die Ausschüttung vor dem Verfalltag der Option. Dies senkt den zu fordernden Optionspreis, der notwendig ist, um aus der Transaktion einen Gewinn zu erzielen.

Bei einem Reversal wird die Aktie leer verkauft und der Arbitrageur ist verpflichtet, die Ausschüttung zu bezahlen. Entsprechend sollte der Preis für den gekauften Call während des Arbitragezeitraumes tiefer liegen. Das oben Erwähnte trifft gleichfalls auf andere Instrumente mit Couponausschüttungen, z.B. Obligationen, zu. Beim Rohwaren- und Devisenoptionenmarkt sind Ausschüttungen ohne Bedeutung.

Kapitaleffekt

Anfallende Zinskosten oder -einnahmen der eingegangenen Position müssen bei den soeben gemachten Berechnungen ebenfalls berücksichtigt werden. Bei der Conversion wird der Basiswert vom Arbitrageur gekauft und muss finanziert werden. Es entstehen Nettofinanzierungskosten.

Beim Reversal wird der Basiswert leer verkauft und setzt beim Arbitrageur Kapital frei. Die früher hergeleitete Formel muss unter der Berücksichtigung des Kapitaleffektes wie folgt abgeändert werden.

Callpreis = Preis des Basiswertes − Strikepreis + Putpreis − Ausschüttung + Kapitaleffekt

Die Formel ist generell gehalten, so dass sie unabhängig von Conversion, bei der Finanzierungskosten entstehen, und Reversal, bei dem Zinseinkommen resultiert, angewendet werden kann. Mathematisch wird dies im absoluten Betrag des Kapitaleffektes ausgedrückt. Der Kapitaleffekt erhöht die Callpreise und senkt die Putpreise.

Transaktionskosten

Die Transaktionskosten spielen bei der Arbitrage eine entscheidende Rolle. Verschiedene Marktteilnehmer müssen mit verschiedenen Transaktionskosten rechnen. Es ist üblich, dass Market-Maker und Brokers tiefere Transaktionskosten haben als andere Anleger und dass deshalb die Arbitrage vielfach von ihnen durchgeführt wird. Dadurch ist für den Market-Maker lohnend, was sich für den Anleger nicht immer lohnt.

Wir können die frühere Formel um die Transaktionskosten erweitern und erhalten folgende Gleichung:

Callpreis = Preis des Basiswertes − Strikepreis + Putpreis − Ausschüttung + Kapitaleffekt ± Transaktionskosten

Die Conversion verlangt je nach Höhe der Transaktionskosten einen höheren Callpreis. Bei einem Reversal muss der Callpreis tiefer liegen. Im Gegensatz zu den Kosten der Ausschüttung und des Kapitals verteilen sich die Transaktionskosten nicht symmetrisch, sondern einseitig zum Nachteil des Arbitrageurs. Für die Schaffung eines effizienten Marktes ist es deshalb von grosser Wichtigkeit, Marktteilnehmer mit tiefen Transaktionskosten zu haben. Dadurch wird die Spannweite reduziert, in welcher die Optionspreise von den Gleichgewichtspreisen abweichen können.

Abschliessend muss betreffend Conversion und Reversal noch betont werden, dass die beschriebenen Arbitragezusammenhänge für die Preissetzung am Markt bedeutend wichtiger sind als die im Kapitel 4, Theoretische Bewertung, erwähnten Formeln. Das Wissen darüber, dass ein Call anhand des Black-Scholes-Modelles überbewertet ist, hat bedeutend kleineren Wert, als zu realisieren, dass ein unterbewerteter Put es möglich macht, via Conversion einen Call zu einem Preis auszustellen, der wesentlich unter dem Marktpreis liegt. Der allein richtige Wert ist am Ende der bezahlte Marktpreis.

Die Box

Die Conversion und der Reversal sind Arbitragetechniken zwischen Calls und Puts mit gleichem Strikepreis und auf den gleichen Basistitel. Arbitrage kann auch mit Optionen auf den gleichen Basistitel, aber mit verschiedenen Strikepreisen, ohne direkten Einbezug des Basistitels durchgeführt werden. Diese Technik wird «Box» genannt und besteht aus dem Kauf und Verkauf von 4 Optionen, wobei 2 Calls und 2 Puts mit zwei verschiedenen Strikepreisen, aber gleichem Verfalldatum gekauft oder verkauft werden.

Die gekaufte Box*

Der Kauf der Box kann durch den Erwerb eines Calls mit tiefem Strikepreis und dem Schreiben eines Calls mit hohem Strikepreis durchgeführt werden. Gleichzeitig wird der Put mit dem höheren Strikepreis erworben und der Put mit dem tieferen Strikepreis geschrieben. Beide Transaktionen führen zu Nettokosten, da der geschriebene Call und Put billiger sind als die gekauften Optionen, siehe Abbildung 6.12.

Abbildung 6.12 **Kauf einer Box**

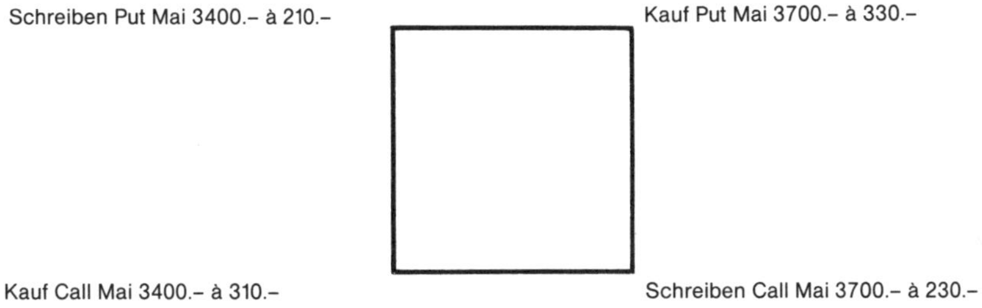

Schreiben Put Mai 3400.– à 210.–   Kauf Put Mai 3700.– à 330.–

Kauf Call Mai 3400.– à 310.–   Schreiben Call Mai 3700.– à 230.–

Nettoinvestition: 310 – 230 + 330 – 210 = 200.–
Strikepreisdifferenz: 300.–

Ungeachtet der Kursentwicklung des Basiswertes ermöglichen die vier Optionen, am Verfalltermin die Differenz zwischen den Strikepreisen zu realisieren. Übersteigt der Basiswert beide gewählten Strikepreise, werden beide Calls ausgeübt. Dies bedeutet, dass der Arbitrageur den Basiswert zu einem tieferen Strikepreis erhält, aber durch den geschriebenen Call gezwungen ist, den Basiswert zu einem höheren Strikepreis wieder zu veräussern. Es kann ein Nettobetrag in der Höhe der Strikepreisdifferenz realisiert

Tabelle 6.4 **Kauf einer Box**

Preise in sFr.

Gekaufte Box	Preis heute
Call Mai 3400	310
Call Mai 3700	230
Put Mai 3700	330
Put Mai 3400	210

Arbitrageaktivität:

Kauf von 20 Calls Mai 3400[1]	−31 000
Verkauf von 20 Calls Mai 3700	+23 000
Kauf von 20 Puts Mai 3700	−33 000
Verkauf von 20 Puts Mai 3400	+21 000
Nettoinvestition	−20 000
Clearinggebühr	− 720
(80 Stck. × 9 sFr.)	
Courtage	− 1 048
Total Investition	−21 768

Berechnung der Courtage[2]

Kontraktwerte 21 000, 23 000, 31 000 und 33 000 sFr.
Beispiel für den Kontrakt 31 000 sFr.

Kommission bis	sFr. 2 000.—		sFr. 80.—
nächste	sFr. 2 000.—	1,0%	sFr. 20.—
nächste	sFr. 3 000.—	0,9%	sFr. 27.—
nächste	sFr. 3 000.—	0,8%	sFr. 24.—
nächste	sFr. 10 000.—	0,7%	sFr. 70.—
nächste	sFr. 10 000.—	0,6%	sFr. 60.—
nächste	sFr. 10 000.—	0,5%	sFr. 5.—
	(0,5% von sFr. 1 000.—)		
Total			sFr. 286.—

Für den Kontrakt 23 000	sFr. 239.—
33 000	sFr. 296.—
21 000	sFr. 227.—
Total aller Kommissionen	sFr. 1048.—

Berechnung der Clearinggebühr (für Agent und Principal)[2]

Die Optionen liegen alle zwischen sFr. 100.— und sFr. 499.—.
Kontrakte × sFr. 9.— = 80 × sFr. 9.— = sFr. 720.—

[1] In diesem Zusammenhang rechnen wir mit 20 Kontrakten à je 5 Optionen
[2] Siehe Tabellen 2.4 und 2.5

Tabelle 6.5 **Kauf einer Box**

Preise in sFr.

Kurse am Verfalltermin der Option	Alternative 1	Alternative 2	Alternative 3
Aktie	3 100	3 500	3 800
Call Mai 3400	0	100	400
Call Mai 3700	0	0	100
Put Mai 3700	600	200	0
Put Mai 3400	300	0	0

Arbitragetätigkeit:			
Verkauf von 20 Calls Mai 3400		+10 000	+40 000
Kauf von 20 Calls Mai 3700			−10 000
Verkauf von 20 Puts Mai 3700	+60 000	+20 000	
Kauf von 20 Puts Mai 3400	−30 000		
Nettoeinnahmen	+30 000	+30 000	+30 000
Clearinggebühr [1]	− 420	− 360	− 360
Courtage [1]	− 541	− 281	− 381
Total Einnahmen	+29 039	+29 359	+29 259
Total Investition	−21 848	−21 848	−21 848
Resultat	+ 7 191	+ 7 511	+ 7 411

[1] Siehe Tabellen 2.4 und 2.5

werden. Die beiden Puts werden nicht ausgeübt, da das Recht, zu einem tieferen Preis als zum Marktpreis zu verkaufen, wertlos ist.

Sollte hingegen am Verfalltermin der Optionen der Marktpreis des Basiswertes tiefer als die beiden Strikepreise liegen, kommen die beiden Puts zur Ausübung. Die Calls verfallen wertlos. Gleich wie im vorhergehenden Beispiel wird dem Arbitrageur ein Gewinn in Höhe des Unterschiedes zwischen den beiden Strikepreisen anfallen.

Sollte am Verfalltermin der Option der Marktpreis zwischen den beiden Strikepreisen liegen, kann der Arbitrageur seine beiden gekauften Optionen ausüben. Die geschriebenen Optionen verfallen wertlos, d.h. weder der Call mit höherem Strikepreis noch der Put mit tieferem Strikepreis werden ausgeübt. Wiederum kann der Arbitrageur durch das Ausüben seiner Optionen die Differenz in den Strikepreisen der beiden Optionen realisieren.

Sind die Nettokosten für den Erwerb dieser Optionsposition kleiner als die Differenz zwischen den Strikepreisen, liegt die Möglichkeit für eine lohnende Arbitrage vor. Zu berücksichtigen sind dabei zudem die Kapitalbindungskosten (Kapitaleffekt).

Zudem müssen die Transaktionskosten berücksichtigt werden. Eine mögliche Ausschüttung des Basiswertes kann vernachlässigt werden, da der Basiswert nicht in die Position mit einbezogen ist. Im folgenden Beispiel sehen wir, wie die Transaktionskosten bei einer gekauften Box das Resultat beeinflussen. Reicht das Resultat aus, um die Kapitalbindungskosten zu decken, muss die gekaufte Box als rentabel betrachtet werden.

Die verkaufte Box

Wird auf die gleiche Art und Weise eine spiegelbildliche Transaktion durchgeführt und die Box verkauft, entsteht ein Arbitragegewinn, sobald der erzielte Nettobetrag grösser als die Differenz zwischen den Strikepreisen ist. Der Verkauf der Box wird auf folgende Weise konstruiert. Ein Call mit tiefem Strikepreis wird geschrieben und ein Call mit hohem Strikepreis gekauft. Dadurch entsteht ein Nettoguthaben. Der Put mit hohem Strikepreis wird veräussert und der Put mit tiefem Strikepreis gekauft. Auch hier entsteht ein Nettoguthaben, da ein Put mit höherem Strikepreis teurer ist, vgl. Abbildung 6.13.

Abbildung 6.13 **Verkauf einer Box**

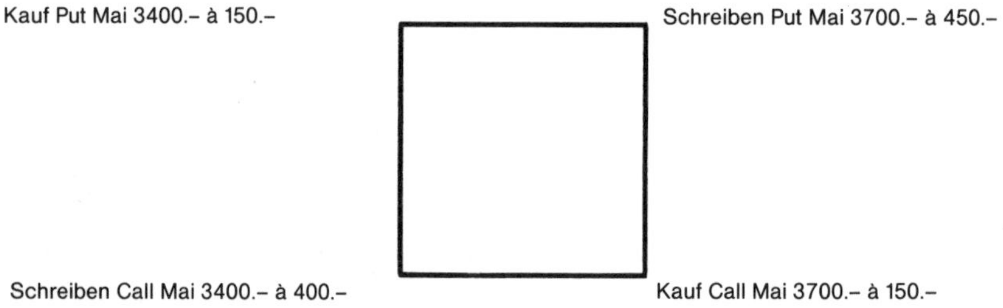

Kauf Put Mai 3400.– à 150.– Schreiben Put Mai 3700.– à 450.–

Schreiben Call Mai 3400.– à 400.– Kauf Call Mai 3700.– à 150.–

Nettoeinnahmen: 400 – 150 + 450 – 150 = 550.–
Strikepreisdifferenz: 300.–

Unabhängig vom Marktpreis des Basiswertes am Verfalltag der Option wird der Arbitrageur, welcher die Box verkauft hat, die Differenz zwischen den Strikepreisen zu bezahlen haben. Voraussetzung für eine gewinnbringende Arbitrage ist daher, dass die gesamte ursprüngliche Nettogutschrift der Optionstransaktionen nach Berücksichtigung der Transaktionskosten und des Kapitaleffektes diese Strikepreisdifferenz übersteigt. Wird die Boxarbitrage mit Optionen vom amerikanischen Typus durchgeführt, muss zudem das Risiko mit einkalkuliert werden, dass die ausgestellten Optionen vor dem Verfallzeitpunkt ausgeübt werden können.

134

Die folgenden Tabellen 6.6 und 6.7 veranschaulichen die rechnerischen Zusammenhänge bei der verkauften Box:

Tabelle 6.6 **Kauf einer Box**

Preise in sFr.

Verkaufte Box	Preis heute
Call Mai 3400	400
Call Mai 3700	150
Put Mai 3700	450
Put Mai 3400	150

Arbitrageaktivität:

Verkauf von 20 Calls Mai 3400[1]	+40 000
Kauf von 20 Calls Mai 3700	−15 000
Verkauf von 20 Puts Mai 3700	+45 000
Kauf von 20 Puts Mai 3400	−15 000
Nettogutschrift	+55 000
Clearinggebühr[2] (80 Stck. × 9 sFr.)	− 720
Courtage	− 1 059
Total Gutschrift	+53 221

[1] In diesem Zusammenhang rechnen wir mit 20 Kontrakten à je 5 Optionen
[2] Siehe Tabellen 2.4 und 2.5

Tabelle 6.7 **Verkauf einer Box**

Preise in sFr.

Kurse am Verfalltermin der Option	Alternative 1	Alternative 2	Alternative 3
Aktie	3 100	3 500	3 800
Call Mai 3400	0	100	400
Call Mai 3700	0	0	100
Put Mai 3700	600	200	0
Put Mai 3400	300	0	0
Kauf von 20 Calls Mai 3400		−10 000	−40 000
Verkauf von 20 Calls Mai 3700			+10 000
Kauf von 20 Puts Mai 3700	−60 000	−20 000	
Verkauf von 20 Puts Mai 3400	+30 000		
Nettoausgaben	−30 000	−30 000	−30 000
Clearinggebühr[1]	− 420	− 360	− 360
Courtage[1]	− 712	− 372	− 482
Total Ausgaben	−31 132	−30 732	−30 842
Total Gutschrift	+53 141	+53 141	+53 141
Resultat	+22 009	+22 409	+22 299

[1] Siehe Tabellen 2.4 und 2.5

Einfache Arbitrage

Bei näher rückendem Verfalltag einer Option wollen die Mehrheit der Optionsbesitzer ihre Positionen anstelle der Ausübung glattstellen. Da der Zeitwertfaktor der Option mit näher rückendem Verfalltag kleiner wird, kann in gewissen Fällen eine Arbitragemöglichkeit vorhanden sein. Für Calls besteht diese darin, dass der Marktpreis des Basiswertes die Summe des Strikepreises und des Optionspreises übersteigt. Hier kann der Marktteilnehmer, der mit tiefen Transaktionskosten rechnen kann, den Call erwerben, ihn ausüben und gleichzeitig den erworbenen Basiswert am Markt wieder veräussern.

Tabelle 6.8 **Einfache Callarbitrage**

Preise in sFr.

Annahmen:	
Aktienkurs	2 600.—
Call Strikepreis 2100	400.—

Arbitrageaktivität (10 Aktien = 2 Kontrakte):	
Kauf der Calls	− 4 000.—
Einlösen der Calls	−21 000.—
Verkauf der Aktien	+26 000.—
Teilgewinn	+ 1 000.—
Transaktionskosten[1]	− 536.30
Resultat	+ 463.70

[1] Die Transaktionskosten verteilen sich auf folgende Weise:

Courtage, Clearinggebühr (Call)	118.—
Courtage, Umsatzsteuer (Einlösen der Calls)	186.90
Courtage, Umsatzsteuer (Aktienverkauf)	231.40
	536.30

Auf die gleiche Art kann eine Arbitrage möglich werden, wenn ein Put zu einem Preis erworben werden kann, bei dem der Strikepreis minus den Optionspreis den Marktpreis des Basistitels übersteigt. Dadurch kann der Arbitrageur den Basistitel und den Put erwerben, gleichzeitig den Put ausüben und den Strikepreis für den Basiswert einlösen.

Da die einfache Arbitrage sofort ausgeführt werden kann, entsteht kein eigentlicher Investitionsbedarf, und damit fallen keine Kapitalbindungskosten (Kapitaleffekt) an.

136

Tabelle 6.9   **Einfache Putarbitrage**

Preise in sFr.

Annahmen:	
Aktienkurs	1 700.—
Put Strikepreis 2100	300.—

Arbitrageaktivität (10 Aktien):	
Kauf der Aktien	−17 000.—
Kauf der Puts	− 3 000.—
Einlösen der Puts	+21 000.—
Teilgewinn	+ 1 000.—
Transaktionskosten	− 446.20
Resultat	+ 553.80

Ausschüttungsarbitrage

Weist ein in-the-money Put einen Zeitwert auf, der kleiner als der erwartete Ausschüttungsbetrag ist, besteht eine Arbitragemöglichkeit. Der Preis dieses Puts setzt sich aus dem Zeitwert und der Differenz zwischen dem Strikepreis und dem Tageskurs des Basiswertes (in-the-money Wert der Option) zusammen. Die Arbitragetransaktion besteht nun darin, dass der Put und der Basistitel erworben werden. Nach Abwarten des Ausschüttungszeitpunktes wird der Put ausgeübt, d.h. die Aktie zum Strikepreis veräussert. Der Unterschied zwischen dem Strikepreis und dem Kaufpreis der Aktie entspricht dem Erlös aus der Arbitragetätigkeit. Diese Differenz wird dem

Tabelle 6.10   **Ausschüttungsarbitrage**

Preise in sFr.

Annahmen:	
Aktienkurs	3 500.—
Put Strikepreis 4000	500.—
Ausschüttung	100.—

Arbitrageaktivität (10 Aktien):	
Kauf der Aktien (10 Stück)	−35 000.—
Kauf der Puts (2 Kontrakte)	− 5 000.—
Ausschüttung für 10 Aktien	+ 1 000.—
Einlösen der Puts (2 Kontrakte)	+40 000.—
Teilgewinn	+ 1 000.—
Transaktionskosten	− 798.50
Resultat	+ 201.50

137

Optionspreis plus der erhaltenen Ausschüttung gegenübergestellt. Die Transaktionskosten und der Kapitaleffekt müssen wie üblich berücksichtigt werden.

Callpreise fallen in der Zeit vor der Ausschüttung. Der Grund dafür liegt in der Tatsache, dass der Aktienpreis regelmässig um den Ausschüttungsbetrag fällt. Im Unterschied zum Aktienkäufer erhält der Käufer der Option keine Ausschüttung.

In gewissen Fällen, vor allem dann, wenn der Zeitwert der Option klein ist, kann es sinnvoll sein, den Call vor der Ausschüttung zu verkaufen. Ist der Zeitwertverlust, welcher durch das Ausüben der Option entsteht, tiefer als die dadurch erhaltene Ausschüttung, sollte die Option kurz vor dem Zeitpunkt der Ausschüttung ausgeübt werden. Dabei ist vorgängig abzuklären, bis zu welchem Zeitpunkt eine Aktie mit Ausschüttungsanspruch noch bezogen werden kann. Dies gilt insbesondere für die traditionelle Option ab Optionsanleihe, den Gratisoptionen und Covered Optionen.

Zusammenfassung

In diesem Kapitel haben wir die Arbeitsmethoden des Arbitrageurs beschrieben. Er verbessert das Funktionieren des Marktes dadurch, dass er die Optionspreise mit den Preisen der zugrundeliegenden Werte ins Gleichgewicht bringt. Gleichzeitig wird die Liquidität des Marktes verbessert. Bei seiner Tätigkeit verdient der Arbitrageur risikofreie Gewinne. Dies erreicht er dadurch, dass er gleichzeitig zu unterschiedlichen Preisen Positionen mit identischen Wertveränderungsprofilen kauft und verkauft. Kombinierte Positionen, welche mit einzelnen Positionen im Basistitel oder in Optionen vergleichbare Wertveränderungsprofile aufweisen, werden als synthetische Positionen bezeichnet.

Es gelten folgende Zusammenhänge:

Kauf des Basiswertes
= Kauf eines Calls und Schreiben eines Puts

Leerverkauf des Basiswertes
= Schreiben eines Calls und Kauf eines Puts

Kauf eines Calls
= Kauf des Basiswertes und eines Puts

Schreiben eines Calls
= Leerverkauf des Basiswertes und Schreiben eines Puts

Kauf eines Puts
= Leerverkauf des Basiswertes und Kauf eines Calls

138

Schreiben eines Puts
= Kauf des Basiswertes und Schreiben eines Calls

Die Conversion und der Reversal sind zwei Techniken, welche auf den Kauf und Verkauf von identischen Rechten zu unterschiedlichen Kursen aufgebaut sind. Die Conversion wird angewendet, wenn ein Call «teuer» und ein Put «billig» ist. Den Reversal wenden wir bei umgekehrten Verhältnissen an. Folgende Zusammenhänge müssen gelten, damit auf dem Markt Gleichgewicht herrscht und keine Arbitrage möglich ist:

Callpreis = Preis des Basiswertes − Strikepreis + Putpreis − Ausschüttung + Kapitaleffekt + / − Transaktionskosten

Eine weitere Arbitragetechnik, die Box, besteht darin, dass gleichzeitig zwei Optionen mit gleichem Verfalldatum und unterschiedlichen Strikepreisen gekauft und zwei verkauft werden. Die folgende Formel zeigt eine arbitragefreie Situation, in der zwischen den Positionen Gleichgewicht herrscht.

Strikepreisdifferenz = Callpreis(T) − Callpreis(H) + Putpreis(H) − Putpreis(T) + Kapitaleffekt + / − Transaktionskosten

T = (tiefer Strikepreis), H = (hoher Strikepreis)

Ist die Differenz zwischen den Strikepreisen grösser als der rechte Teil der obigen Gleichung, sollte die Box gekauft werden. Ist die Differenz kleiner, sollte die Box verkauft werden.

Tabelle 6.11 **Transaktionen bei einer Box**

Gekaufte Box	Kauf	Schreiben
	Call(T) Put(H)	Call(H) Put(T)
Verkaufte Box	Kauf	Schreiben
	Call(H) Put(T)	Call(T) Put(H)

Abschliessend wurde gezeigt, wie der Kauf eines Puts kombiniert mit dem Kauf des Basiswertes vorteilhaft sein kann, wenn der Zeitwert der Option kleiner ist als die erwartete Ausschüttung einer Aktie.

Es kann ebenfalls interessant sein, einen Call auszuüben, bei dem der Verlust des Zeitwertes kleiner ist als die Ausschüttung.

Hedging

Im vorhergehenden Kapitel haben wir die Strategien des Arbitrageurs und sein Streben nach risikofreien Gewinnen beschrieben. Die nachfolgenden Strategien werden vom Hedger angewendet. Er strebt danach, die Preisschwankungen, welche sein Portefeuille beeinflussen, zu neutralisieren. Dies erreicht er durch das Eingehen einer Gegenposition, d.h. von einer Anlage, die auf Preisschwankungen des Basiswertes invers reagiert. Der Hedger ist in der überwiegenden Zahl der Fälle ein Portefeuilleverwalter, der sein Risiko gegenüber dem Markt zeitweise reduzieren will, ohne seine Positionen zu verkaufen. Ein typischer Hedger wäre auch eine Person, welche unfreiwillig dem Risiko der Preisschwankungen ausgesetzt ist und dieses reduzieren möchte. Dabei kann es sich beispielsweise um ein Unternehmen handeln, welches dem Devisen- oder Zinsrisiko ausgesetzt ist. Durch den Handel mit Optionen können diese Risiken abgesichert werden.

Delta-Hedging

Preise von Optionen mit unterschiedlichen Strikepreisen und Laufzeiten verändern sich bei Preisänderungen des Basiswertes unterschiedlich stark. Soll eine gegenüber der Preisentwicklung des Basiswertes neutrale Position eingegangen werden, muss die sogenannte Sensitivität berücksichtigt werden. Im Kapitel 4, theoretische Bewertung, wurde gezeigt, wie die Sensitivität des Optionspreises auf Preisänderung des Basiswertes bestimmt werden kann. Dieser Sensitivitätswert wird Delta genannt und ist mathematisch gesehen die Ableitung der theoretischen Optionspreisfunktion nach dem Basiswert. Delta kann in absoluten Zahlen Werte zwischen 0 und 1 annehmen. Der Wert gibt an, wie gross die Veränderung des Optionspreises bei einer Veränderung des Preises des Basistitels ist. Steigt eine Aktie von DM 100,– auf DM 101,–, und der Optionspreis steigt infolgedessen von DM 5,– auf DM 5,50, so hat eine Aktienkursveränderung von DM 1 (100–101) den Optionspreis um DM 0,5 (5–5,50) erhöht. Der Deltawert dieses Calls ist 0.5.

Der Deltawert einer Option mit einem bestimmten Strikepreis kann graphisch in Abhängigkeit vom Preis des Basiswertes wie folgt dargestellt werden, siehe Abbildung 7.1.

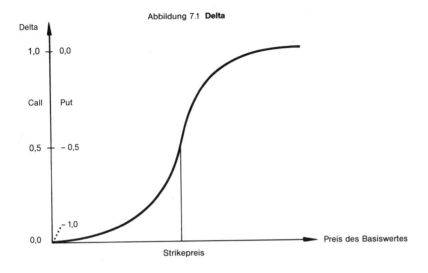

Abbildung 7.1 **Delta**

Der Preis eines Calls (Puts) mit einem im Verhältnis zum Marktpreis hohen (tiefen) Strikepreis wird von einer Preisveränderung des Basistitels in absoluten Werten wenig beeinflusst. Die Wahrscheinlichkeit, dass diese out-of-the-money Option je einen inneren Wert aufweisen wird, ist ziemlich klein. Aus diesem Grund ist auch die Sensitivität sehr tief, oder anders ausgedrückt, der Deltawert bewegt sich um 0.

Das Gegenteil gilt für Calls (Puts), deren Strikepreis bedeutend unter (über) dem Marktpreis des Basiswertes liegt, da eine grosse Wahrscheinlichkeit besteht, dass diese in-the-money Option ausgeübt wird. Die Elastizität ist entsprechend hoch, und die Preise der Option und der Aktie bewegen sich in absoluten Zahlen im Verhältnis 1:1. Anders ausgedrückt haben Calls (Puts), welche tief in-the-money liegen, einen Deltawert von nahezu 1 (–1).

Calls (Puts) mit einem Strikepreis in der Nähe des Marktpreises haben einen Deltawert von 0.5 (–0.5). Zu beachten ist in diesem Intervall, dass bereits kleine Kursveränderungen des Basiswertes bedeutende Veränderungen des Deltawertes mit sich bringen.

Eine geschriebene Option hat mit umgekehrtem Vorzeichen den gleichen Deltawert wie die entsprechende gekaufte Option.

Schnell sich verändernde Deltawerte sind beim Hedging problematisch. Nehmen wir an, dass der Besitzer von 200 BMW-Aktien die Auswirkungen einer Kursveränderung vorübergehend durch einen Optionenkauf neutralisieren will. Eine mögliche Lösung bestünde darin, Puts zu kaufen. Diese steigen bei fallendem Aktienpreis und sinken bei steigendem Aktienpreis. Wird die richtige Menge Puts gekauft, kann die Wertveränderung der Aktien durch die Wertveränderung der Puts aufgewogen werden.

Um die richtige Menge Puts zu bestimmen, müssen wir den Deltawert kennen. Wir nehmen an, dass der Aktienkurs der BMW-Aktie mit dem Strikepreis der gewählten Option übereinstimmt. Der Deltawert der Option ist −0.5. Da die Preiselastizität des Puts nur halb so gross ist wie diejenige der Aktie, kaufen wir doppelt so viele Puts, wie wir Aktien besitzen. Wir kaufen die Menge Optionen, welche 400 Aktien entsprechen und neutralisieren dadurch die Wertveränderung von 200 Aktien. Fällt der Kurs der BMW-Aktie, nachdem die Ausgangsposition eingenommen wurde, so wird der frühere at-the-money Put zu einem in-the-money Put.

Wie wir früher gezeigt haben, weisen in-the-money Optionen in absoluten Werten höhere Deltawerte auf als at-the-money Optionen. Dies bedeutet, dass unsere einst neutrale Position durch den Preisrückgang der BMW-Aktie wieder einem Marktrisiko ausgesetzt ist. Um die Neutralität gegenüber der Preisveränderung der Aktie zu erhalten, ist der Verkauf einiger Puts erforderlich. Wir nehmen an, dass der absolute Deltawert von 0.5 auf 0.67 gestiegen ist. Dividieren wir die 200 Aktien mit dem Deltawert, kann die Anzahl Optionen, welche den 200 Aktien entsprechen, ermittelt werden (200/0.67 = 300).

Für eine korrekte Absicherung mit Puts sollte der frühere Bestand von 400 Optionen um einen Viertel auf 300 Optionen reduziert werden. Dadurch erhalten wir wiederum eine deltaneutrale Position. Wie gezeigt, können bereits kleine Preisänderungen des Basistitels für at-the-money Optionen einen grossen Einfluss auf deren Deltawert haben, siehe Abbildung 7.2.

Ein Optionenhedge muss deshalb dauernd überwacht werden, und die Positionen müssen den neuen Gegebenheiten angepasst werden. Die dadurch anfallenden Transaktionskosten und die Differenz zwischen Kauf- und Verkaufskurs machen eine kontinuierliche Anpassung der Positionen teuer. Um allzu häufige Umdispositionen zu vermeiden, muss daher toleriert werden, dass vorübergehende Über- oder Unterversicherungen eingegangen werden.

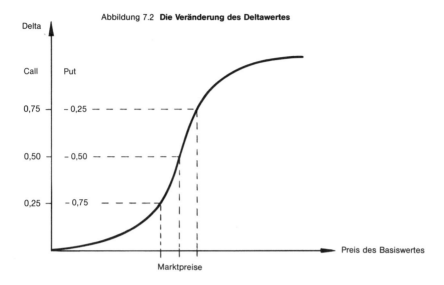

Abbildung 7.2 **Die Veränderung des Deltawertes**

Delta

Call   Put

0,75   – 0,25

0,50   – 0,50

0,25   – 0,75

Preis des Basiswertes

Marktpreise

Der Price-Ratio-Spread

Deltaneutrale Positionen können auch mit Optionen allein gebildet werden. Nehmen wir an, dass wir einen at-the-money Put mit einem Deltawert von –0.5 besitzen. Durch das Schreiben von zwei out-of-the-money Puts mit einem Deltawert von –0.25 kann eine deltaneutrale Position geschaffen werden (–0.5 + [–2 × –0.25] = 0). Das Gewinn/Verlustdiagramm der Position sieht wie folgt aus, siehe Abbildung 7.3.

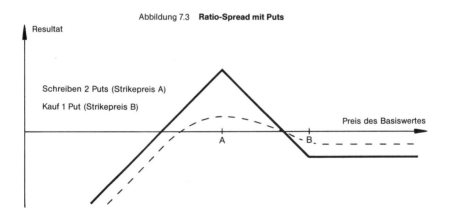

Abbildung 7.3 **Ratio-Spread mit Puts**

Resultat

Schreiben 2 Puts (Strikepreis A)

Kauf 1 Put (Strikepreis B)

Preis des Basiswertes

A   B

143

Die Position wird so gewählt, dass der höhere Strikepreis der Option in der Nähe des Marktpreises des zugrundeliegenden Wertes liegt. Der Marktteilnehmer will sich weder bei einem Kursanstieg noch bei einem Kurszerfall des zugrundeliegenden Wertes einem Risiko aussetzen. Wie aus dem Diagramm ersichtlich, bedeutet ein kleiner Kurszerfall bis zum tieferen Strikepreis A einen Gewinn, ein grosser Kursfall hingegen ein fast unbegrenztes Risiko. Der Grund liegt in der Tatsache, dass lediglich einer der beiden geschriebenen Puts durch den Kauf eines anderen Puts gedeckt ist.

Die gestrichelte Kurve zeigt die Wertentwicklung der Position, wenn die Optionen noch eine gewisse Laufzeit aufweisen. Die durchgezogene Kurve zeigt den Wert der Position am Verfalltag der Optionen. Wie uns die gestrichelte Kurve zeigt, bleibt der Wert der Position bei kleinen Kursbewegungen des Basiswertes nahezu unverändert. Dies wird durch die Deltaneutralität erreicht. Ist man der Meinung, dass die Situation falsch beurteilt wurde und ein Kursfall des Basiswertes in Richtung Strikepreis A unwahrscheinlich ist, kann der Hedge wieder aufgelöst werden.

Ist der Marktteilnehmer hingegen der Ansicht, dass ein kleiner Kursanstieg des Basiswertes wahrscheinlich ist, er sich aber gleichzeitig gegen einen Kurzerfall absichern will, kann eine ähnliche Position mit Calls zusammengesetzt werden, siehe Abbildung 7.4.

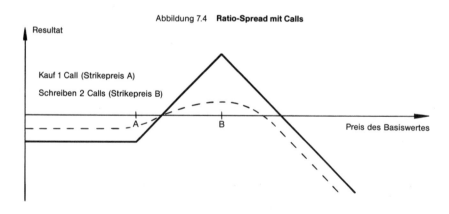

Abbildung 7.4 **Ratio-Spread mit Calls**

In diesem Falle sollte der Call mit dem tieferen Strikepreis in der Nähe des Marktkurses A gekauft werden und zwei Calls mit höherem Strikepreis B und daher tieferem Deltawert geschrieben werden. Die Position ist wiederum deltaneutral und kann, sollten die Erwartungen nicht eintreffen, mit einem kleinen Kursverlust wieder geschlossen werden.

Back-Spread

Eine andere, bedeutend weniger risikobehaftete Technik, die unter Beibehaltung der Deltaneutralität von einer erwarteten Kursentwicklung profitiert, ist der sogenannte Backspread. Der Backspread kann mit Calls und Puts durchgeführt werden und ist gewinnbringend, solange der Kurs des Basiswertes sich genügend stark verändert.

Ein Backspread mit Puts eröffnet bei einem starken Kursabfall des Basistitels Gewinnmöglichkeiten, siehe Abbildung 7.5.

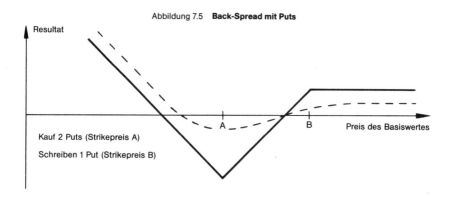

Abbildung 7.5 **Back-Spread mit Puts**

Die Position setzt sich aus zwei out-of-the-money Puts mit Strikepreis A und einem Deltawert von beispielsweise −0.25 und einem geschriebenen at-the-money Put mit Strikepreis B und einem Deltawert −0.5 zusammen. Die Position zeichnet sich durch ihre anfängliche Deltaneutralität aus und wird dann eingenommen, wenn ein Kursausbruch nach unten wahrscheinlicher ist als ein Kursanstieg.

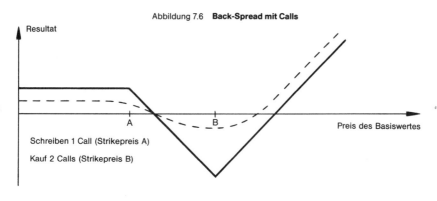

Abbildung 7.6 **Back-Spread mit Calls**

Die selbe Art von Position kann mit Calls konstruiert werden. Mit dieser Position sind bei einem stark steigenden Kurs des Basiswertes unbegrenzte Gewinne möglich, vgl. Abbildung 7.6.

Der Backspread mit Calls wird beispielsweise durch das Schreiben eines at-the-money Calls mit Strikepreis A und dem Kauf von zwei out-of-the money Calls mit Strikepreis B durchgeführt.

Time-Ratio-Spread

Eine deltaneutrale Position kann auch geschaffen werden durch den Kauf einer Option mit langer Laufzeit und das Schreiben mehrerer Optionen mit kurzer Laufzeit. Out-of-the-money Optionen mit kurzer Laufzeit haben in der Regel tiefere Deltawerte als out-of-the-money Optionen mit längerer Laufzeit.

Sind die Optionen out-of-the-money und bleibt dies so bis zum Verfall der kurz laufenden Optionen, erbringt das Schreiben der kurz laufenden Optionen einen Ertrag. Die länger laufende Option kann nach dem Verfall der kürzer laufenden wieder verkauft werden.

Gamma-Hedging

Wie bereits erwähnt, führt die laufende Veränderung der Deltawerte zu Problemen. Wenn bei Preisbewegungen des Basiswertes die Position nicht durch Käufe oder Verkäufe angepasst wird, bleibt die Absicherung unvollständig.

Wie erwähnt, verändert sich der Deltawert von Optionen mit Strikepreisen in der Nähe des Marktpreises am stärksten. Bei Optionen, welche stark in-the-money oder out-of-the-money sind, ist die Deltawertveränderung tiefer, vgl. Abbildung 7.7.

Die Veränderung des Deltawertes bei Preisänderungen des zugrundeliegenden Wertes wird Gamma genannt. Sie entspricht der zweiten Ableitung der theoretischen Optionspreisfunktion nach dem Preis des Basiswertes, siehe Abbildung 7.8.

Gammawerte von gekauften Optionen (Calls und Puts) sind immer positiv. Geschriebene (verkaufte) Optionen weisen einen negativen Gammawert auf.

Der Gammawert kann wie der Deltawert zur Ermittlung der Relationen zur Absicherung einer Optionsposition herangezogen werden. Werden Positionen zusammengestellt, deren Summe aller Gammawerte Null ergibt,

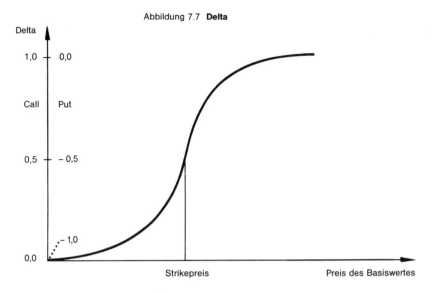

Abbildung 7.7 **Delta**

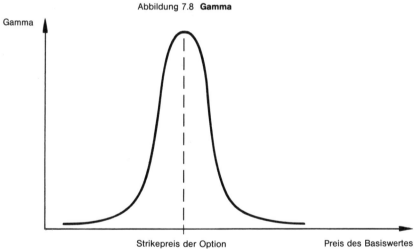

Abbildung 7.8 **Gamma**

haben Preisschwankungen des Basiswertes auf den Deltawert der Position keinen Einfluss mehr. Zwar verändern sich die Deltawerte der einzelnen Optionen bei Preisänderungen des Basistitels, die Gesamtposition ist aber dauernd deltaneutral. Dies führt dazu, dass die gewählten Optionen die ursprünglich eingegangene Position auch bei Preisänderungen des Basiswertes mit gleicher Kraft absichern.

147

Dadurch, dass eine gammaneutrale Position von Optionen fast immer eine andere Zusammensetzung aufweist als eine deltaneutrale Position, kann, sofern man die Position sowohl delta- als auch gammaneutral halten will, das ideale Portefeuille nur zusammen mit einer Position im Basiswert erstellt werden. Der Gammawert des Basiswertes ist immer Null, sein Deltawert immer 1. Somit kann eine gammaneutrale Position durch den Kauf oder Verkauf des Basiswertes so ergänzt werden, dass sie gleichzeitig deltaneutral wird. Denkbar ist auch, dass man eine Position aufgrund der bei den Hedgeaktivitäten anfallenden Transaktionskosten etwas über- oder unterversichert belässt, siehe Abbildung 7.9.

Abbildung 7.9 **Gammahedge**

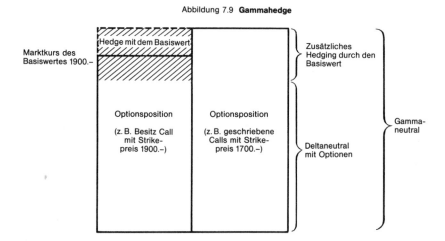

Ratio-Ausführung

Früher in diesem Kapitel wurde beschrieben, wie eine Position von 200 BMW-Aktien durch den Kauf von 400 Puts auf dieselbe Aktie und einem Strikepreis in der Nähe des Marktpreises deltaneutral gemacht werden kann.

Alternativ könnten 400 Calls mit dem Strikepreis in der Nähe des Marktpreises geschrieben werden. Steigt der Aktienpreis, bedeuten die geschriebenen Calls eine steigende Belastung für den Aussteller. Sinkt hingegen die Aktie im Wert, sinkt gleichzeitig der Wert des Calls und damit die Belastung des Ausstellers. Auf diese Weise kann das Schreiben von Calls, gleich wie der Kauf von Puts, eine Portefeuilleabsicherung darstellen.

Da der Optionskäufer das Ausübungsrecht innehat, liegt der Unterschied

148

bei diesen beiden vergleichbaren Transaktionen vor allem darin, dass das Risiko beim Kauf von Puts kleiner ist. Der Put kann nach einem kräftigen Kursanstieg des Basiswertes schlimmstenfalls wertlos verfallen.

Das Schreiben eines Calls bedeutet hingegen, dass der Schreiber einem unbegrenzten Risiko ausgesetzt ist. Die Hälfte der verkauften Optionen sind zwar durch den Besitz von 200 BMW-Aktien gesichert, bei einem starken Kursanstieg des Basiswertes kann das Erfüllen der zweiten Hälfte der Lieferungsverpflichtung teuer zu stehen kommen. Anderseits muss berücksichtigt werden, dass das Schreiben eines Calls eine Einnahme, der Kauf eines Puts eine Ausgabe bedeutet. Werden lediglich kleine Kursänderungen des Basistitels erwartet, ist deshalb das Schreiben eines Calls als Absicherungsmassnahme vorzuziehen.

Zusammenfassend können wir die Frage, welche Technik vorzuziehen ist, Schreiben oder Kaufen von Optionen, wie folgt beantworten. Werden in Zukunft kleine Preisschwankungen des Basiswertes erwartet, ist das Schreiben als Absicherungsmethode vorzuziehen. Erwartet man grosse Preisschwankungen, ist der Kauf von Optionen empfehlenswert.

Partielles Hedging

Wir wollen dieses Kapitel mit der Beschreibung des partiellen Hedgings abschliessen. Ein Portefeuille, das Aktien und Optionen im Verhältnis 1:1 enthält, ist meistens nicht deltaneutral. Von at-the-money Optionen mit einem Deltawert von 0.5 benötigt man doppelt so viele Optionen wie Aktien, um einen vollständig neutralen Hedge aufzubauen. Anderseits schützen die at-the-money Optionen den Inhaber partiell und garantieren ihm den Marktwert seines Portefeuilles. Für diese Absicherung bezahlt er eine Prämie, welche als eine Art Versicherungsprämie betrachtet werden kann. Bei positiver Entwicklung des Marktpreises wird diese Abgabe die Rendite des Portefeuilles belasten, während in einer Phase fallender Kurse ein teilweise abgesichertes Portefeuille bessere Resultate zeigt als ein nicht abgesichertes.

Tabelle 7.1 **Partielles Hedging**

	Heute	Marktpreisentwicklung bis zum Verfall (Aktie fällt)	Marktpreisentwicklung bis zum Verfall (Aktie steigt)
Annahmen:			
Aktienkurs	400	300	500
Put Strikepreis 400	40	100	0
Hedgingaktivität:			
Aktienkauf	−400	Einlösen des Puts und Verkauf der Aktie, was DM 400 Erlös ergibt.	Die Option verfällt, und die Aktien werden verkauft, was DM 500 Erlös ergibt.
Kauf des Puts	− 40		
Nettoinvestition	−440	Resultat: −440 + 400 = − 40	Resultat: −440 + 500 = + 60
Ohne die Hedgingaktivität wäre das folgende Resultat erzielt worden:		−400 + 300 = −100	−400 + 500 = +100

Zusammenfassung

In diesem Kapitel wurden Möglichkeiten der Risikoabsicherung beschrieben. Wir haben gezeigt, wie mit Optionspositionen die Wirkung von Preisschwankungen des zugrundeliegenden Wertes oder anderer Optionen neutralisiert werden kann.

Der Deltawert ist dabei der wichtigste zu berücksichtigende Parameter. Er gibt an, um wieviel sich der Wert einer Option ändert, wenn sich der Wert des Basistitels um eine Einheit verändert. Durch Division der Anzahl der Basiswerte mit dem absoluten Deltawert der Option erhält man die Anzahl Optionen, mit denen die Position marktneutral (deltaneutral) gemacht werden kann. In-the-money Optionen besitzen einen hohen absoluten Deltawert in der Nähe von 1. Out-of-the-money Optionen weisen einen solchen nahe bei 0 und at-the-money Optionen einen solchen von 0.5 auf.

Da sich der Deltawert bei einer Veränderung des Preises des Basiswertes ändert, muss zur Absicherung von Positionen die Relation in den gehaltenen Titeln angepasst werden. Die ständige Variation der Anzahl gekaufter und verkaufter Optionen kommt aufgrund der Transaktionskosten teuer zu stehen. Eine Methode, diesen Nachteil des Deltahedging auszugleichen, besteht im Gammahedging. Es wurde beschrieben, dass Gammahedging primär dort angewendet werden sollte, wo es darum geht, Optionspositionen zu schützen. Durch das Kombinieren von Optionspositionen mit unterschiedlichen Wertveränderungsprofilen betreffend Gamma, aber gleichen Änderungsraten betreffend Delta kann eine optimale Absicherung stattfinden. Bei gleichzeitiger Erhaltung der Deltaneutralität müssen beim Gammahedging weniger Anpassungskäufe und -verkäufe vorgenommen werden.

Im weiteren haben wir die Deltaneutralität des Ratiospreads beschrieben. Bei diesem Spread werden unterschiedliche Mengen von Optionen (Calls/ Puts) auf den gleichen Basiswert mit unterschiedlichen Strikepreisen oder Verfallzeiten gekauft und verkauft.

Im Zusammenhang mit dem Ratio-Spread haben wir uns die Frage gestellt, welche Absicherungstechnik besser sei, der Kauf oder das Schreiben von Optionen. Wir sind zum Schluss gekommen, dass es besser ist, Optionen zu schreiben, wenn relativ kleine Kursveränderungen des Basiswertes erwartet werden. Andererseits ist der Kauf von Optionen dann vorzuziehen, wenn starke Kursschwankungen erwartet werden. Im weitern wurde die Auswirkung des Schreibens von Optionen auf die Rendite von Portefeuilles erläutert.

Trading

Bis jetzt haben wir die Aufgaben und Techniken des Arbitrageurs und des Hedgers beschrieben. Als dritten Marktteilnehmer kennen wir den risikofreudigen Trader. Der Arbitrageur strebt risikofreie Gewinne an, und das Ziel des Hedgers ist es, das Risiko einer unerwarteten Marktentwicklung abzuwenden. Ganz anders der Trader. Er bezieht mit seinen Positionen Stellung und gibt dadurch seinen Erwartungen über die zukünftige Marktentwicklung Ausdruck. Wir werden in diesem Kapitel verschiedenene Arten solcher Positionen analysieren und auch zeigen, wie sich diese risikomässig unterscheiden. Zudem wird ein weiterer wichtiger Einflussfaktor des Optionenmarktes illustriert, nämlich die Preisvolatilität des zugrundeliegenden Basiswertes.

Die einfachste Tradingposition ist der Kauf oder Verkauf eines Calls oder eines Puts, siehe Abbildung 8.1.

Wie in den vorangehenden Kapiteln beschrieben, kann der Erwartung eines Preisanstiegs des Basiswertes entweder durch das Schreiben eines Puts oder durch den Kauf eines Calls Ausdruck verliehen werden. Unterscheiden werden sich die beiden Möglichkeiten im unbegrenzten Verlustrisiko und begrenzten Gewinnpotential beim Schreiben des Puts und den unbegrenzten Gewinnchancen und dem begrenzten Verlustrisiko beim Kauf des Calls. Damit das Schreiben eines Puts dem Kauf eines Calls vorgezogen wird, muss Voraussetzung sein, dass man von der positiven Kursentwicklung überzeugt ist und eine negative Kursentwicklung nahezu ausschliesst.

Spreading

Eine Möglichkeit, das Risiko beim Kauf oder Verkauf von Optionen zu begrenzen, besteht darin, gleichzeitig mehrere Transaktionen durchzuführen. Diese Technik wird Spreading genannt und kann mit Optionen mit unterschiedlichen Strikepreisen und/oder Verfalldaten ausgeführt werden.

Abbildung 8.1 **Optionspositionen**

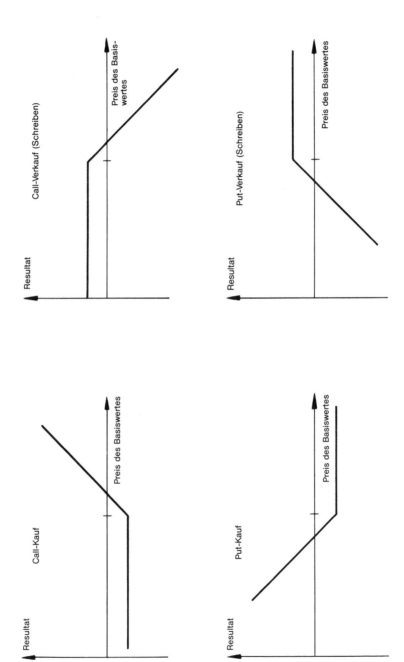

Price-Spread

Der Price-Spread beinhaltet, dass gleichzeitig Optionen des gleichen Typs (Calls oder Puts) und mit gleichem Verfalldatum, aber verschiedenen Strikepreisen gekauft und verkauft werden. Der Spread drückt je nach Art die Erwartungen des Traders über die zukünftige Preisentwicklung des Basistitels aus. Bei einem Bull-Spread wird eine Preissteigerung, bei einem Bear-Spread ein Fallen des Preises erwartet.

Bull-Price-Spread mit Calls

Beim Bull-Price-Spread mit Calls kauft man einen Call mit tieferem Strikepreis und schreibt gleichzeitig einen Call mit höherem Strikepreis. Das Gewinn-und Verlustdiagramm der Position sieht folgendermassen aus, siehe Abbildung 8.2.

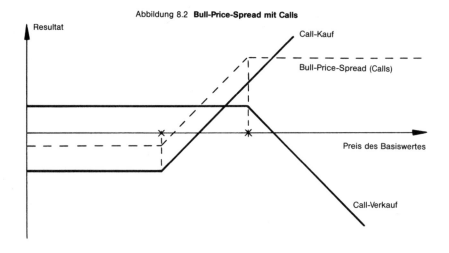

Abbildung 8.2 **Bull-Price-Spread mit Calls**

Aus der Abbildung wird klar ersichtlich, dass ein Anstieg des Preises des Basiswertes über den höheren Strikepreis hinaus für den Trader keinen zusätzlichen Gewinn mehr bedeutet, da er durch den Verkauf des Calls mit höherem Strikepreis an einer weiteren Preissteigerung des Basiswertes nicht teilhaben kann. Der Vorteil, der aus dem Schreiben des Calls entsteht, besteht darin, dass die Kosten der gesamten Position durch die Einnahmen aus dem Optionsverkauf gesenkt werden können. Damit wird sowohl der Break-Even-Preis der Position als auch der maximal anfallende Verlust im

Vergleich zum alleinigen Kauf einer Option gesenkt. Der Break-Even-Punkt der Gesamtposition liegt zwischen den Strikepreisen der beiden Optionen. Der grösstmögliche Verlust entsteht, wenn beide Optionen wertlos verfallen und der Preis des Basiswertes unter den tieferen Strikepreis sinkt. Der maximale Verlust entspricht den Kosten des gesamten Positionskaufs.

Der grösstmögliche Gewinn besteht in der Differenz zwischen den beiden Strikepreisen minus den Nettokosten für den Kauf der Position, siehe Abbildung 8.3.

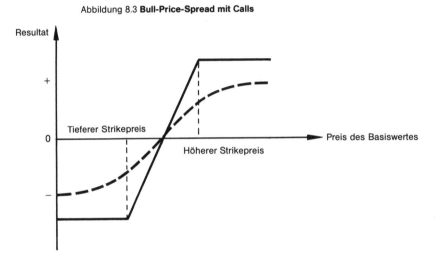

Abbildung 8.3 **Bull-Price-Spread mit Calls**

Bull-Price-Spread mit Puts

Ein ähnliches Resultat kann mit Puts erreicht werden. Ein Bull-Price-Spread mit Puts kann folgendermassen konstruiert werden. Die Option mit tieferem Strikepreis wird gekauft und die Option mit dem höheren Strikepreis geschrieben. Je höher der Strikepreis eines Puts, desto höher, angenommen alle übrigen Faktoren konstant, dessen Wert. Dank dem Schreiben eines Puts mit höherem Strikepreis als demjenigen des gekauften führt das Einnehmen der Position zu einer Nettogutschrift, siehe Abbildung 8.4.

Übersteigt der Marktpreis des Basiswertes am Verfalltag der Option den höheren Strikepreis, verfallen beide Optionen wertlos, da auszuschliessen ist, dass jemand eine Option ausübt, welche das Recht vermittelt, einen Basistitel zu einem tieferen Preis als dem Marktpreis zu verkaufen. Der grösstmögliche Gewinn entspricht in diesem Falle der Nettogutschrift, welche

155

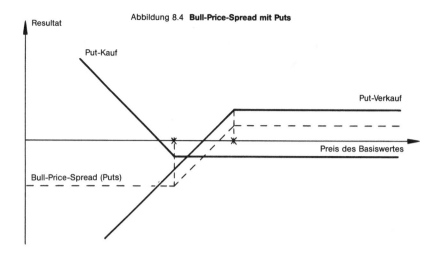

Abbildung 8.4 **Bull-Price-Spread mit Puts**

beim Einnehmen der Position erhalten wurde. Der grösstmögliche Verlust entspricht der Differenz zwischen den beiden Strikepreisen minus der Nettogutschrift beim Einnehmen der Position. Dieser Verlust muss dann hingenommen werden, wenn der Marktpreis des Basiswertes tiefer liegt als der tiefere Strikepreis. Beide Optionen werden ausgeübt, und der Trader wird gezwungen sein, den Basiswert zum höheren Strikepreis zu kaufen. Danach kann er diesen zum tieferen Strikepreis wieder verkaufen, was einen Verlust beinhaltet.

Tabelle 8.1 **Bull-Price-Spread mit Puts**
Preise in sFr.

	Preis heute
Annahmen:	
Aktienkurs	2000.—
Put Strikepreis 1700	150.—
Put Strikepreis 1900	250.—
Spreadaktivität:	
Kauf des Puts mit Strikepreis 1700	− 150.—
Verkauf des Puts mit Strikepreis 1900	+ 250.—
Nettoeinnahmen	+ 100.—

156

Tabelle 8.2 **Aktivitäten bei Verfall (einlösen)**

Preise in sFr.

Annahmen	Alternative 1	Alternative 2	Alternative 3
Aktienkurs	1500	1800	2000
Put Strikepreis 1700	200	0	0
Put Strikepreis 1900	400	100	0

| Spreadaktivität: | Der geschriebene Put wird eingelöst, was eine Ausgabe von sFr. 1900 mit sich bringt. Der Put kann ausgeübt werden und ergibt sFr. 1700. Den Ausgaben von sFr. 200 stehen Einnahmen von sFr. 100 gegenüber. | Der geschriebene Put wird eingelöst, was eine Ausgabe von sFr. 1900 mit sich bringt. Die Aktie wird zum Marktpreis verkauft, was eine Einnahme von sFr. 1800 ergibt. Der Saldo von sFr. –100 wird den Einnahmen von sFr. 100 gegenübergestellt, welche beim Einnehmen der Position erhalten wurden. | Beide Optionen verfallen wertlos, und die Nettoeinnahmen von sFr. 100, welche durch das Einnehmen der Position erzielt wurden, bleiben als Gewinn stehen. |
| | Resultat:
+100–1900+1700=–100 | Resultat:
+100–1900+1800=0 | Resultat:
+100 |

Tabelle 8.3 **Aktivitäten bei Verfall (glattstellen)**

Preise in sFr.

	Alternative 1	Alternative 2	Alternative 3
	Der geschriebene Put wird zum Preis von sFr. 400 zurückgekauft, und der gekaufte Put für SFr. 200 verkauft. Wiederum stehen Ausgaben von sFr. 200 Einnahmen von sFr. 100 gegenüber.	Der geschriebene Put wird zum Preis von sFr. 100 zurückgekauft, und der gekaufte Put verfällt wertlos. Die Ausgaben von sFr. 100 werden den ursprünglichen Einnahmen von sFr. 100 gegenübergestellt.	Beide Optionen verfallen wertlos, und die Nettoeinnahmen von sFr. 100, welche durch das Einnehmen der Position erzielt wurden, bleiben als Gewinn stehen.
	Resultat: +100–400+200=–100	Resultat: +100–100=0	Resultat: +100

Eine Alternative besteht darin, dass die Positionen glattgestellt werden, d.h. dass gekaufte Optionen wieder verkauft und geschriebene Optionen zurückgekauft werden. Die erzielten Resultate bleiben sich gleich.

Auf gleiche Art und Weise können Erwartungen für fallende Preise des

Basiswertes mit einer Spreadposition ausgedrückt werden. Diese Art Spread wird Bear-Price-Spread genannt; er kann mit Calls und Puts ausgeführt werden.

Bear-Price-Spread mit Calls

Der Bear-Price-Spread mit Calls wird gebildet, indem gleichzeitig ein Call mit tieferem Strikepreis geschrieben und ein Call mit höherem Strikepreis gekauft wird. Der maximale Gewinn der Position wird dann realisiert, wenn der Marktpreis des Basiswertes am Verfalltag unter dem tieferen Strikepreis liegt. Trifft dies ein, verfallen beide Optionen wertlos, und das ursprünglich erzielte Nettoeinkommen, welches durch das Eingehen der Position erzielt wurde (der teurere Call mit tiefem Strikepreis wurde verkauft und der billigere Call mit hohem Strikepreis gekauft), fällt als Gewinn an. Liegt der Marktpreis des Basiswertes am Verfalltage über dem höheren Strikepreis, werden beide Optionen ausgeübt. Der Trader wird gezwungen, die Aktie für den geschriebenen Call mit dem tieferen Strikepreis zu liefern und den Call mit dem höheren Strikepreis auszuüben. Der Verlust dieser Transaktion wird mit der anfänglichen Nettogutschrift verrechnet. Die Differenz zwischen der Nettogutschrift und den Strikepreisen entspricht dem grösstmöglichen Verlust. Der Break-Even-Punkt liegt zwischen den Strikepreisen, siehe Abbildung 8.5.

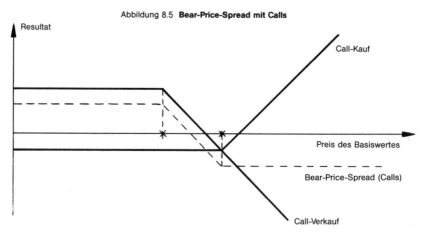

Abbildung 8.5 **Bear-Price-Spread mit Calls**

Bear-Price-Spread mit Puts

Der Bear-Price-Spread kann auch mit Puts ausgeführt werden. Der Put mit dem höheren Strikepreis wird gekauft und der Put mit dem tieferen Strikepreis geschrieben. Wie beim Bear-Price-Spread mit Calls wird der maximale Gewinn dann erzielt, wenn der Preis des Basiswertes am Verfalltag den tieferen Strikepreis unterschreitet. In diesem Fall werden beide Optionen ausgeübt, und der Trader kann den Unterschied der Strikepreise als Ertrag verbuchen. Der Gesamtgewinn entspricht der Differenz zwischen den Strikepreisen minus den Nettoausgaben beim Eingehen der Position.

Der maximale Verlust entsteht, wenn der Marktpreis beide Strikepreise übersteigt, siehe Abbildung 8.6.

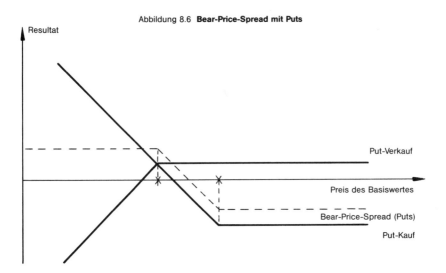

Abbildung 8.6 **Bear-Price-Spread mit Puts**

Tabelle 8.4 **Bear-Price-Spread mit Puts**

Preise in sFr.

	Preis heute
Annahmen:	
Aktienkurs	1900.—
Put Strikepreis 1900	300.—
Put Strikepreis 1700	200.—
Spreadaktivität:	
Kauf des Puts Strikepreis 1900	− 300.—
Schreiben des Puts Strikepreis 1700	+ 200.—
Nettoinvestition	− 100.—

Tabelle 8.5   **Aktivitäten bei Verfall (einlösen)**

Preise in sFr.

Annahmen	Alternative 1	Alternative 2	Alternative 3
Aktienkurs	1500	1800	2000
Put Strikepreis 1900	400	0	0
Put Strikepreis 1700	200	100	0
Spreadaktivität:	Der geschriebene Put mit Strikepreis 1700 wird eingelöst, was zu einer Ausgabe von sFr. 1700 führt. Der Put wird ausgeübt und eine Einnahme von sFr. 1900 realisiert. Dies wird den Kosten von sFr. 100 für das Einnehmen der Position gegenübergestellt. Resultat: −100−1700+1900=+100	Der gekaufte Put mit Strikepreis sFr. 1900 wird ausgeübt, und die Aktie wird zum Marktpreis von sFr. 1800 gekauft. Diese Nettoeinnahmen von sFr. 100 werden den Kosten von sFr. 100 für das Einnehmen der Position gegenübergestellt. Resultat: −100+1900−1800=0	Beide Optionen verfallen wertlos, und die Nettoangaben von sFr. 100, welche durch das Einnehmen der Position anfielen, bleiben als Verlust stehen. Resultat: −100

Time-Spread

Die Spreadtechnik kann auch im Hinblick auf die Zeit durchgeführt werden. Dabei kommen beide Arten von Optionen, Calls und Puts, zur Anwendung. Es kann wiederum sowohl den Hausse- als auch den Baisseerwartungen Ausdruck verliehen werden. Der Time-Spread basiert auf der Tatsache, dass der Zeitwert einer Option mit Näherrücken des Verfalldatums abnimmt. Der Zeitwert einer Option entspricht dem Wert, um welchen der Optionspreis über dem inneren Wert, d.h. der Differenz zwischen Strikepreis und Preis des Basiswertes, liegt. Der Zeitwert kann auch als Erwartungswert bezeichnet werden. Dieser Erwartungswert, der die zukünftigen Chancen (Gewinne) und Risiken (Verluste) beinhaltet, fällt am Verfalltag der Option auf Null. Die folgende Abbildung 8.7 stellt den Wert einer solchen Position (Kauf eines Calls mit langer Laufzeit und Schreiben eines Calls mit kurzer Laufzeit) dar.

Time-Spread mit Calls

Beim Time-Spread mit Calls wird die Option mit dem zeitlich näherliegenden Verfalldatum geschrieben und die Option mit dem späteren Verfallda-

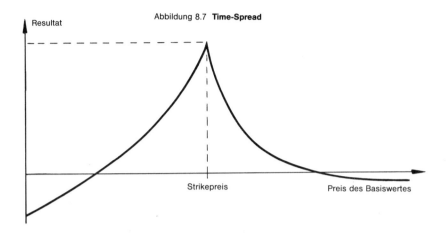

Abbildung 8.7 **Time-Spread**

Resultat

Strikepreis

Preis des Basiswertes

tum gekauft. Der Strikepreis für beide Optionen wird so gewählt, dass er in der Nähe des zum Verfallzeitpunkt der kürzer laufenden Option erwarteten Marktpreises des Basistitels liegt. Aus diesem Grund wird ein Bull-Time-Spread mit einem Strikepreis konstruiert, der höher liegt als der zur Zeit gültige Marktpreis. Der Time-Spread kann auch bei neutraler Beurteilung der zukünftigen Marktlage angewendet werden. In diesem Fall wird der Strikepreis möglichst in der Nähe des aktuellen Marktpreises des Basiswertes gewählt, siehe Abbildung 8.8.

Time-Spread mit Puts

Auch mit Puts kann ein Time-Spread ausgeführt werden. Wie bei den Calls wird der mit abnehmender Laufzeit der Optionen kleiner werdende Zeitwert der Option ausgenützt. Eine Option mit kurzer Laufzeit wird geschrieben und eine Option mit längerer Laufzeit gekauft. Erwartet man keine bedeutenden Kursveränderungen im Basistitel, wird der Strikepreis in der Nähe des Marktpreises des Basiswertes gewählt. Bei einem Bear-Time-Spread sollte der Strikepreis der Optionen in der Nähe des am Verfalltag erwarteten tieferen Preises des Basistitels gewählt werden, siehe Abbildung 8.9.

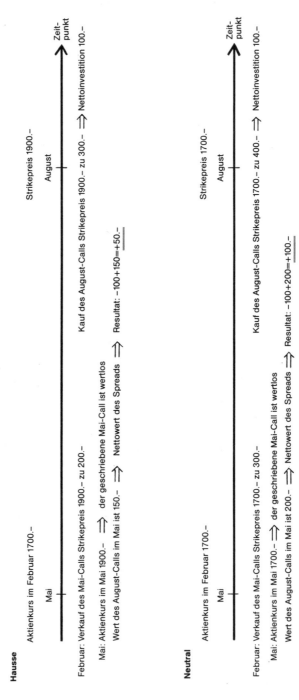

Abbildung 8.8 **Time-Spread mit Calls**

Hausse

Aktienkurs im Februar 1700.–

Februar: Verkauf des Mai-Calls Strikepreis 1900.– zu 200.–

Mai: Aktienkurs im Mai 1900.– $\Longrightarrow$ der geschriebene Mai-Call ist wertlos

Wert des August-Calls im Mai ist 150.– $\Longrightarrow$ Nettowert des Spreads $\Longrightarrow$ Kauf des August-Calls Strikepreis 1900.– zu 300.– $\Longrightarrow$ Nettoinvestition 100.–

Resultat: –100+150=+50.–

Strikepreis 1900.–

Mai | August | Zeit-punkt

Neutral

Aktienkurs im Februar 1700.–

Februar: Verkauf des Mai-Calls Strikepreis 1700.– zu 300.–

Mai: Aktienkurs im Mai 1700.– $\Longrightarrow$ der geschriebene Mai-Call ist wertlos

Wert des August-Calls im Mai ist 200.– $\Longrightarrow$ Nettowert des Spreads $\Longrightarrow$ Kauf des August-Calls Strikepreis 1700.– zu 400.– $\Longrightarrow$ Nettoinvestition 100.–

Resultat: –100+200=+100.–

Strikepreis 1700.–

Mai | August | Zeit-punkt

162

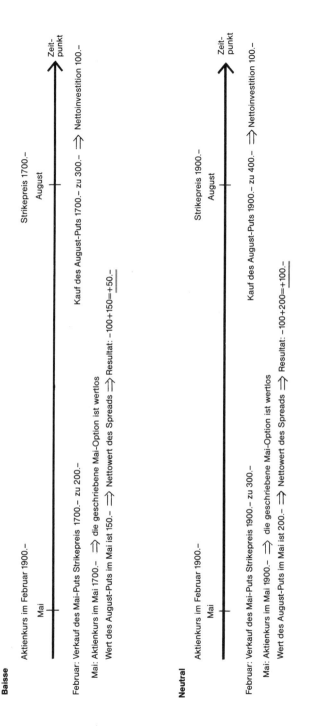

Abbildung 8.9 **Time-Spread mit Puts**

Baisse

Aktienkurs im Februar 1900.–

| Mai | August | Zeit-punkt |

Strikepreis 1700.–

Februar: Verkauf des Mai-Puts Strikepreis 1700.– zu 200.–

Mai: Aktienkurs im Mai 1700.– $\Longrightarrow$ die geschriebene Mai-Option ist wertlos

Wert des August-Puts im Mai ist 150.– $\Longrightarrow$ Nettowert des Spreads $\Longrightarrow$ Resultat: –100+150=+50.–

Kauf des August-Puts 1700.– zu 300.– $\Longrightarrow$ Nettoinvestition 100.–

Neutral

Aktienkurs im Februar 1900.–

| Mai | August | Zeit-punkt |

Strikepreis 1900.–

Februar: Verkauf des Mai-Puts Strikepreis 1900.– zu 300.–

Mai: Aktienkurs im Mai 1900.– $\Longrightarrow$ die geschriebene Mai-Option ist wertlos

Wert des August-Puts im Mai ist 200.– $\Longrightarrow$ Nettowert des Spreads $\Longrightarrow$ Resultat: –100+200=+100.–

Kauf des August-Puts 1900.– zu 400.– $\Longrightarrow$ Nettoinvestition 100.–

163

Diagonale Spreads

In den letzten Abschnitten haben wir verschiedene Spreadtechniken beschrieben. Die Spreads wurden entweder mit verschiedenen Strikepreisen oder Verfalldaten konstruiert. Es ist auch möglich, Spreads mit Optionen zu konstruieren, die sich sowohl im Strikepreis als auch im Verfalldatum unterscheiden. Beides, Hausse- und Baisseerwartungen, können mit solchen Positionen zum Ausdruck gebracht werden.

Ein diagonaler Bull-Spread wird mit Calls so konstruiert, dass eine Option mit kurzer Restlaufzeit und hohem Strikepreis geschrieben und eine Option mit längerer Restlaufzeit und tieferem Strikepreis gekauft wird. Im Vergleich zum Bull-Price-Spread kommt der diagonale Bull-Spread teurer zu stehen, da eine Option mit längerer Laufzeit gekauft wird. Dies wird dadurch kompensiert, dass der Inhaber der länger laufenden Option diese nach Verfall der kürzer laufenden Option mit einem Zeitwert wieder verkaufen oder für einen weiteren Spread verwenden kann. Dies setzt voraus, dass erneut eine Option mit dem gleichen oder einem unterschiedlichen Strikepreis und mit der gleichen oder einer unterschiedlichen Laufzeit wie die verbliebene Option geschrieben wird. Ein weiterer Vorteil beim diagonalen Spread besteht darin, dass bei einem Preisabfall des Basiswertes die lange laufende Option im Wert nicht gleich schnell sinkt wie die kurz laufende.

Im Gegensatz zum gewöhnlichen Preis-Spread ist es schwierig, das Gewinn- oder Verlustpotential dieser Optionsposition bei unterschiedlichen Erwartungen über die Preisentwicklung des Basistitels zu berechnen. Der

Tabelle 8.6 Diagonaler Bull-Spread

Preise in sFr.

	Preis heute
Annahmen:	
Aktienkurs	1700.—
Call August 1700	230.—
Call Mai 1900	180.—
Spreadaktivität:	
Kauf des August Calls Strikepreis 1700	− 230.—
Schreiben des Mai Calls Strikepreis 1900	+ 180.—
Nettoinvestition	− 50.—

164

Tabelle 8.7 Aktivitäten bei Verfall der Mai-Option

Preise in sFr.

Annahmen	Alternative 1	Alternative 2	Alternative 3
Aktienkurs	1400	1800	1950
Call[1] August 1700	30	250	350
Call Mai 1900	0	0	50

| Spreadaktivitäten: | Die geschriebene Mai-Option verfällt wertlos, und die August-Option besitzt einen Marktpreis von sFr. 30. Dieser muss den Kosten für das Einnehmen der Position von sFr. 50 gegenübergestellt werden. | Die geschriebene Mai-Option verfällt wertlos, und die August-Option besitzt einen Marktpreis von sFr. 250. Dieser muss den Kosten für das Einnehmen der Position von sFr. 50 gegenübergestellt werden. | Die geschriebene Mai-Option besitzt einen inneren Wert von sFr. 50 und muss zurückgekauft werden. Die August-Option kann zu einem Preis von sFr. 350 verkauft werden. Das Einnehmen der Position hat sFr. 50 gekostet. |
| | Resultat:
−50+30=−20 | Resultat:
−50+250=+200 | Resultat:
−50−50+350=+250 |

[1] Es handelt sich hier um geschätzte Marktpreise und nicht um innere Werte.

Wert der Position hängt vom Marktwert der lange laufenden Option im Zeitpunkt des Verfalls der kürzer laufenden Option ab.

Auch ein diagonaler Bear-Spread kann mit Calls ausgeführt werden. Dabei wird gleichzeitig eine Option mit längerer Laufzeit und hohem Strikepreis gekauft und eine Option mit kürzerer Laufzeit und tieferem Strikepreis geschrieben.

Tabelle 8.8 Diagonaler Bear-Spread

Preise in sFr.

	Preis heute
Annahmen:	
Aktienkurs	1900.—
Call August 1900	270.—
Call Mai 1700	250.—
Spreadaktivität:	
Kauf des August Calls Strikepreis 1900	− 270.—
Schreiben des Mai Calls Strikepreis 1700	+ 250.—
Nettoinvestition	− 20.—

Tabelle 8.9 Aktivitäten bei Verfall der Mai-Option

Preise in sFr.

Annahmen	Alternative 1	Alternative 2	Alternative 3
Aktienkurs	1500	1800	2500
Call[1] August 1900	200	220	700
Call Mai 1700	0	100	800
Spreadaktivitäten:	Die geschriebene Mai-Option verfällt wertlos, und die August-Option kann zum Marktpreis von sFr. 200 verkauft werden.	Die geschriebene Mai-Option wird zum inneren Wert zurückgekauft und die August-Option zum Marktpreis von sFr. 220 verkauft.	Die geschriebene Mai-Option wird zum inneren Wert von sFr. 800 zurückgekauft, und die August-Option wird zum Marktpreis von sFr. 700 verkauft. Da die Restlaufzeit der August-Option kürzer geworden ist und die Option sich in-the-money befindet, wurde deren Zeitwert kleiner.
	Resultat: −20+200=+180	Resultat: −20−100+220=+100	Resultat: −20−800+700=−120

[1] Es handelt sich hier um geschätzte Marktpreise, die beim Einnehmen der Position noch unbekannt waren.

Preisbewegungen

Bis anhin haben wir Strategien des Traders bei erwarteten Kursanstiegen oder fallenden Kursen beschrieben.

Mit Optionspositionen ist es aber nicht nur möglich, Erwartungen einer bestimmten Preisentwicklung, sondern auch den Erwartungen über deren Ausmass Ausdruck zu verleihen.

Kauf eines Straddles

In Erwartung einer zukünftigen hohen Preisfluktuation kann eine Position vorteilhaft sein, die zusammengesetzt wird aus dem Kauf eines Calls und eines Puts mit den gleichen Strikepreisen und Verfalldaten. Der Strikepreis sollte in der Nähe des aktuellen Marktkurses gewählt werden, siehe Abbildung 8.10.

Die Kosten für den Kauf der zwei Optionen entsprechen dabei dem maximalen Verlust. Dieser entsteht dann, wenn der zukünftige Marktpreis des Basiswertes dem Strikepreis der beiden Optionen entspricht.

166

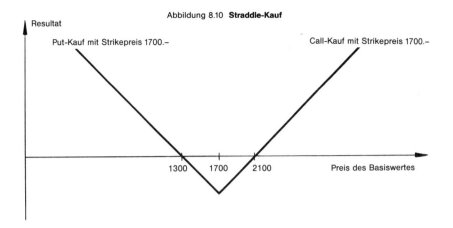

Abbildung 8.10 **Straddle-Kauf**

Resultat

Put-Kauf mit Strikepreis 1700.–

Call-Kauf mit Strikepreis 1700.–

1300 1700 2100   Preis des Basiswertes

Tabelle 8.10   **Gekaufter Straddle**

Preise in sFr.

	Preis heute
Annahmen:	
Aktienkurs	1700.—
Put Strikepreis 1700	200.—
Call Strikepreis 1700	200.—
Kombinationsaktivität:	
Kauf des Puts	− 200.—
Kauf des Calls	− 200.—
Nettoinvestition	− 400.—

Wenn der Marktpreis des Basiswertes tiefer liegt als der Strikepreis, weist der gekaufte Put einen inneren Wert auf, und der Call verfällt wertlos. Sollte der Marktpreis am Verfalltag den Strikepreis übersteigen, erhält der Call einen inneren Wert, und der Put verfällt wertlos.

Ein Straddle sollte angewendet werden, wenn eine starke Kursbewegung entweder nach oben oder nach unten erwartet wird, ohne dass man sich über die Richtung der erwarteten Bewegungen im klaren ist. Bei einer Aktie zirkulieren beispielsweise Gerüchte, dass eine eventuelle Übernahme zu erwarten sei. Sollten sich die Gerüchte bewahrheiten, kann dies zu einem starken Kursanstieg führen, trifft das Erwartete jedoch nicht ein, könnte der bereits gestiegene Kurs der Aktie wieder fallen.

167

Tabelle 8.11 **Resultat am Verfalltag**

Preise in sFr.

Aktie	Put 1700	Call 1700	Wert der Position	Resultat
1000	700	0	700	+300
1100	600	0	600	+200
1200	500	0	500	+100
1300	400	0	400	0
1400	300	0	300	−100
1500	200	0	200	−200
1600	100	0	100	−300
1700	0	0	0	−400
1800	0	100	100	−300
1900	0	200	200	−200
2000	0	300	300	−100
2100	0	400	400	0
2200	0	500	500	+100
2300	0	600	600	+200
2400	0	700	700	+300

Kauf eines Strangles

Durch die Wahl unterschiedlicher Strikepreise ist es möglich, den maximalen Verlust zu reduzieren. Es wird ein Put gewählt, dessen Strikepreis tiefer
liegt als derjenige des Calls. Diese Position wird Strangle genannt, siehe Abbildung 8.11.

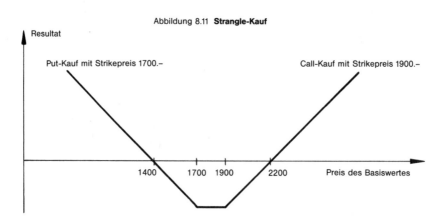

Abbildung 8.11 **Strangle-Kauf**

Tabelle 8.12 **Gekaufter Strangle**

Preise in sFr.

	Preis heute
Annahmen:	
Aktienkurs	1800.—
Put Strikepreis 1700	150.—
Call Strikepreis 1900	150.—
Kombinationsaktivität:	
Kauf des Puts	− 150.—
Kauf des Calls	− 150.—
Nettoinvestition	− 300.—

Tabelle 8.13 **Resultat am Verfalltag**

Preise in sFr.

Aktie	Put 1700	Call 1900	Wert der Position	Resultat
1000	700	0	700	+400
1100	600	0	600	+300
1200	500	0	500	+200
1300	400	0	400	+100
1400	300	0	300	0
1500	200	0	200	−100
1600	100	0	100	−200
1700	0	0	0	−300
1800	0	0	0	−300
1900	0	0	0	−300
2000	0	100	100	−200
2100	0	200	200	−100
2200	0	300	300	0
2300	0	400	400	+100
2400	0	500	500	+200

Wie aus der obigen Aufstellung hervorgeht, braucht es beim Strangle eine grössere Kursbewegung als beim Straddle, um den gleichen Gewinn zu erzielen. Andererseits kann mit einem Strangle der maximale Verlust reduziert werden.

Schreiben eines Straddles und Strangles

Die Erwartung einer zukünftigen stabilen Kursentwicklung kann auf ent-

169

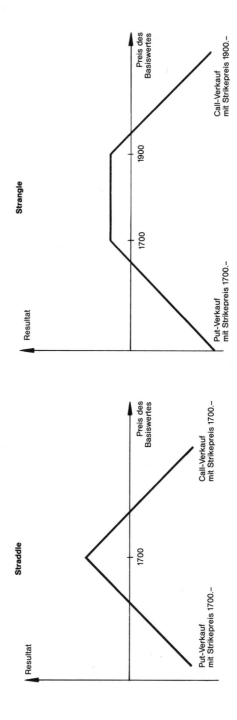

Abbildung 8.12   **Straddle- und Strangle-Verkauf**

170

sprechende Art und Weise durch das gleichzeitige Schreiben von Calls und Puts dokumentiert werden, siehe Abbildung 8.12.

Der maximale Gewinn des Schreibers besteht aus dem Erlös der verkauften Optionen. Im Unterschied zum gekauften Straddle und Strangle ist das Verlustrisiko beim Schreiben unbegrenzt. Ein Kursabfall des Basiswertes bedeutet für den Schreiber einen Verlust im Put, ein Kursanstieg einen Verlust im Call. Die geschriebene Strangleposition beinhaltet im Verhältnis zum Straddle ein reduziertes Gewinnpotential, das aber in einem weiteren Intervall anfällt. Abschliessend muss festgehalten werden, dass diese Art von Positionen, die unbegrenzte Verlustrisiken beinhalten, nur mit grösster Vorsicht eingegangen werden sollten. Zudem sollten sie streng überwacht werden.

Kombinationen

Im vorletzten Abschnitt haben wir beschrieben, wie die verschiedenen Spreadstrategien (Bull- und Bear-Spreads) Erwartungen über zukünftige Preisentwicklungen ausdrücken. Ähnlichem kann mit zwei weiteren Strategien Ausdruck verliehen werden, dem Butterfly und dem Condor.

Kauf eines Butterflys

Der Butterfly wird mit Calls oder Puts gebildet, wobei vier Optionen mit drei verschiedenen Strikepreisen und gleichem Verfalltermin verwendet werden. Zwei Optionen mit tiefem und hohem Strikepreis werden gekauft, und zwei weitere mit dazwischen liegendem Strikepreis werden geschrieben. Der mittlere Strikepreis wird so gewählt, dass er dem erwarteten Marktpreis des Basistitels am Verfalldatum der vier Optionen entspricht. Trifft dies zu, werden die zwei geschriebenen Optionen mit dem mittleren Strikepreis wertlos verfallen. Wird der Butterfly mit Calls konstruiert, wird die Option mit dem tiefen Strikepreis am Verfalldatum einen Wert besitzen, und die Option mit dem hohen Strikepreis wertlos verfallen. Werden Puts verwendet, wird die Option mit dem hohen Strikepreis einen inneren Wert aufweisen, und die Option mit dem tiefen Strikepreis verfällt wertlos, siehe Abbildung 8.13.

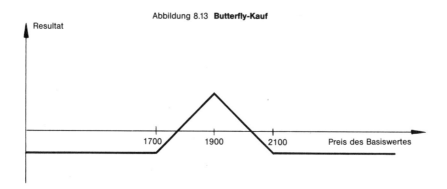

Abbildung 8.13 **Butterfly-Kauf**

Es ist wichtig, dass die Optionen so gewählt werden, dass die Intervalle zwischen den drei Strikepreisen gleich gross sind. Ist dies der Fall, entspricht der maximal mögliche Verlust der Butterflyposition der Summe der Preise der gekauften und verkauften Optionen. Weiter beinhaltet diese Position keine Risiken. Stimmt der Marktpreis mit den mittleren Strikepreisen am Verfalltag überein, kann der maximale Gewinn realisiert werden.

Tabelle 8.14 **Gekaufter Butterfly mit Calls**
Preise in sFr.

	Preis heute
Annahmen:	
Aktienkurs	1900.—
Call Strikepreis 1700	350.—
Call Strikepreis 1900	200.—
Call Strikepreis 2100	150.—
Butterfly-Transaktionen:	
Kauf 1 Call 1700	− 350.—
Verkauf 2 Calls 1900	+ 400.—
Kauf 1 Call 2100	− 150.—
Nettoinvestition	− 100.—

Das Risiko eines Butterflys wird dadurch begrenzt, dass zwei Optionen gekauft und zwei geschrieben werden. Liegt im Zeitpunkt des Verfalls der Optionen der Preis des Basiswertes über dem höchsten Strikepreis, oder im Falle des Puts unter dem tiefsten Strikepreis, ist die Verpflichtung der zwei

172

Tabelle 8.15 Resultat am Verfalltag

Preise in sFr.

Aktie	Call 1700	Call 1900	Call 2100	Wert der Position	Resultat
1500	0	0	0	0	−100
1600	0	0	0	0	−100
1700	0	0	0	0	−100
1800	100	0	0	100	0
1900	200	0	0	200	+100
2000	300	100	0	100	0
2100	400	200	0	0	−100
2200	500	300	100	0	−100
2390	600	400	200	0	−100

geschriebenen Optionen durch das Recht der zwei gekauften Optionen gedeckt.

Kauf eines Condors

Eine Möglichkeit, das Kursintervall, in dem der maximale Gewinn erzielt werden kann, zu vergrössern, besteht darin, die Strikepreise der zwei geschriebenen Optionen verschieden zu wählen. Für diese Position, die Condor genannt wird, kommen gleichzeitig Optionen mit vier verschiedenen Strikepreisen zur Anwendung, siehe Abbildung 8.14.

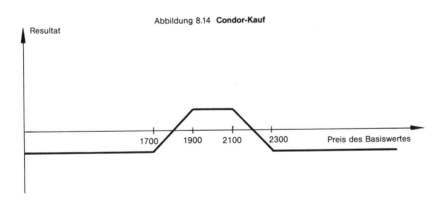

Abbildung 8.14 Condor-Kauf

Aus der Abbildung wird ersichtlich, dass die Verbreiterung des gewinnträchtigen Kursintervalls mit einem kleineren maximalen Gewinnpotential erkauft wird.

Gleich wie der Butterfly, kann auch der Condor sowohl für steigende als auch für fallende und neutrale Kurserwartungen angewendet werden. Wird ein Fallen des Preises des Basiswertes erwartet, werden die zwei mittleren Strikepreise unter dem aktuellen Marktpreis gewählt. Wird ein stagnierender Markt erwartet, wählt man die Strikepreise beidseits des derzeitigen Marktpreises. Bei einer positiven Markteinschätzung sollten die mittleren Strikepreise den momentanen Marktpreis übersteigen. Das Ziel der Strategie besteht darin, den Marktpreis am Verfalltag so zu prognostizieren, dass er zwischen die beiden mittleren Strikepreise zu liegen kommt.

Wenn eine Optionsserie stark überbewertet ist, kann durch das Zusammensetzen eines Butterflys oder eines Condors auch eine Form der Arbitrage durchgeführt werden. Dazu können beispielsweise zwei überbewertete Optionen geschrieben und zwei tiefer oder richtig bewertete gekauft werden. Das Gewinn- und Verlustdiagramm für diesen Butterfly sieht wie folgt aus, siehe Abbildung 8.15.

Abbildung 8.15 **Butterfly-Kauf mit überbewerteten Optionen (Strikepreis 1900.–)**

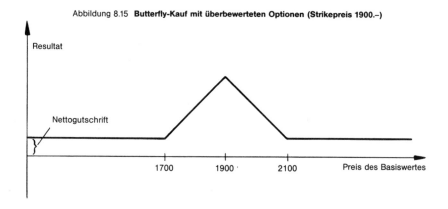

Wie aus dem Diagramm ersichtlich, kann mit dieser Position ein risikoloser Gewinn realisiert werden, da bereits das Einnehmen der Position zu Nettoeinnahmen führt und später das Schliessen der Position mit Bestimmtheit keine Kosten verursacht.

Schreiben eines Butterflys oder eines Condors

Sowohl der Butterfly als auch der Condor können auch in umgekehrter Weise ausgeführt werden. Durch den Kauf der Optionen mit den mittleren Strikepreisen und das Schreiben der beiden Optionen mit den tief und hoch

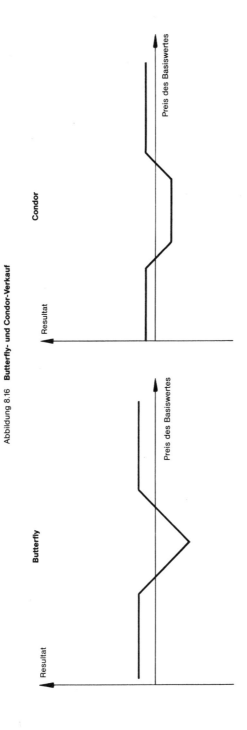

Abbildung 8.16 **Butterfly- und Condor-Verkauf**

175

liegenden Strikepreisen werden folgende Gewinncharakteristika erzielt, siehe Abbildung 8.16.

Der maximale Gewinn aus der Position kann dann realisiert werden, wenn der Marktpreis des Basistitels am Verfalltag über dem höchsten oder unter dem tiefsten Strikepreis liegt. Diese Position gleicht dem Kauf eines Straddles oder Strangles, beinhaltet aber ein bedeutend geringeres maximales Gewinnpotential bei gleichzeitiger Reduktion des maximalen Verlustes.

Sukzessive Anpassung

Im Kapitel 7, Hedging, wurde beschrieben, wie sich der Deltawert von Optionen in Abhängigkeit von der Preisentwicklung des Basiswertes verändert. Im weiteren wurde die Wichtigkeit der Anpassung der Optionsposition zur Erreichung der Deltaneutralität herausgestrichen. In gleicher Weise muss auch der Trader seine Position laufend anpassen, wenn er ein steigendes, fallendes oder neutrales Profil seiner Position beibehalten will.

Ein Bull-Price-Spread, bei welchem im Zeitverlauf der Marktpreis den höchsten Strikepreis stark übersteigt, trägt dem Besitzer der Position, der weiterhin eine Hausseposition halten möchte, bei weiter steigenden Kursen keinen höheren Gewinn mehr ein. Will der Trader in dieser Situation sein Gewinnpotential weiter aufrechterhalten, muss er gewisse Transaktionen durchführen. Er sollte die Position glattstellen, d.h. er kauft die geschriebene Option zurück und verkauft die gekauften Optionen. Darauf wird ein neuer Bull-Price-Spread mit höheren Strikepreisen gekauft. Die Kosten für diesen neuen Spread sind im allgemeinen tiefer als der Erlös aus der Auflösung des alten Spreads. Damit wird ein Teil des Gewinnes realisiert, was als Rücklage zum Schutz gegen einen zukünftigen Kursabfall des Basiswertes betrachtet werden kann.

Zusammenfassung

Der Trader ist derjenige Marktteilnehmer, welcher durch das Einnehmen seiner Optionsposition eine klare Marktsicht zum Ausdruck bringt. Seine Auffassung kann sowohl die Richtung der Preisentwicklung als auch die Stärke oder Art der Preisentwicklung betreffen.

Durch das Einnehmen einer Spreadposition wird von der Richtung der Preisentwicklung profitiert, d.h. von einem eventuellen Kursanstieg, einem Kursabfall oder einer Stagnation. Eine Spreadposition kann aus Optionen mit verschiedenen Strikepreisen (Price-Spread) oder verschiedenen Laufzeiten (Time-Spread) zusammengesetzt werden.

Den Erwartungen über die zukünftige Volatilität eines Basiswertes kann durch den gleichzeitigen Kauf oder Verkauf von Calls und Puts Ausdruck verliehen werden. Wird der maximale Gewinn oder Verlust bei einem bestimmten Kurs fixiert, handelt es sich um einen Straddle, wird der maximale Gewinn oder Verlust in einem Preisintervall erzielt, handelt es sich um einen Strangle. Werden die Optionen gekauft, entstehen bei grossen Kursbewegungen des Basistitels unlimitierte Gewinnchancen, werden die Optionen geschrieben, kann ein Gewinn lediglich bei stabiler Kursentwicklung erzielt werden. Gleichzeitig besteht ein unbegrenztes Verlustrisiko.

Eine Möglichkeit der Begrenzung dieses Verlustrisikos besteht im Ausstellen oder Erwerben von zwei weiteren Optionen mit unterschiedlichen Strikepreisen. Diese Positionen, Butterfly oder Condor, sind stabiler. Sie limitiert einerseits das Verlustrisiko, schränkt aber andererseits auch die Gewinnchancen ein.

Genau wie beim Hedging müssen auch beim Trading die Positionen der Preisveränderung des Basiswertes angepasst werden, wenn weiterhin der grösstmögliche Ertrag erzielt werden soll. Die Anpassung kann ebenfalls dazu dienen, die angefallenen Gewinne teilweise zu realisieren.

Konstruktion von Gewinn/Verlustdiagrammen

Im letzten Kapitel wurden verschiedene Positionsprofile verwendet, sogenannte Gewinn/Verlustdiagramme, ohne deren Herleitung und Konstruktion näher zu beschreiben. Im folgenden soll dies nachgeholt werden. Zudem soll das Kapitel zeigen, wie konkrete Positionsprofile erstellt werden.

Richtungskoeffizienten

Ein Element der Vektortechnik stellt der Richtungskoeffizient dar. Er gibt
die Richtung der Kurve an und entspricht damit der Tangente an die Kurve
oder der ersten Ableitung der Funktion nach dem Preis des Basiswertes. Ein
Kauf des Basiswertes hat den Koeffizienten +1 und ein Leerverkauf den
Wert –1, siehe Abbildung 9.1.

Abbildung 9.1 **Richtungskoeffizient für den Kauf und den Leerverkauf des Basiswertes**

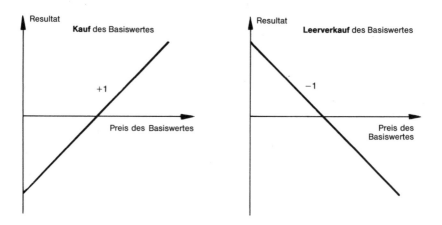

Der Koeffizient von Positionen, die unabhängig sind von Preisveränderungen des Basiswertes, ist 0. Mit diesen drei Alternativen können sämtliche reinen Optionspositionen beschrieben werden, siehe Abbildung 9.2.

Die Linie von links unten nach rechts oben hat den Koeffizienten +1, jene

Abbildung 9.2 **Richtungskoeffizient für verschiedene Optionspositionen**

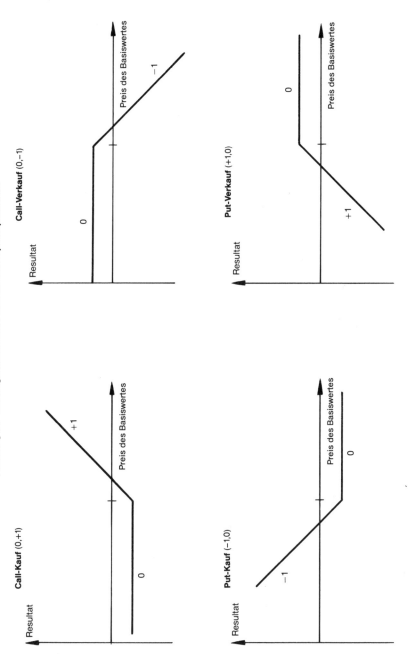

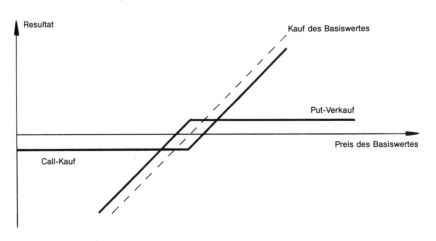

Abbildung 9.3   **Call-Kauf+Put-Verkauf = Kauf des Basiswertes**

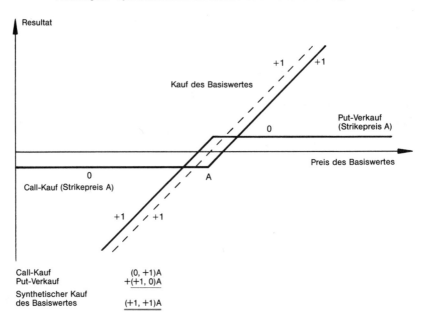

Abbildung 9.4   **Synthetischer Kauf des Basiswertes mit Vektorberechnung**

Call-Kauf	(0, +1)A
Put-Verkauf	+(+1, 0)A
Synthetischer Kauf des Basiswertes	(+1, +1)A

von links oben nach rechts unten –1. Eine horizontale Linie hat einen Koeffizienten von 0.

Aus den Ausführungen früherer Kapitel wissen wir, dass der Kauf des zugrundeliegenden Basiswertes durch eine synthetische Position, bestehend aus einem Call kombiniert mit einem geschriebenen Put, zusammengesetzt werden kann, siehe Abbildung 9.3.

Wir werden nun zeigen, wie man mit Hilfe der Vektortechnik dieses Resultat erhält. Wenn der Strikepreis eines Calls mit A bezeichnet wird, kann dem Call der Koeffizient (0,+1)A zugeteilt werden, was bedeutet, dass die Option links des Strikepreises A den Koeffizienten 0 und rechterhand von diesem +1 hat.

Der geschriebene Put, welcher den gleichen Strikepreis A hat, wird mit dem Koeffizienten (+1,0)A beschrieben. Addiert man die Koeffizienten des Calls und des Puts, erhält man die Koeffizienten für den Basiswert, siehe Abbildung 9.4.

Die Konstruktion von Gewinn/Verlustdiagrammen mit Calls

Auf die gleiche Art kann von einem gewünschten Gewinn/Verlustdiagramm ausgegangen und abgeleitet werden, wie die dazugehörige Position aussehen sollte. Will man vorwiegend Calls anwenden, beginnt man das Diagramm auf der linken Seite und im Falle von Puts auf der rechten.

Ungeachtet dessen, ob die Konstruktionsarbeit von links oder rechts begonnen wurde, werden wir die Figur immer von links nach rechts beschreiben. Der erste Koeffizient gibt die Richtung der Linie links des ersten Strikepreises an, während der zweite Koeffizient die Richtung zwischen dem tiefsten und zweittiefsten Strikepreis angibt und so weiter.

Abbildung 9.5 **Konstruktion eines Gewinn/Verlust-Diagramms mit Calls**

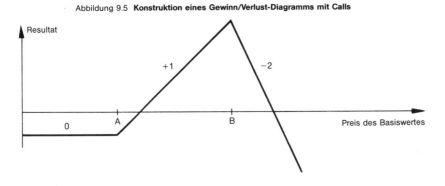

Die Abbildung 9.5 hat den Koeffizienten $(0,+1,-2)$A,B. Wir beginnen die Konstruktion dieser Position mit Calls im linken Teil. Die Linien links von A und rechts bis B haben das gleiche Aussehen wie der Kauf eines Calls mit Strikepreis A. Da ebenfalls Optionen mit dem Strikepreis B zur Konstruktion des Diagramms gebraucht werden, sollte der Call mit Strikepreis A wie folgt bezeichnet werden: $(0,+1,+1)$A,B. Um die gewünschte Position $(0,+1,-2)$A,B zu bekommen, muss der letzte Richtungskoeffizient um 3 Einheiten reduziert werden. Das Schreiben von 3 Calls mit Strikepreis B führt zur gewünschten Lösung. Ein geschriebener Call mit Strikepreis B wird mit $(0,0,-1)$A,B bezeichnet, drei dieser Optionen haben demnach den Koeffizienten $(0,0,-3)$A,B.

Die Position $(0,+1,-2)$A,B kann also durch den Kauf von 1 Call mit Strikepreis A und dem Schreiben von 3 Calls mit Strikepreis B gebildet werden, siehe Abbildung 9.6.

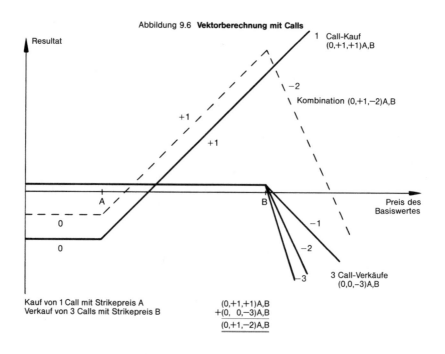

Abbildung 9.6 **Vektorberechnung mit Calls**

Kauf von 1 Call mit Strikepreis A
Verkauf von 3 Calls mit Strikepreis B

$$
\begin{array}{l}
(0,+1,+1)\text{A,B} \\
+(0,\ \ 0,-3)\text{A,B} \\
\hline
(0,+1,-2)\text{A,B}
\end{array}
$$

Die Konstruktion eines Gewinn/Verlustdiagrammes mit Puts und Calls

Eine Alternative zum Vorgehen bei der Erstellung der obenerwähnten Figur besteht darin, das Zusammensetzen rechts zu beginnen und dabei auch Puts anzuwenden.

Das Schreiben von zwei Calls mit Strikepreis B ergibt als Resultat den Linienzug rechts vom Strikepreis B und kann mit (0,0,–2)A,B bezeichnet werden. Wird die Position durch das Schreiben eines Puts mit Strikepreis B und der Bezeichnung (+1,+1,0)A,B erweitert, ergibt dies die mit der gestrichelten Linie bezeichnete Summe, siehe Abbildung 9.7.

Abbildung 9.7 **Konstruktion eines Gewinn/Verlust-Diagramms mit Calls und Puts**

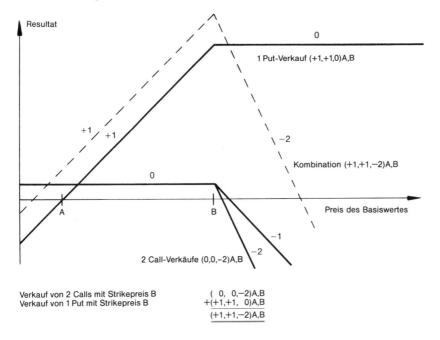

Verkauf von 2 Calls mit Strikepreis B	(0, 0,–2)A,B
Verkauf von 1 Put mit Strikepreis B	+(+1,+1, 0)A,B
	(+1,+1,–2)A,B

Wird die Position noch mit dem Kauf eines Puts mit Strikepreis A und der Bezeichnung (−1,0,0)A,B komplettiert, erhält die Figur durch erneute Addition die Bezeichnung (0,+1,−2)A,B, siehe Abbildung 9.8.

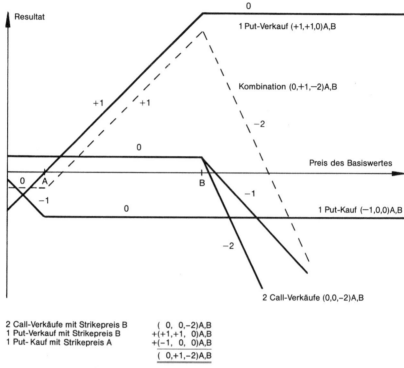

Abbildung 9.8 **Konstruktion eines Gewinn/Verlust-Diagramms mit Calls und Puts**

2 Call-Verkäufe mit Strikepreis B	(0, 0,−2)A,B
1 Put-Verkauf mit Strikepreis B	+(+1,+1, 0)A,B
1 Put-Kauf mit Strikepreis A	+(−1, 0, 0)A,B
	(0,+1,−2)A,B

Wie aus diesem Beispiel hervorgeht, kann das gleiche Gewinn/Verlust-diagramm auf verschiedene Arten konstruiert werden. Dies, indem man Calls und Puts mit unterschiedlichen Strikepreisen kauft oder schreibt. Die Vektortechnik birgt den Vorteil, dass man nicht an fest definierte Gewinn/Verlustdiagramme wie beispielsweise den Straddle oder den Butterfly gebunden ist. Im Gegenteil, es kann direkt mit dem Profil gearbeitet werden, aus welchem dann die gewünschte Position abgeleitet wird. Bestehen theoretisch verschiedene Lösungen, wie dies beim vorhergehenden Beispiel der Fall war, sollte die preisgünstigste gewählt werden. Können gleichzeitig teure Optionen verkauft und billige gekauft werden, führt dies zu einem zusätzlichen Gewinnpotential.

Komplexe Konstruktionsarbeit

Natürlich können auch kompliziertere Positionen zusammengestellt werden als die soeben beschriebenen. Dabei können mehrere Strikepreise verwendet werden, ohne dass dadurch die Konstruktion erschwert würde.

Beispielsweise soll die folgende Position konstruiert werden, siehe Abbildung 9.9.

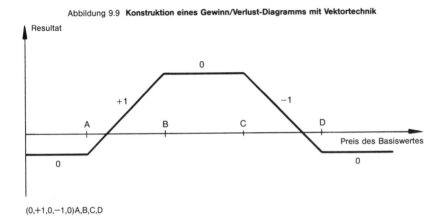

Abbildung 9.9 **Konstruktion eines Gewinn/Verlust-Diagramms mit Vektortechnik**

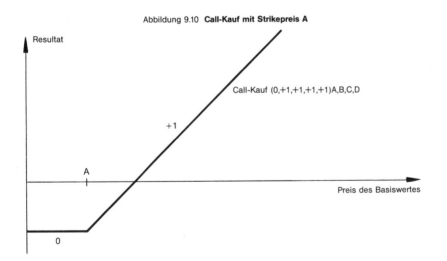

Abbildung 9.10 **Call-Kauf mit Strikepreis A**

Beginnen wir die Konstruktion von links und verwenden wir nur Calls, erhalten wir das im Folgenden beschriebene Resultat. Die Linien rechts und

185

links vom Strikepreis A entsprechen dem Kauf eines Calls mit Strikepreis A. In diesem kurzen Intervall erhält der Call die Bezeichnung (0,+1)A und über die ganze Figur betrachtet (0,+1,+1,+1,+1)A,B,C,D, siehe Abbildung 9.10.

Das Schreiben eines Calls mit Strikepreis B neutralisiert die positive Neigung der Kurve (+1) rechts vom Strikepreis B. Der Call erhält die Bezeichnung (0,–1)B und über die ganze Figur betrachtet (0,0,–1,–1–1) A,B,C,D. Wir erhalten folgende Figur, siehe Abbildung 9.11.

Abbildung 9.11 **Call-Kauf mit Strikepreis A, Call-Verkauf mit Strikepreis B**

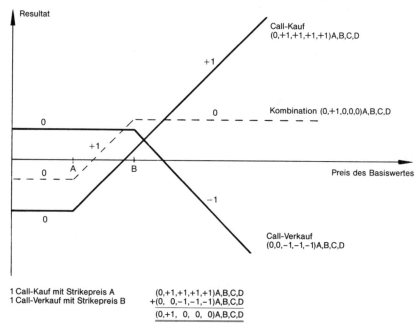

1 Call-Kauf mit Strikepreis A   (0,+1,+1,+1,+1)A,B,C,D
1 Call-Verkauf mit Strikepreis B   +(0, 0,–1,–1,–1)A,B,C,D
                                    (0,+1, 0, 0, 0)A,B,C,D

Wird ein weiterer Call mit dem Strikepreis C und der Bezeichnung (0,–1)C respektive (0,0,0,–1,–1)A,B,C,D geschrieben, wird folgende Figur erhalten, siehe Abbildung 9.12.

Um der negativen Neigung der Kurve rechts vom Strikepreis D entgegenzuwirken, wird ein Call mit Strikepreis D gekauft. Dieser erhält die Bezeichnung (0,+1)D respektive (0,0,0,0,+1)A,B,C,D. Die zusammengestellte Position weist schliesslich ein Profil auf, welches mit dem ursprünglich gewünschten übereinstimmt, siehe Abbildung 9.13.

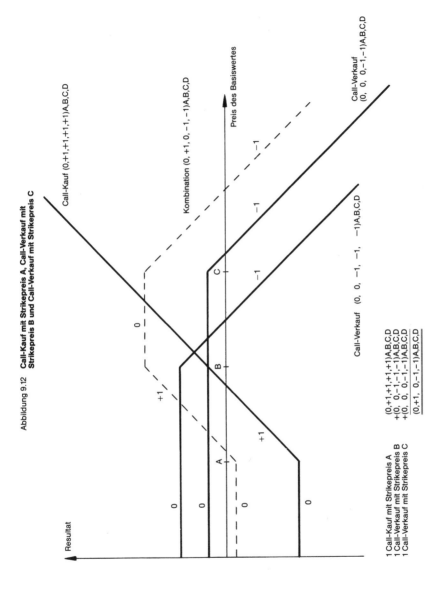

Abbildung 9.12 **Call-Kauf mit Strikepreis A, Call-Verkauf mit Strikepreis B und Call-Verkauf mit Strikepreis C**

Resultat

Call-Kauf (0,+1,+1,+1)A,B,C,D

Kombination (0, +1, 0, −1, −1)A,B,C,D

Preis des Basiswertes

Call-Verkauf (0, 0, 0,−1,−1)A,B,C,D

Call-Verkauf (0, 0, −1, −1, −1)A,B,C,D

1 Call-Kauf mit Strikepreis A
1 Call-Verkauf mit Strikepreis B
1 Call-Verkauf mit Strikepreis C

(0,+1,+1,+1,+1)A,B,C,D
+(0, 0,−1,−1,−1)A,B,C,D
+(0, 0, 0,−1,−1)A,B,C,D
(0,+1, 0,−1,−1)A,B,C,D

187

Abbildung 9.13 **Call-Kauf mit Strikepreis A, Call-Verkauf mit Strikepreis B, Call-Verkauf mit Strikepreis C und Call-Kauf mit Strikepreis D**

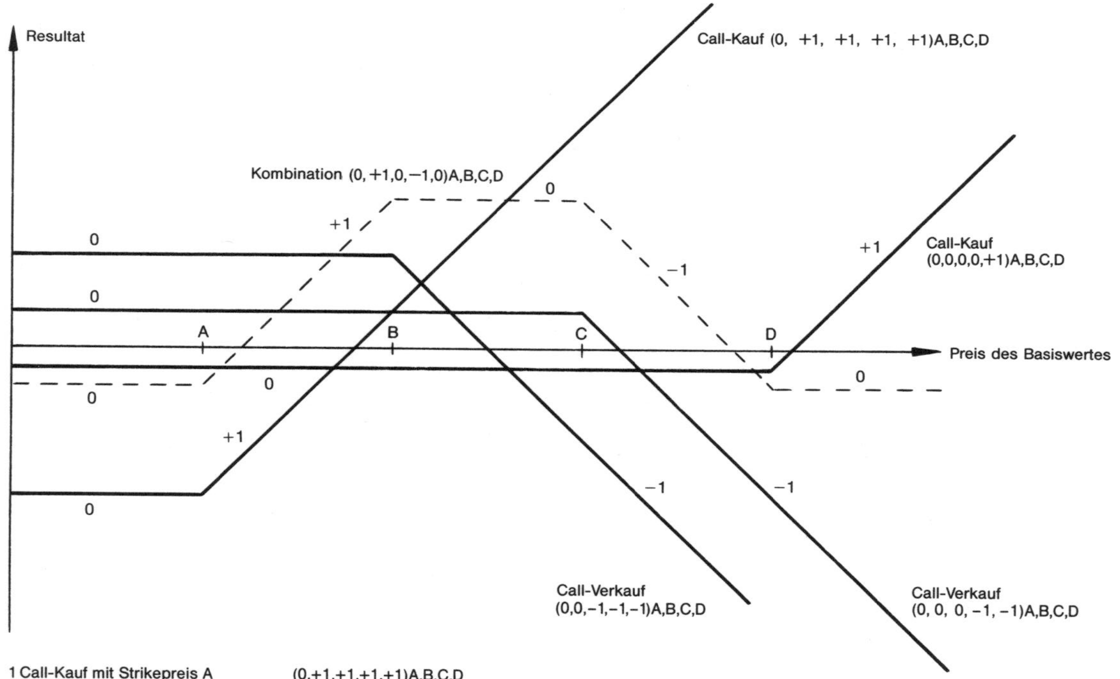

Resultat

Call-Kauf (0, +1, +1, +1, +1)A,B,C,D

Call-Kauf
(0,0,0,0,+1)A,B,C,D

Preis des Basiswertes

Call-Verkauf
(0, 0, 0, -1, -1)A,B,C,D

Kombination (0, +1,0,-1,0)A,B,C,D

Call-Verkauf
(0,0,-1,-1,-1)A,B,C,D

1 Call-Kauf mit Strikepreis A	(0,+1,+1,+1,+1)A,B,C,D
1 Call-Verkauf mit Strikepreis B	+(0, 0,-1,-1,-1)A,B,C,D
1 Call-Verkauf mit Strikepreis C	+(0, 0, 0,-1,-1)A,B,C,D
1 Call-Kauf mit Strikepreis D	+(0, 0, 0, 0,+1)A,B,C,D
	(0,+1, 0,-1, 0)A,B,C,D

188

Zusammenfassung

Das Ziel dieses Kapitels war es zu zeigen, wie die Vektortechnik gebraucht werden kann, um gewünschte Positionsprofile zusammenzustellen. Aus den Beispielen ist hervorgegangen, dass die gleichen Gewinn/Verlustprofile aus verschiedenen Bausteinen (Calls und Puts) zusammengesetzt werden können. Dies sollte ausgenützt werden, indem für die Zusammenstellung der gewünschten Profile primär überbewertete Optionen geschrieben und unterbewertete Optionen gekauft werden. Dadurch kann ein zusätzliches Gewinnpotential erzielt werden.

Die Vektortechnik ermöglicht es dem Anwender, neben den bekannten Optionspositionen, die wir im Kapitel 8 beschrieben haben, beliebige, sozusagen massgeschneiderte Verlust/Gewinnprofile zusammenzustellen.

Praktische Anwendungen

Bis anhin dürften die Ausführungen zum Thema Optionen vor allem den Eindruck vermittelt haben, dass es sich beim Instrument Option um ein technisch raffiniertes Finanzprodukt handelt, das mit Hilfe von mathematischen Berechnungen bewertet werden kann. Die Tatsache, dass Optionen im Handel mit Finanzwerten in erster Linie helfen, Risiko zu verteilen, geriet dabei in den Hintergrund. In diesem Kapitel werden wir die Funktion der Risikoverteilung (resp. Verschiebung) zwischen den verschiedenen Marktteilnehmern eingehend behandeln. Zuerst werden wir eine Technik präsentieren, die aufzeigt, auf welche Weise die optimale Wahl zwischen verschiedenen Optionsstrategien getroffen werden kann. Der Vergleich von Gewinn und Risiko (Verlust/Gewinnprofil) soll dem Anleger dabei helfen.

Nach der Darstellung dieser allgemeingültigen Kriterien werden wir, in der Reihenfolge der zu erwartenden Rendite, einige Optionenportefeuillestrategien beschreiben. Obwohl nicht alle präsentierten Strategien für jeden Anleger anwendbar sind, ist es doch für alle Marktteilnehmer von gewisser Wichtigkeit, alle hier dargestellten Strategien zu kennen. Vorweggenommen werden darf, dass generell gilt, dass mit Strategien, welche den Zeitwert verkaufen, ein positives Resultat erzielt werden kann.

Bei der Aufnahme von Optionen in ein Portefeuille, welches anfänglich nur aus Basistiteln besteht, wird sowohl die zu erwartende Rendite des Portefeuilles als auch die Wahrscheinlichkeitsverteilung dieser Rendite verändert. Detailliert werden wir beschreiben, wie mit Optionen ein Portefeuille mit reduziertem Risiko zusammengestellt werden kann.

In einem späteren Abschnitt wird eine spezielle Verwendungsart von in-the-money Optionen präsentiert, und es wird gezeigt, wie man mit diesen den Basiswert billiger kaufen und teurer verkaufen kann, als es zum aktuellen Marktpreis möglich wäre.

Zum Schluss wird dargelegt, wie Optionen als Schutz vor speziellen externen Einflüssen eingesetzt werden können, wie zum Beispiel Zinsveränderungen, Steuerbelastungen oder anderen asymmetrisch verteilten Risiken.

190

Die beste Optionskonstruktion

Es gibt keine allgemeingültige Antwort auf die Frage nach der besten Optionskonstruktion. Unterschiedliche Erwartungen führen dazu, dass eine spezielle Kombination für den einen Marktteilnehmer ausgezeichnet sein kann, während ein anderer dieselbe nicht in Betracht zieht. Die unterschiedliche Risikobereitschaft der Marktteilnehmer ist die unbedingte Grundvoraussetzung für einen funktionierenden Handel am Optionenmarkt. Der Optionenhandel bietet dem Anleger die Möglichkeit, seine individuellen Erwartungen betreffend die Preisentwicklung des Basiswertes zum Ausdruck zu bringen.

Die richtige Methode, zum besten Optionenportefeuille zu kommen, besteht darin, die Rendite verschiedener Strategien zu vergleichen und danach die Kombination zu wählen, welche die grösste Rendite abwirft. Der aggressive Anleger kann auf diese einfache Art die nach seiner individuellen Beurteilung beste Position wählen und seine Gewinnchancen voll ausnützen. Ganz anders der konservativere Anleger; er wird zwar primär auch die Gewinnpotentiale der verschiedenen Strategien vergleichen, aber jene wählen, welche gleichzeitig das kleinste Verlustrisiko in sich birgt.

Eine verhältnismässig neutrale Art der Wahl besteht darin, sowohl die Gewinn- als auch die Verlustchancen (Risiko) bei der Analyse zu gewichten. Diese Methode wollen wir als Risiko/Gewinn-Bewertungs-Methode bezeichnen. Es wird folgendermassen vorgegangen. In einem ersten Schritt werden sämtliche Strategien ausgewählt, die bei der zu erwartenden Entwicklung einen positiven Ertrag abwerfen. In einem zweiten Schritt werden die Risiko/Gewinn-Chancen der Kombinationen berechnet. In einem dritten Schritt wird die Position ausgewählt, welche im Verhältnis zum Risiko die höchste Rendite (Gewinn) abwirft.

Risiko / Gewinn-Methode

$$\text{Risiko/Gewinn-Verhältnis} = \frac{V_0 - V_1^{neg}}{V_1^{pos} - V_0}$$

V_0 = Der Wert der Kombination beim Einnehmen der Position.

V_1^{neg} = Der erwartete Wert der Kombination im gewünschten Verkaufszeitpunkt unter der Annahme, dass sich der Preis des Basiswertes gemäss der Standardabweichung für die Periode negativ verändert.

V_1^{pos} = Der erwartete Wert der Kombination im gewünschten Verkaufszeitpunkt unter der Voraussetzung, dass sich der Preis des Basiswertes gemäss der Standardabweichung für die Periode positiv verändert.

Nehmen wir an, dass eine gewisse Preisveränderung innerhalb von zwei Monaten eintreffen wird. Eine Optionsposition wird eingenommen, um damit einen Gewinn zu erzielen (Trader). Nach zwei Monaten soll die Position wieder geschlossen werden, da die erwartete Veränderung innerhalb dieser zwei Monate eingetroffen sein sollte. Als einfaches Beispiel wollen wir den Kauf eines Calls betrachten. Das Risiko/Gewinn-Verhältnis kann wie folgt berechnet werden: Das Risiko besteht hier in der negativen Preisentwicklung des Basiswertes. Wie stark der Preis des Basiswertes fallen kann, muss geschätzt werden, was mit Hilfe der implizierten Standardabweichung gemacht werden kann. Im Kaufzeitpunkt der Option beträgt die implizierte Jahresstandardabweichung des Basiswertes beispielsweise 20%. Nachdem die berechnete Investitionsperiode nur 2 Monate dauert, ist die Standardabweichung für diese Periode zu berechnen. Im Kapitel 4, Theoretische Bewertung, wurde beschrieben, wie die Umrechnung von einer Periode in die andere vorgenommen werden kann. Die Standardabweichung der Investitionsperiode von zwei Monaten beträgt gemäss der dort beschriebenen Methode 8,2%. Der Aktienpreis kann folglich innerhalb von zwei Monaten im Schnitt um 8,2% fallen. Aufgrund dieser angenommenen negativen Preisentwicklung des Basiswertes wird der neue Optionspreis berechnet. Unter Vorgabe einer weiterhin 20%igen Standardabweichung setzen wir in der Black-Scholes-Formel den 8,2% tieferen Aktienpreis und eine um zwei Monate verkürzte Laufzeit der Option ein. Das Risiko (der Verlust) besteht nun in der Differenz zwischen dem Tagespreis der Option und dem berechneten zukünftigen Verkaufspreis der Option. Das Gewinnpotential wird auf die gleiche Art berechnet. Der Optionspreis am Verkaufstag wird unter der Annahme eines Aktienkurses berechnet, der um die periodische Standardabweichung von 8,2% höher liegt. Wiederum wird für die Berechnung des Optionspreises die Standardabweichung 20% und für die Restlaufzeit eine um 2 Monate gekürzte Frist verwendet. Dieser zukünftige Preis im Verhältnis zum Tagespreis der Option ergibt das Gewinnpotential der Option. Im letzten Schritt wird das Risiko durch den Gewinn dividiert, und das Resultat ist das Risiko/Gewinn-Verhältnis der gewählten Position.

Danach kann aus den gewählten Strategien, für welche je einzeln die beschriebene Berechnung durchgeführt wird, die beste ausgewählt werden.

Die Berechnung des Risiko/Gewinn-Verhältnisses gemäss dem oben angeführten Beispiel:

V_0 = Kosten des Callkaufs.

V_1^{neg} = Das theoretisch berechnete Einkommen nach Verkauf des Calls.

Annahmen:
- 8,2% tieferer Preis für den Basiswert
- Gleiche Standardabweichung wie beim Einnehmen der Position (20%)
- Um 2 Monate kürzere Laufzeit

V_i^{pos} = Das theoretisch berechnete Einkommen nach Verkauf des Calls

- 8,2% tieferer Preis für den Basiswert
- Gleiche Standardabweichung wie beim Einnehmen der Position (20%)
- Um 2 Monate kürzere Laufzeit

Diese gewählte Methode gewichtet die Gewinnchancen mit den gleichen Faktoren wie die Verlustrisiken. Individuell kann nun derjenige, der von seinen Erwartungen überzeugt ist, die Gewichtungsfaktoren ungleich verteilen. Der risikofreudige Anleger wird den Gewichtungsfaktor für die Gewinnchancen entsprechend erhöhen, der weniger risikofreudige diesen entsprechend herabsetzen.

Die auf diese Art durchgeführte Optionsauswahl führt nicht bei jeder Investitionsstrategie zum bestmöglichen Resultat, ist aber zur Ermittlung der Gewinn- und Verlustchancen die geeignetste Methode. Der grosse Vorteil dieser Methode darf generell darin gesehen werden, dass sie für alle Optionskombinationen Gültigkeit hat und diese dadurch miteinander vergleichbar macht.

Die Möglichkeiten eines Anlegers sind vielfach durch seine finanzielle Ausgangslage begrenzt und sein Spielraum durch seine Erfahrungen abgesteckt. Bewertungsneutrale Modelle helfen, verschiedene Alternativen objektiver zu vergleichen. Die Risikobereitschaft des Anlegers sollte sich in der gewählten Strategie widerspiegeln. Beispielsweise müssen gewisse sehr rentable Strategien von finanziell weniger starken Anlegern ausgeschlossen werden, da diese das Eintreffen des schlechtesten Resultates nicht verkraften könnten.

Praktisches Beispiel zur Risiko/Gewinn-Methode

Die oben geschilderte Methode zur Berechnung der Gewinn- und Verlustchancen bei einer Investition in Optionen findet in besonderem Mass geeignete Anwendung bei lange laufenden Optionen (6 Monate und länger). Kurz laufende Optionen (bis 6 Monate) unterliegen bedeutend ausgeprägter zufälligen Schwankungen des Gesamtmarktes und der Veränderung sich kurzfristig auswirkender volkswirtschaftlicher Variabeln. Für lange laufende Optionen, insbesondere Optionen auf Aktien, können aufgrund von Chancen/Risiko-Analysen der Produkte und Märkte einer Unternehmung

Potentiale der Aufwärts- oder Abwärtsbewegung des Aktientitelkurses abgeleitet werden. Dabei stehen Branchenvergleiche, Gewinnentwicklung und Renditebetrachtungen im Vordergrund. Anhand des Beispiels der lange laufenden Option auf die Ciba-Geigy Namenaktie, kotiert an den Vorbörsen in Zürich, Basel und Genf, wollen wir eine solche Bewertung der Option vornehmen.

Die Ciba-Geigy-Namenaktie rentiert auf dem Niveau von 3250 sFr. für die geschätzte Dividende 1989 2,2% und weist ein Kurs/Gewinn-Verhältnis für den geschätzten Gewinn 1990 von 8,6 auf. Eine Analyse der entsprechenden Werte für nationale und internationale Werte der Chemie- und Pharmabranche ergibt, dass einerseits die Dividendenrendite nicht tief, das Kurs/Gewinn-Verhältnis hingegen sehr tief liegt. Wir geben dem Titel im guten Fall für die Zukunft ein Kurs/Gewinn-Verhältnis von 12, was einerseits berücksichtigt, dass der Titel historisch immer unterbewertet wurde, und andererseits der Tatsache Rechnung trägt, dass die Namenaktie der Ciba-Geigy AG im Vergleich zur entsprechenden Inhaberaktie heute noch immer 20% tiefer bewertet wird. Aufgrund dieser Annahme ergibt sich für die Ciba-Geigy-Aktie ein Kurspotential von sFr. 4550, was einem Preisanstieg von 40% entspricht.

Im negativen Fall führen äussere Umstände, wie eine starke einheimische Währung, zu einem Gewinnrückgang für das kommende Jahr. Die Gefahr von Unfällen und Problemen mit der Vermarktung von Pharmaprodukten ist latent. Im schlechten Fall könnte aufgrund dieser Überlegungen der Titel 20% fallen (sFr. 2600). Das Kurs/Gewinn-Verhältnis würde dadurch unter 7 fallen, was eine sehr hohe Risikoprämie beinhaltet, und die Dividendenrendite würde auf 2,7% steigen.

Tabelle 10.1 **Aktienbewertung als Grundlage für die Optionsanalyse**

Gesellschaft	Telekurs Symbol Aktie	Preis (sFr.)	Divid. Rendite (89E) (%)	Kurs/ Gewinn (90E)	Positiv			Negativ			Abschlag Namen über Inhaber (%)
					An-stieg (%)	Divid. Rend. (89E) (%)	Kurs/ Gewinn (90E)	Ab-fall	Divid. Rend. (89E) (%)	Kurs/ Gewinn (90E)	
Ciba-Geigy	CIGN	3250	2,2	8,6	40	1,5	12	−20	2,7	6,8	20

Folgende Annahmen liegen der Berechnung des theoretischen Optionenpreises (Black-Scholes-Preis) zugrunde:

Tabelle 10.2 **Grunddaten für die Black-Scholes-Formel**
Preise in sFr.

Aktienpreis	3,250
Strikepreis	3,300
Standardabweichung (Volatilität)	25%
Restlaufzeit	22 Monate
Risikofreier Zinssatz	6,0%

Die beschriebene Option ist nach der Black-Scholes-Methode sFr. 520 wert, was einer Prämie von 18% entspricht. Der Markt ist zurzeit bereit, einen Überpreis von 7% Prämie zu bezahlen (Marktpreis = sFr. 750). Dies wohl aufgrund der Tatsache, dass eine Annahme der Black-Scholes-Formel für diese Art von Option nicht spielt. Die Formel geht davon aus, dass eine perfekte Arbitragemöglichkeit zwischen der Option und der zugrundeliegenden Aktie besteht. Da es sich im vorliegenden Beispiel im Fall der Option um ein Inhaberpapier, im Fall der Aktie aber um ein Namenpapier handelt, ist keine perfekte Arbitrage möglich. Der für die Namenaktie nicht eintragungsfähige Investor ist, sofern er von der tiefer bewerteten Namenaktie profitieren will, auf die Option angewiesen und ist bereit, für die zu erwartende und mögliche sprungartige Korrektur der Kursverhältnisse zwischen Inhaber- und Namenaktie eine zusätzliche Prämie zu bezahlen.

Eine andere Art der Bewertung des Preises der Option kann folgendermassen durchgeführt werden. Übertragen wir die festgelegten Kursziele der Aktie auf die theoretische Bewertung der Option, wird deutlich, dass in dieser Hinsicht das Chancen/Risiko-Profil sehr positiv ausschaut. Dabei werden die zuvor festgelegten Kursziele der Aktie auf die Option übertragen. Ein Anstieg der Ciba-Geigy-Namenaktie um 40% würde einen Anstieg der Option um 125% bedeuten. Das Risiko besteht in einem 60prozentigen Rückgang des Optionspreises, dies im Fall des 20%-Rückgangs der Aktie. Wie zu erwarten, zeigt die untenstehende Aufstellung, dass sich die Prämie bei fallendem Aktienkurs aufbaut und bei steigendem Kurs abnimmt. Die Option ist nach dieser Methode trotz ihrer Überbewertung nach Black-Scholes (eine teilweise Überbewertung wird auch für die Zukunft aufgrund der oben erwähnten Gründe angenommen) als positiv zu beurteilen und erhält in der Bewertung ein dreifaches Plus; siehe folgende Tabelle 10.3.

Tabelle 10.3 **Optionsanalyse mit der Risiko / Gewinn-Methode**

Telekurs Symb. Opt.	Preis Opt. (sFr.)	Marktwert Opt. (Mio. sFr.)	Aktie (Mio. sFr.)	Termin-Markt	Gibt das Recht Anz. Aktien	Strike-preis M (sFr.)	bis M	bis J	Hebel-wirk. (%)	Prämie Akt. (%)	Theo. (%)	Über-prämie (%)	Positiv An-stieg (%)	Prämie (%)	Negativ Ab-fall (%)	Prämie (%)	Bewer-tung
CIGI	750	225	975	Ja	1	3300	6	91	2,8	25	18	7	125	10	-60	38	+++

Strategien für Optionenportefeuilles

Sehen wir von den finanziellen und persönlichen Grenzen eines Anlegers ab, können wir die Strategien identifizieren, welche auf lange Sicht über dem Durchschnitt liegende Resultate erzielen. Gute Ergebnisse werden mit Strategien erreicht, welche den Zeitwert verkaufen und mit diesem eine Art Prämieneinkommen erzielen. Eine Voraussetzung für die Anwendung dieser Strategien besteht darin, dass der Schreiber von Optionen nicht verpflichtet ist, den Basiswert zu besitzen. Ständige Überwachung und sukzessives Anpassen der Optionsposition sind aber unerlässlich. Zudem bedarf es grosser finanzieller Reserven, um eine eventuelle besonders unvorteilhafte Entwicklung des Preises des Basiswertes zu überbrücken. In einem späteren Teil dieses Kapitels werden wir eingehend erläutern, wie diese Strategien angewendet und überwacht werden. Beispielsweise werden wir den Leerverkauf von Optionen mit sukzessiver Anpassung, Ratio-Spreads mit sukzessiver Anpassung und das Ausstellen von Straddles beschreiben.

Eine weitere Gruppe von Strategien, mit welchen auf lange Sicht gute Resultate erzielt werden können, sind Gegenstand eines weiteren Abschnittes. Sie beinhalten ein begrenztes Risiko und gleichzeitig eine gewisse, aber relativ kleine Wahrscheinlichkeit grosser Gewinne. Kleine, stetig anfallende Verluste werden durch grosse, aber seltene Gewinne aufgewogen. Ein Portefeuille dieser Art enthält relativ wenig Optionen. Eine dieser Strategien baut beispielsweise auf dem Grundsatz auf, dass 90% des Wertes des Portefeuilles risikofrei angelegt werden und der verbleibende Rest des Kapitals in den Optionenmarkt investiert wird. Diese Strategie werden wir die 90:10 Portefeuille-Strategie nennen.

In einem weiteren Abschnitt werden wir 3 Kombinationsstrategien analysieren, welche den Kauf und Verkauf von Calls und Puts mit verschiedenen Strikepreisen und Verfalltagen kombinieren. Der gemeinsame Nenner dieser drei Strategien findet sich im begrenzten Risiko, dem kleinen Investitionsbedarf und der ziemlich kleinen Wahrscheinlichkeit, grosse Gewinne zu erzielen. Diese Strategien, die sogenannten Zeitkombinationsstrategien, sind relativ komplex und nicht für alle Anleger geeignet.

Als dritte Gruppe von Strategien analysieren wir Positionen, mit welchen mit hoher Wahrscheinlichkeit begrenzte Gewinne erzielt werden können. Diese Gruppe von Strategien werden wir am Beispiel des gedeckten Schreibens von Calls erläutern.

Wir werden abschliessend darlegen, dass längerfristig betrachtet reine Spekulationsstrategien, wie der Kauf von out-of-the-money Optionen oder verschiedene Typen von Spreads, weniger attraktiv sind als die im folgenden beschriebenen Strategien.

Optionsstrategien, geordnet nach Risiko

1) Verkauf des Zeitwertes (kleines Risiko)
2) Kleine Verluste mit grosser Wahrscheinlichkeit, kombiniert mit grossen potentiellen Gewinnen mit kleiner Wahrscheinlichkeit
3) Relativ gute Gewinne mit grosser Wahrscheinlichkeit, aber gleichzeitig grosse Verlustrisiken mit kleiner Wahrscheinlichkeit
4) Reine Optionskäufe (grosses Risiko)

Für den Marktteilnehmer, der während längerer Zeit die Marktentwicklung besser vorhersagen kann als die anderen, ist diese Rangordnung von untergeordneter Bedeutung. Er sollte ohne Rücksicht auf das Risiko die Strategie mit dem grössten Gewinnpotential wählen. Für denjenigen hingegen, welcher längerfristig damit zufrieden ist, eine etwas über dem Marktdurchschnitt liegende Rendite zu erzielen, sind die folgenden Strategien von Interesse.

Strategien, welche auf dem Verkauf des Zeitwertes aufbauen

Eine dieser Strategien ist der Leerverkauf von Optionen mit sukzessiver Anpassung.

Bei dieser Strategie schreibt der Anleger einen Call mit einem möglichst hohen Zeitwert, d.h. eine at-the-money Option. Der erhaltene Zeitwert entschädigt den Aussteller der Option sozusagen für das Risiko einer für ihn negativen Preisentwicklung, in diesem Fall gegen einen Preisanstieg des Basiswertes. Fällt der Preis des Basiswertes oder bleibt er unverändert, so realisiert der Anleger den gesamten Zeitwert, den er anfangs erhalten hat, als Gewinn. Da er den Call zudem leer verkauft hat, kann er beim Abfallen des Preises des Basiswertes nichts verlieren.

Nach einem Preisabfall kann der Aussteller die verkauften Optionen zu einem tieferen Preis zurückkaufen und anschliessend neue at-the-money Optionen ausstellen. Das Schliessen der Position und das Schreiben von neuen Optionen sollte nur vorgenommen werden, wenn der Preisfall gross genug war und somit der Zeitwert der ausgestellten Optionen stark gesunken ist. Ist dies nicht der Fall, schreibt die Strategie vor, dass der Anleger zuwartet und auf diese Weise den verbleibenden Zeitwert einlöst. Auch bei einer für den Schreiber einer Option positiven Preisentwicklung sollte er mit dem Schliessen seiner Position vorsichtig sein, da der Zeitwert mit näherrückendem Verfall der Option schnell abnimmt. Optionspositionen zu schliessen ist nur empfehlenswert, wenn sie gegen neue Optionen mit höherem Zeitwertverlust pro Zeiteinheit ausgetauscht werden können.

Ist die Preisentwicklung des Basiswertes aber positiv, was für den Aussteller von geschriebenen und ungedeckten Calls einen Nachteil darstellt, wird die Option dann zurückgekauft, wenn der Preis des Basiswertes in der Nähe des nächst höheren Strikepreises der gleichen Optionsserie liegt. Gleichzeitig werden soviele neue at-the-money Calls geschrieben, dass der Verlust des Rückkaufs der Optionen gedeckt ist und der ursprüngliche positive Cash-flow wieder hergestellt werden kann. Der Verlust aus dem Rückkauf der ersten ausgestellten Optionen sollte kleiner sein als der Unterschied zwischen den Strikepreisen, da der Zeitwert der zurückgekauften ehemaligen at-the-money Optionen, da diese jetzt in-the-money sind, gefallen sein sollte.

Tabelle 10.4 **Das Ausstellen von ungedeckten Optionen mit sukzessiver Anpassung**

Ausgangsposition: 1000 geschriebene Calls à DM 8
Zu Beginn erhaltener Erlös: DM 40 000 (1000 × 5 × 8)

Alternative 1	Alternative 2
Der Preis des Basiswertes fällt:	Der Preis des Basiswertes steigt:
Keine Transaktion	Überrollen: Rückkauf der 1000 Calls zu DM 16 Kosten: DM 80 000 (1000 × 5 × 16) Schreiben von 3200 at-the-money Calls zum Preis von DM 5 Einnahmen: DM 80 000 (3200 × 5 × 5) Nach dieser Transaktion ist die ursprüngliche Höhe des erhaltenen Cash-Flows wieder intakt.

Die Methode, die hier beschrieben wurde, das Zurückkaufen und Ausstellen von neuen Optionen auf einem höheren Niveau, wird Überrollen der Position genannt. Wenn der Preis des Basistitels weiter steigt, wird die Position von neuem überrollt. Das Ziel ist, bei jedem Überrollen durch das Schreiben neuer Optionen gleich viel Nettoeinkommen zu erreichen, wie für den Rückkauf der ausstehenden Position ausgegeben werden muss. Mit jedem Anstieg des Preises des Basistitels über das nächste Strikepreisniveau hinaus steigt die Anzahl der geschriebenen Optionen und das damit verbundene Risiko.

Die Methode erinnert an die Roulettestrategie, bei welcher auf eine Farbe gesetzt wird und beim Verlust des Einsatzes in der nächsten Runde der Einsatz verdoppelt wird. Diese Roulettestrategie beruht auf der Annahme, dass früher oder später die gewählte Farbe kommt und dadurch der ursprüngliche Einsatz verdoppelt werden kann. Genau wie bei der Roulettestrategie erfordert das Durchführen der beschriebenen Optionsstrategie eine gewisse finanzielle Stärke. Es gibt jedoch einen wesentlichen Unterschied: Bei der beschriebenen Optionsstrategie wirkt sich der Zeitwertverfall immer zugunsten des Schreibers von Optionen aus. Ebenfalls unterschiedlich gestaltet sich die Preisentwicklung des Basiswertes, der nach starken Preisanstiegen die Tendenz hat, für eine gewisse Zeit zu stagnieren. Die Strategie ist nicht ohne Risiko, entspricht statistisch gesehen aber jener Strategie, die längerfristig die regelmässigsten Gewinne einträgt. Das grösste Risiko besteht in der Wahl des Zeitpunkts zum Überrollen der Position.

Die Strategie ist insbesondere dann attraktiv, wenn der Markt sich stark bewegt (hohe Volatilität) und der Zeitwert von Optionen generell eher hoch ist. Der Anwender dieser Strategie sollte relativ ruhige Perioden meiden, da ein Anstieg der Preisvolatilität des zugrundeliegenden Wertes den Zeitwert erhöht.

Eine zweite Strategie der gleichen Gruppe ist der Ratio-Spread mit sukzessiver Anpassung. Wie im Kapitel 7, Hedging, beschrieben, beinhaltet der Ratio-Spread den Kauf und Verkauf von Optionen der gleichen Art (Calls oder Puts) unter Beibehaltung der Deltaneutralität. Ein Ratio-Spread kann beispielsweise aus dem Kauf einer in-the-money Option mit einem Deltawert von 0.75 und dem gleichzeitigen Verkauf von drei out-of-the-money Optionen mit dem Deltawert von 0.25 bestehen. Wird der Ratio-Spread mit Calls durchgeführt, kauft der Anleger beispielsweise einen Call mit dem Deltawert 0.75 und schreibt gleichzeitig drei Calls mit Deltawert 0.25. Der erworbene Call ist in-the-money und die geschriebenen Optionen sind zumindest anfänglich out-of-the-money. Der Zeitwert der gekauften Option ist nur unwesentlich verschieden von demjenigen der geschriebenen Option. Dies bedeutet, dass der Anleger etwa dreimal mehr Zeitwert verkauft, als er kauft. Bleibt der Preis des Basiswertes unverändert, verliert der Anleger den gekauften Zeitwert und gewinnt gleichzeitig den höheren verkauften. Das ist das Ziel dieser Strategie.

Tabelle 10.5 **Ratiospreading**

	Deltawert der Option	Deltawert der Position
Eingangswert der Position:		
1 gekaufter in-the-money Call	+0,75	+0,75
3 geschriebene out-of-the-money Calls	−0,25	−0,75
Deltawert der Gesamtposition		0,00

Preisveränderungen des Basiswertes bedeuten, dass der Anleger die Position verändern muss, um den gleichen Ertrag zu erzielen. Fällt der Preis des Basiswertes, wird der Wert des gekauften Calls fallen. Dies wird durch das Fallen der geschriebenen Calls aufgewogen. Fällt der Preis des Basiswertes sehr stark, wird die gesamte Position nach unten überrollt. Der erworbene Call wird verkauft und ein neuer mit tieferem Strikepreis gekauft. Gleichzeitig werden die geschriebenen Optionen zurückgekauft und neue mit einem tieferen Strikepreis geschrieben. Bei kleineren Bewegungen des Preises des Basiswertes genügen kleine Anpassungen der Position. Es kann beispielsweise nur die eine Seite der Position nach unten überrollt werden, indem weitere Optionen mit tieferem Strikepreis geschrieben werden.

Nehmen wir umgekehrt an, der Preis des Basiswertes steige, so dass der Deltawert für die gekaufte Option auf 0,8 steigt und für die geschriebenen Optionen auf –0.4 fällt. Neu hat die Gesamtposition einen Deltawert von –0.4. In dieser Situation ist es von Vorteil, die Position nicht zu überrollen, da der Wiederanschaffungswert der ausgestellten Optionen höher liegt als der Erlös aus dem ursprünglichen Schreiben der Optionen. Besser wäre, einen weiteren Call mit Deltawert 0,8 zu kaufen und gleichzeitig eine weitere Option mit dem Deltawert 0,4 zu schreiben. Dadurch steigt der Deltawert sowohl der gekauften als auch der geschriebenen Optionsposition auf 1,6. Zudem wird durch diese Operation wiederum mehr Zeitwert verkauft als gekauft. Sollte der Preis des Basiswertes weiter steigen, wird die Position nochmals ausbalanciert. Da dadurch die verhältnismässige Anzahl der gekauften Optionen steigt, reagiert die Position empfindlicher auf einen möglicherweise nachfolgenden Fall des Basiswertes und muss daher auf dieser Seite stärker überwacht werden.

Tabelle 10.6 **Ratiospreading mit sukzessiver Anpassung**

	Deltawert der Option	Deltawert der Position
Die Position, nachdem der Preis des Basiswertes gestiegen ist:		
1 gekaufter in-the-money Call	+0,8	+0,8
3 geschriebene out-of-the-money Calls	−0,4	−1,2
Deltawert der totalen Position nach der Preisveränderung		−0,4
Anpassungen:		
Kauf 1 in-the-money Call	+0,8	+0,8
Schreiben 1 out-of-the-money Call	−0,4	−0,4
Der Einfluss der Anpassung auf den Deltawert		+0,4
Die Position nach der Anpassung:		
2 gekaufte in-the-money Calls	+0,8	+1,6
4 geschriebene out-of-the-money Calls	−0,4	−1,6
Neuer Deltawert der Gesamtposition		0,0

Diese Methode führt dazu, dass andauernd mehr Zeitwert verkauft als gekauft wird und die Position gleichzeitig kontinuierlich gedeckt ist. Zudem wird das Portefeuille so ausbalanciert, dass die Deltaneutralität erhalten bleibt. Da der Zeitwert am Verfalltag sicher null sein wird, arbeitet die Zeit für den Anleger. Der gesamte Gewinn besteht im Verfall des Zeitwertes, da mit fortlaufend deltaneutralen Positionen kein Gewinn aufgrund von Bewegungen des Basiswertes gemacht werden kann. Die notwendigen kontinuierlichen Anpassungen bringen es mit sich, dass die Strategie viel Arbeit erfordert und dass ein Teil des erwarteten Gewinns durch die Transaktionskosten aufgebraucht wird.

Der Zeitpunkt für das Einnehmen der Position muss wie erwähnt so gewählt werden, dass ein relativ grosser Zeitwert verkauft wird. Beim Verfolgen der Entwicklung der implizierten Standardabweichungen von Optionen über die Zeit können Perioden mit hohem Zeitwert entdeckt werden. Treten solche auf, sollte die beschriebene Strategie einen noch höheren Gewinn abwerfen.

Diese Strategie beinhaltet mehr Arbeit als die vorangehend beschriebene (schreiben von ungedeckten Optionen mit sukzessiver Anpassung). Andererseits ist die finanzielle Stärke etwas weniger wichtig. Das Risiko liegt vor allem darin, dass grosse Preissprünge die Anpassung der Position verunmöglichen und die Deltaneutralität der Position gefährden.

Eine dritte Strategie in der Kategorie der Zeitwertstrategien ist das Schreiben eines Straddles. Das Ratiospreading, welches eben beschrieben wurde, erinnert sehr an den Straddle. Dieser wird ähnlich gehandhabt. Die einfachste Art, einen Straddle auszustellen, ist das Schreiben eines at-the-money Calls und eines at-the-money Puts. Eine ebenbürtige Kombination entstünde durch das Schreiben von Calls und den gleichzeitigen Kauf des Basiswertes. Vergleichbar wäre auch das Schreiben von Puts und der Leerverkauf des Basiswertes. In beiden Fällen müssten doppelt so viele Optionen wie Basiswerte gewählt werden, da der Deltawert von at-the-money Optionen immer 0,5 beträgt. Wie der Straddle konkret zusammengesetzt wird, ist nicht von allzu grosser Bedeutung.

Tabelle 10.7 **Straddle**

	Deltawert der Option	Deltawert der Position
Ursprüngliche Zusammensetzung der Position		
1 geschriebener at-the-money Call	−0,5	−0,5
1 geschriebener at-the-money Put	+0,5	+0,5
Deltawert der totalen Position		0,0

Da das Ziel der Strategie darin besteht, lediglich den Zeitwert der Optionen zu verkaufen, muss die Position deltaneutral sein. Das beste Resultat kann durch das Schreiben von sich entsprechenden Calls und Puts im Verhältnis 1:1 erzielt werden.

Der verkaufte Straddle reagiert empfindlich auf Preisschwankungen des Basiswertes nach oben und unten. Aus diesem Grund muss die Position, sobald sich der Preis des Basiswertes ändert, überrollt werden. Steigt der Preis des Basiswertes, wird der Call zurückgekauft und ein neuer at-the-money Call ausgestellt, gleichzeitig wird der Put zurückgekauft und ein neuer ausgestellt. Die entsprechende Transaktion kann auch bei einem Preisfall des Basiswertes durchgeführt werden. Ähnlich wie beim ungedeckten Optionsverkauf kann auch hier die Deltaneutralität durch sukzessive Anpassung erhalten werden; das heisst, um den anfänglich positiven Cashflow aufrecht zu erhalten, wird nur jene Optionsposition überrollt, welche einen Verlust beinhaltet. Da dadurch eine grössere Anzahl Optionen involviert wird, entwickelt sich die Position von einem Straddle zu einem Strangle. Diese Art von Position sollte dann eingenommen werden, wenn der Markt vorübergehend sehr volatil ist. Die Verlustrisiken sind unbegrenzt und wachsen durch die Anpassung der Position weiter an. Die Zeit läuft aber zu Gunsten des Verkäufers der Optionen, und eine gut unterhaltene Position eröffnet eine gute Rendite. Es muss abschliessend nochmals betont werden, dass die oben beschriebenen Strategien (Verkauf von Zeitwert) eine gute Überwachung und nötigenfalls einen bedeutenden Einsatz von Kapital erfordern. Vor allem ohne die notwendige Überwachung können die beschriebenen Strategien unheilvolle Konsequenzen mit sich bringen.

Strategien, welche grosse Gewinne mit kleiner Wahrscheinlichkeit erreichen

Durch das Erstellen eines Portefeuilles, zusammengesetzt aus 90% risikofreien Anlagen und 10% Optionen, wird für 90% des Anlagewertes eine risikofreie (d. h. vom Preis des Basiswertes unabhängige) Verzinsung gelöst. Die Rendite von 10% des Anlagewertes hängt von der Veränderung des Preises des Basiswertes der Option ab. Lediglich 10% der Anlagen sind dadurch einem Marktrisiko des Basiswertes ausgesetzt. Rentiert die Investition in die Optionen im Durchschnitt mit 15%, beträgt das Marktrisiko auf die gesamte Position bezogen 1,5%. Bei ruhigen Marktbedingungen im Basiswert der Option ergeben diese 10% Anlagen in Optionen für das gesamte Portefeuille nur kleinere Gewinne oder Verluste. Bewegt sich aber der Markt stark, kann die Wertzunahme sehr gut sein. Die Strategie kann mit dem Kauf von Wandelobligationen oder Optionsanleihen verglichen werden. Als Grundlage dient eine Rendite aus festverzinslichen Papieren, und gleichzeitig beinhaltet die Konvertierungsmöglichkeit oder die Option bei steigendem Marktpreis unbegrenzte Gewinnmöglichkeiten.

Diese Art von Portefeuille wird im Vergleich zu einem andern, welches nur aus dem Basiswert zusammengesetzt ist, eine verhältnismässig ruhige Wertentwicklung aufweisen. Während Jahren mit hohen Wertzunahmen des Basiswertes wird die Rendite des 90:10 Portefeuilles hoch ausfallen. In Jahren hingegen, in denen der Wert des Basiswertes fällt, führt diese Strategie zu einer bescheidenen, aber immer noch guten Rendite.

Die Strategie erfordert weniger Verwaltungsaufwand, da nur 10% des Portefeuilles intensive und kontinuierliche Überwachung erfordern. Gleichzeitig kann grössere Sorgfalt auf die Auswahl der Basistitel gelegt werden. Auch die Transaktionskosten werden bei dieser Strategie reduziert.

Die Höhe der Exponierung gegenüber den Wertveränderungen des Basistitels hängt wesentlich davon ab, ob die Investition in 180tägigen oder 90tägigen Optionen vorgenommen wird. Wenn das Optionenportefeuille maximal 10% des Risikokapitals ausmachen darf, bedeutet dies, dass 5% des Kapitals in 180tägigen Optionen investiert werden können oder 2,5% in 90tägigen Optionen. Die letztere Investitionsart muss 4mal pro Jahr durchgeführt werden, und jedesmal wird das gesamte Kapital riskiert. Aus diesem Grund spielt die durchschnittliche Laufzeit der Option eine bedeutende Rolle.

Tabelle 10.8 Gleiche Risiken unter Berücksichtigung der Laufzeit der Option

5% des Kapitals wird in Optionen mit einer Laufzeit von 180 Tagen investiert = 10% Kapitalrisiko	2,5% des Kapitals wird in Optionen mit einer Laufzeit von 90 Tagen investiert = 10% Kapitalrisiko	0,83% des Kapitals wird in Optionen mit einer Laufzeit von 30 Tagen investiert = 10% Kapitalrisiko

Diese Risikoberechnungsmethode ist sehr schablonenhaft; sie berücksichtigt lediglich die Laufzeit, während beispielsweise der Deltawert der Option gänzlich vernachlässigt wird. Die Verwendung des Deltawertes als Mass des Risikos wäre wohl richtiger, gleichzeitig aber weniger sicher und umständlicher zu berechnen.

In regelmässigen Abständen muss die Aufteilung zwischen den risikofreien und risikobehafteten Anlagen neu vorgenommen werden. Verdoppelt sich der Wert der Optionen bei gleichzeitigem Stillstand der übrigen

Anlagen und einem ursprünglichen Wert der Optionen von 10% des eingesetzten Gesamtkapitals, steigt der Anteil der Optionen auf nahezu 20%. In diesem Fall sollten Optionen abgestossen werden und weitere Mittel den risikofreien Investitionen zugeführt werden. Dadurch wird die Aufteilung zwischen den beiden Investitionsarten wieder hergestellt. Fällt der Wert der Option, sollten hingegen Mittel von der risikofreien zur risikobehafteten Anlage überführt werden. Es ist ratsam, gewisse Zeitintervalle für die Anpassung der Verteilung zwischen den beiden Kategorien festzulegen.

Die eben beschriebene Strategie ist nicht sehr komplex und eignet sich ausgezeichnet als Alternative zu einem Portefeuille, das nur aus dem Basiswert besteht. Die Strategie ist konservativ und verfolgt die Absicht, das investierte Kapital über eine längere Zeitperiode zu einem etwas über dem Markt liegenden Zinssatz zu verzinsen. Die geringen Transaktionskosten und die kleine Belastung mit Überwachungsarbeiten, welche bei Anwendung dieser Strategie anfallen, machen dieses 90:10 Portefeuille sehr attraktiv.

Nachstehend wollen wir drei Anlagestrategien des Zeitwertverkaufs präsentieren, bei denen der Anleger eine Kombination von Calls und Puts mit langer Laufzeit kauft und gleichzeitig eine Kombination von Optionen mit kurzer Laufzeit schreibt. Da der gekaufte Zeitwert bei dieser Strategie relativ klein ist, bleibt das Verlustrisiko begrenzt. Der Zeitwert der kurz laufenden verkauften Optionenkombination nimmt schneller ab als derjenige der lang laufenden Kombination. Eine Investition von 10% des Kapitals in diese Art von Optionenkombination und 90% in risikofreie Titel ergibt, über eine längere Zeit betrachtet, eine sehr gute Verzinsung.

Eine dieser Zeitkombinationen ist die in der Abbildung 10.1 beschriebene Stranglekombination. Ein Strangle mit kurzer Laufzeit wird geschrieben und spiegelbildlich ein Strangle mit längerer Laufzeit gekauft. Die Nettoinvestion besteht aus der Differenz der Zeitwerte der beiden Kombinationen, d.h. es ist ein sehr bescheidener Investitionsbetrag notwendig. Bleibt der Preis des Basiswertes bis zum Verfall der Optionen in der Bandbreite der Strikepreise des geschriebenen Stranglas, bedeutet dies, dass der Cashflow aus dem Schreiben des Stranglas mit der kürzeren Laufzeit die anfänglichen Kosten des gekauften Stranglas reduziert. Eine andere Strategie besteht darin, den gekauften Strangle am Verfalldatum des kürzer laufenden Stranglas auch zu liquidieren. Dies führt zu einem positiven Cashflow. Eine weitere Alternative besteht darin, den länger laufenden Strangle zu behalten und auf eine Preisänderung zu warten, da bei vorhergehender ruhiger Marktentwicklung die verbleibenden Calls oder Puts sozusagen gratis übrig bleiben.

Als Voraussetzung zur Realisation des optimalen Gewinnes muss gelten, dass der geschriebene Strangle wertlos verfällt. Der bezahlte Nettobetrag repräsentiert gleichzeitig den maximalen Verlust. Wird der gekaufte Strangle glattgestellt, sobald der geschriebene verfällt, kann der bezahlte Nettobetrag beim Eingehen der Position um den Restzeitwerterlös aus dem Verkauf der länger laufenden Optionen reduziert werden. Unabhängig von der Preisentwicklung des Basiswertes wird bei den verbleibenden Optionen ein gewisser Zeitwert bestehen bleiben. Bei der Aufaddierung aller Cashflows am Verfalltag der kürzer laufenden Optionen (Abbildung 10.1) erhält man eine Resultatkurve, welche sich in Abhängigkeit vom Preis des Basiswertes asymptomatisch dem maximalen Verlust nähert.

Tabelle 10.9 **Stranglekombination**

Die Position:	
1 out-of-the-money Call mit Strikepreis B[1]	Schreiben mit Verfall März
1 out-of-the-money Put mit Strikepreis A[1]	Schreiben mit Verfall März
1 out-of-the-money Call mit Strikepreis B[1]	Kauf mit Verfall Juni
1 out-of-the-money Put mit Strikepreis A[1]	Kauf mit Verfall Juni

[1] Strikepreis in Abbildung 10.1

In zeitlicher Hinsicht sollte der Anleger aus den früher erwähnten Gründen eine Periode abwarten, in der vorerst eine grosse Preisvolatilität und im Anschluss daran eine stabilere Phase erwartet wird.

Wenn der Strangle mit der längeren Laufzeit nach Verfall der kürzer laufenden Optionen nicht liquidiert wird, ist der Ertrag dieser Kombination um so besser, je kleiner die Preisbewegung des Basiswertes bis zum Verfall des kürzer laufenden Strangles ausfällt und je höher die Volatilität des Basiswertes nach dessen Verfall ist.

Glaubt der Anleger zu wissen, dass sich die Preisentwicklung in Zukunft über eine gewisse Zeitperiode beruhigen wird, sollte mit Optionen unterschiedlicher Verfalldaten eine Straddleposition anstelle einer Stranglekombination aufgebaut werden. Das Gewinn/Risiko-Diagramm entspricht in den Grundzügen demjenigen der Stranglekombination. Der Unterschied liegt darin, dass die Straddlekombination im Gegensatz zur Stranglekombination auch auf Preisveränderungen reagiert, welche vor dem Verfall der Optionen mit kürzerer Laufzeit eintreten. Bei einem Vergleich der zwei Strategien muss festgestellt werden, dass bei Straddlekombinationen häufi-

Abbildung 10.1 **Stranglekombination**

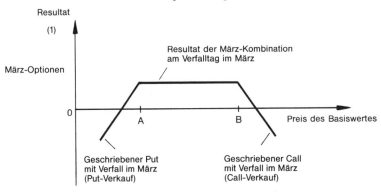

Resultat
(1)

März-Optionen

0

A   B   Preis des Basiswertes

Resultat der März-Kombination
am Verfalltag im März

Geschriebener Put
mit Verfall im März
(Put-Verkauf)

Geschriebener Call
mit Verfall im März
(Call-Verkauf)

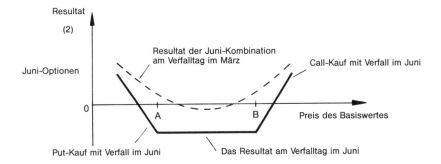

Resultat
(2)

Juni-Optionen

0

A   B   Preis des Basiswertes

Resultat der Juni-Kombination
am Verfalltag im März

Call-Kauf mit Verfall im Juni

Put-Kauf mit Verfall im Juni

Das Resultat am Verfalltag im Juni

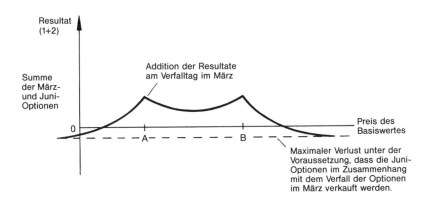

Resultat
(1+2)

Summe
der März-
und Juni-
Optionen

0

A   B   Preis des
Basiswertes

Addition der Resultate
am Verfalltag im März

Maximaler Verlust unter der
Voraussetzung, dass die Juni-
Optionen im Zusammenhang
mit dem Verfall der Optionen
im März verkauft werden.

ger ein Verlust eintreten kann, aber gleichzeitig auch Chancen auf höhere Gewinne bestehen. Bei einer Straddlekombination sollte die Laufzeit der kürzer laufenden Option kürzer gewählt werden, da mit der Position auf eine baldige Änderung der Volatilität des Basiswertes spekuliert wird.

Tabelle 10.10 **Straddlekombination**

Die Position:	
1 at-the-money Call mit Strikepreis A[1]	Schreiben mit Verfall März
1 at-the-money Put mit Strikepreis A[1]	Schreiben mit Verfall März
1 at-the-money Call mit Strikepreis A[1]	Kauf mit Verfall Juni
1 at-the-money Put mit Strikepreis A[1]	Kauf mit Verfall Juni

[1] Strikepreis in Abbildung 10.2

Die dritte Zeitkombination, die in den gleichen Zusammenhang gestellt werden kann, ist der Time-Butterfly. Die Strategie beinhaltet einen geschriebenen Straddle mit kurzer Laufzeit und den gleichzeitigen Kauf eines länger laufenden Strangles. Da die gekauften Optionen weniger Rechte als die geschriebenen beinhalten, entsteht beim Eingehen der Position ein positiver Cashflow. Abhängig von der Wahl der Strikepreise, wird dieser Cashflow verschieden hoch ausfallen.

Die Strategie hat dann Erfolg, wenn der Preis des Basiswertes am Verfalltag der geschriebenen Optionen unverändert ist. Trifft dies ein, konnten die gekauften Optionen, finanziert durch die geschriebenen Optionen, gratis erworben werden. Das maximale Verlustrisiko besteht in der Differenz der Strikepreise zwischen den geschriebenen und gekauften Optionen in Richtung der Kombination, gegen welche sich der Preis des Basiswertes verändert. Dieser negative Nettobetrag muss um den anfänglich erhaltenen Cashflow und den Zeitwert reduziert werden, welcher beim Wiederverkauf der gekauften Optionen gelöst wird. Dies setzt natürlich voraus, dass die gekauften Optionen mit der langen Laufzeit im Verfallzeitpunkt der kurz laufenden Optionen verkauft werden.

Abbildung 10.2 **Straddlekombination**

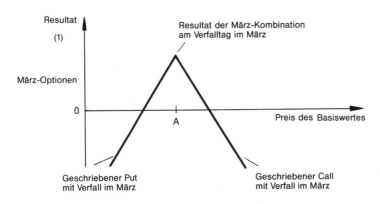

Resultat
(1)

März-Optionen

Resultat der März-Kombination
am Verfalltag im März

0

A

Preis des Basiswertes

Geschriebener Put
mit Verfall im März

Geschriebener Call
mit Verfall im März

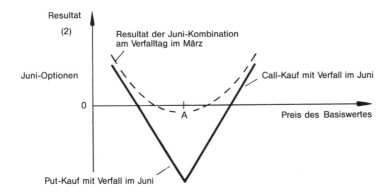

Resultat
(2)

Juni-Optionen

Resultat der Juni-Kombination
am Verfalltag im März

0

A

Preis des Basiswertes

Call-Kauf mit Verfall im Juni

Put-Kauf mit Verfall im Juni

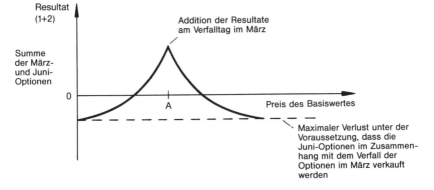

Resultat
(1+2)

Summe
der März-
und Juni-
Optionen

Addition der Resultate
am Verfalltag im März

0

A

Preis des Basiswertes

Maximaler Verlust unter der
Voraussetzung, dass die
Juni-Optionen im Zusammen-
hang mit dem Verfall der
Optionen im März verkauft
werden

209

Die Position:	
1 at-the-money Call mit Strikepreis B[1]	Schreiben mit Verfall März
1 at-the-money Put mit Strikepreis B[1]	Schreiben mit Verfall März
1 out-of-the-money Call mit Strikepreis C[1]	Kauf mit Verfall Juni
1 out-of-the-money Put mit Strikepreis A[1]	Kauf mit Verfall Juni

[1] Strikepreis in Abbildung 10.3

Abschliessend muss erwähnt werden, dass der Anleger verschiedene Zeit-kombinationen (Verkauf von Zeitwert) vor allem dann mit Erfolg anwenden kann, wenn er frei genug ist, den richtigen Zeitpunkt für das Einnehmen der Position abzuwarten. Durch die fortwährende Überwachung der Position kann eine gute und relativ gesicherte Rendite des eingesetzten Kapitals erzielt werden. Zudem kann der Einbezug von nicht marktkonformen Preisen wesentlich zu Resultatverbesserung beitragen.

Gedecktes Ausstellen von Calls

Diese Strategie ist für den Portefeuilleverwalter, welcher Optionen zu Anlagezwecken benützt, die wohl am häufigsten eingenommene Position. Der erzielte Preis für das Schreiben (Verkaufen) der Option kann in Höhe des Zeitwertes der Option als Verbesserung der Rendite des Portefeuilles betrachtet werden. Der gelöste (verkaufte) Zeitwert ergibt einen positiven Cashflow, was auf längere Sicht hinaus bedeutet, dass eine höhere Rendite für das Gesamtportefeuille erzielt wird. Konkret beinhaltet das Schreiben des Calls für den Besitzer des Basiswertes, dass dieser einen Teil seiner Gewinnchancen an einen anderen Marktteilnehmer verkauft und dafür sofort bezahlt wird, was einer Art Teilrealisation entspricht.

Der erzielte Erlös aus dem Schreiben der Optionen wird fälschlicherweise oft als direkter Ertrag betrachtet. Es wäre besser, diesen Cashflow als Schutz für das Kursrisiko des Basistitels anzusehen. Die Transaktion beinhaltet somit sowohl Schutz als auch Teilrealisation bei gleichzeitiger Reduktion der Gewinnchancen.

Im Zusammenhang mit dem gedeckten Optionsverkauf ist die Wahl der Höhe des Strikepreises der ausgestellten Option von grosser Bedeutung. Der Anleger, welcher vor allem out-of-the-money Optionen schreibt, erhält einen im Verhältnis zum Preis des Basiswertes kleinen Erlös und erzielt damit einen relativ kleinen Schutz gegen das Kursrisiko des Basistitels. Als

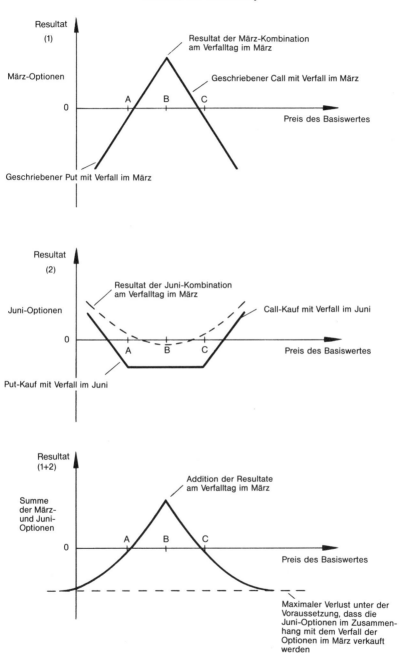

Abbildung 10.3 **Timebutterfly**

Resultat (1)

März-Optionen

Resultat der März-Kombination am Verfalltag im März

Geschriebener Call mit Verfall im März

0

A   B   C

Preis des Basiswertes

Geschriebener Put mit Verfall im März

Resultat (2)

Juni-Optionen

Resultat der Juni-Kombination am Verfalltag im März

Call-Kauf mit Verfall im Juni

0

A   B   C

Preis des Basiswertes

Put-Kauf mit Verfall im Juni

Resultat (1+2)

Summe der März- und Juni-Optionen

Addition der Resultate am Verfalltag im März

0

A   B   C

Preis des Basiswertes

Maximaler Verlust unter der Voraussetzung, dass die Juni-Optionen im Zusammen-hang mit dem Verfall der Optionen im März verkauft werden

Entschädigung behält er einen grösseren Teil eines eventuellen Kursanstieges. In-the-money Optionen bedeuten andererseits einen grösseren Schutz gegen das Kursrisiko und einen kleinen Anteil an einem Kursgewinn des Basiswertes.

Als Diversifikationsstrategie ist es für den Anleger vielfach interessant, gleichzeitig in-the-money und out-of-the-money Optionen zu schreiben. Nicht interessant ist das Schreiben von in-the-money Optionen auf einen Basiswert, von dem man erwartet, dass der Preis dieses Titels in der nächsten Zeit steigt. Lohnenswert ist vielfach eine Kombination von in-the-money und out-of-the-money Optionen auf einen Basiswert, von dem man eine positive Kursentwicklung, aber keine eigentlichen Kurssprünge erwartet. Der gelöste Optionspreis bedeutet einen guten Schutz gegen das Kursrisiko. Steigt der Preis des Basiswertes um den erwarteten mittleren Betrag, kann der Anleger (Schreiber der Optionen) den Teil des Basiswertes, auf den die out-of-the-money Optionen lauten, behalten und gleichzeitig über die gesamte Position eine gute Rendite erwirtschaften.

Die gedeckte Optionsverkaufsstrategie muss auf jeden Fall als konservative Anlagestrategie bezeichnet werden. Da der Basistitel im Besitz des Optionsausstellers ist, beinhaltet die Strategie ein relativ tiefes Risikoniveau. Je höher der innere Wert der ursprünglich verkauften Option, desto konservativer ist die Strategie. Das Schreiben einer Option, die tief in-the-money ist, kommt praktisch einem Verkauf des Basistitels gleich. Das einzige Risiko eines Verlustes bei dieser Strategie liegt darin, dass der Kurs des Basistitels um mehr als den erhaltenen Zeitwert unter den gewählten Strikepreis fällt.

Es gibt weitere Spezialfälle, in denen die gedeckte Optionsverkaufsstrategie angewendet werden sollte. Nehmen wir an, dass einem Portefeuilleverwalter ein grosser Block von strategisch interessanten Aktien angeboten wird. Die generelle Marktlage wird vom Käufer zwar als unattraktiv eingestuft und das momentane Preisniveau als hoch eingeschätzt. Trotzdem will er die Aktien kaufen, da er langfristig an ihnen interessiert ist und der Erwerb dieses Blocks zu einem späteren Zeitpunkt unmöglich wäre. Durch das Schreiben von Calls auf zumindest einen Teil des Basiswertes kann der Käufer sein momentan eingegangenes Risiko reduzieren, ohne auf den Block verzichten zu müssen.

Das Schreiben von gedeckten Calls muss als Verzinsungsstrategie betrachtet werden, bei der der Investor sowohl die Preisentwicklung des Basiswertes als auch diejenige der ausgestellten Optionen berücksichtigen muss. Die Investitionsperiode wird durch die Laufzeit der Optionen bestimmt, und sie kann durch den Rückkauf der Optionen verkürzt werden.

Die Überwachung der Gesamtposition ist dann am wichtigsten, wenn zeitweise offene Positionen bestehen. Fällt der Preis des Basistitels, kann der Portefeuilleverwalter seinen Kursrisikoschutz erhöhen, indem er die früher geschriebenen Optionen zu einem tieferen Preis zurückkauft und gleichzeitig die gleiche Menge Calls mit einem tieferen Strikepreis schreibt. Diese Massnahme führt dazu, dass die Einnahmen aus dem Verkauf der neuen Optionen höher liegen als die Kosten für den Rückkauf der alten und gleichzeitig der Strikepreis gesenkt wird. Diese Strategie ist allgemein unter der Bezeichnung Herunterrollen einer Position bekannt. Eine Alternative besteht darin, Optionen in gleicher Menge mit längerer Laufzeit als die zurückgekauften Optionen zu schreiben. Diese Optionen bringen dem Aussteller wegen ihres höheren Zeitwertes wiederum höhere Einnahmen als die Kosten für den Rückkauf der alten, kürzer laufenden Optionen.

Verläuft die Preisentwicklung des Basistitels hingegen positiv, ist die Ertragssituation des Schreibers der gedeckten Calls ebenfalls positiv. Es müssen aber auch in diesem Fall gewisse Korrekturen vorgenommen werden. Die Preisentwicklung kann so positiv sein, dass der Aussteller der Option im nachhinein seine Optionsstrategie bereut, da er durch das Schreiben der Optionen sein Gewinnpotential eingeschränkt hat. In dieser Situation kann er die Position heraufrollen. Dies bedeutet, dass die früher ausgestellten Optionen zurückgekauft werden und gleichzeitig neue Optionen mit höherem Strikepreis ausgestellt werden. Der Rückkauf der Optionen bedeutet einen Verlust. Durch die neu eingegangene Optionsposition werden wiederum Einnahmen erzielt und gleichzeitig wird die Grenze für potentielle Gewinne hinaufgesetzt.

Als Alternative zum Heraufrollen der Position kann der Schreiber der Optionen natürlich abwarten, bis diese ausgeübt werden, und auf diese Weise den Basiswert zum Strikepreis veräussern. Zusammen mit der Prämie des Schreibens der Optionen und eventuellen Ausschüttungen des Basiswertes (z. B. bei Aktien oder Obligationen) kann die ursprünglich erwartete Verzinsung realisiert werden.

Für das früher beschriebene Beispiel der Option auf die Ciba-Geigy Namenaktie (siehe Tabellen 10.2 und 10.3) sähe die Cashflow-Rechnung für den Schreiber der Optionen, der im Zusammenhang mit den «Covered Options» auch Stillhalter genannt wird, folgendermassen aus (siehe Seite 194 f.):

Tabelle 10.12 **Cashflow-Rechnung der Option auf Ciba-Geigy-Namenaktie für den Stillhalter (Exemplarische Rechnung für 1000 Aktien)**

Preise in sFr.

1989 August	−2 500 000	Kauf von 1000 Ciba-Geigy-Namenaktien à 3250 = −3 250 000 Schreiben von 1000 Optionen auf Ciba-Geigy-Namenaktien à 750 = +750 000
1989 Sept.	0	
1989 Okt.	0	
1989 Nov.	0	
1989 Dez.	0	
1990 Jan.	0	
1990 Feb.	0	
1990 März	0	
1990 April	0	
1990 Mai	+70 000	Dividende 1989 (E) $1000 \times 70 = +70\,000$
1990 Juni	0	
1990 Juli	0	
1990 August	0	
1990 Sept.	0	
1990 Okt.	0	
1990 Nov.	0	
1990 Dez.	0	
1991 Jan.	0	
1991 Feb.	0	
1991 März	0	
1991 April	0	
1991 Mai	+90 000	Dividende 1990 (E) $1000 \times 90 = +90\,000$
1991 Juni	+3 300 000	Verkauf von 1000 Ciba-Geigy-Namenaktien à 3300 = +3 300 000

Abgezinster Nettowert der Investition zu 6,0%: 611 000

Internal Rate of Return: 19,7 (% pro Jahr)

1000 Aktien werden (um dem Beispiel in den Tabellen 10.2 und 10.3 zu entsprechen) im August 1989 zum Preis von sFr. 3250 gekauft; gleichzeitig werden Optionen zum Preis von sFr. 750 geschrieben.

Dadurch entsteht eine Grundinvestition von sFr. 2 500 000. Im Laufe der Jahre 1990 bis 1991 fallen zudem wahrscheinliche Dividendenzahlungen von sFr. 70 000 und 90 000 an. Im Juni 1991 können die Aktien, sofern die Ciba-Geigy-Namenaktie in diesem Zeitpunkt über sFr. 3300 liegt, zu diesem Preis verkauft werden.

Der zu 6,0% abgezinste Nettowert dieser Investition (sFr. 2 500 000) beträgt sFr. 611 000. Die Investition rentiert 19,7% (Internal Rate of Return der Investition), was für die derzeitigen Kapitalmarktverhältnisse in der Schweiz eine gute Risikoprämie beinhaltet.

Die Strategie des gedeckten Schreibens eines Calls entspricht wie erwähnt einer konservativen Strategie. Sie ist je nach Ansetzen des Strikepreises bedeutend weniger risikobehaftet als der reine Kauf des Basiswertes. Die Strategie ist einfach zu handhaben und zu überwachen. Hier liegt auch der Grund, weshalb diese Position eine der am häufigsten angewendeten Optionsstrategien überhaupt ist.

Optionen – ein Mittel zur Veränderung der Verteilung der Portefeuillerendite*

Im vorangehenden Abschnitt haben wir beschrieben, wie durch das Schreiben von gedeckten Optionen die Risiken eines Portefeuilles verschoben werden und gleichzeitig die Möglichkeit von grossen Gewinnen reduziert wird. Werden Optionen mit dem Basiswert kombiniert in einem Portefeuille angelegt, verändert sich dadurch die erwartete Rendite, denn Optionen können dazu verwendet werden, ein Portefeuille mehr oder weniger dem Risiko des Marktes auszusetzen und die erwartete Rendite der Anlagen zu verändern.

Ein Portefeuille, welches nur aus dem Basiswert besteht, wird ein Renditeprofil gemäss Abbildung 10.4 aufweisen. Dabei werden in den folgenden Diagrammen auf der X-Achse die möglichen Renditen des Portefeuilles entsprechend der Kursentwicklung des Basiswertes aufgezeichnet und auf der Y-Achse die Wahrscheinlichkeit des Eintreffens der entsprechenden Rendite abgebildet.

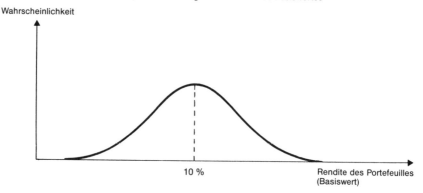

Abbildung 10.4 **Verteilung der Rendite eines Basiswertes**

Wahrscheinlichkeit

10 %

Rendite des Portefeuilles
(Basiswert)

Am wahrscheinlichsten ist für das hier gewählte Portefeuille, wie aus dem Diagramm hervorgeht, eine Rendite von 10%. Durch das Schreiben eines Calls auf das Portefeuille wird das Renditeprofil des Portefeuilles wie folgt verändert:

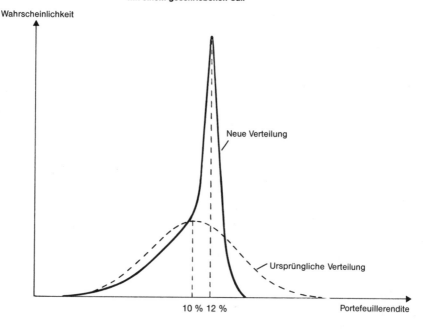

Abbildung 10.5 **Verteilung der Rendite des Basiswertes in Kombination mit einem geschriebenen Call**

Wahrscheinlichkeit

Neue Verteilung

Ursprüngliche Verteilung

10 % 12 %

Portefeuillerendite

216

Die genaue Form des neuen Renditeprofiles hängt vom gewählten Strike-preis des geschriebenen Calls ab. Die wahrscheinlichste Rendite beträgt jetzt 12% an Stelle von 10%. Dies aufgrund des aus dem Verkauf der Option erzielten Erlöses. Die maximale Rendite ist im Unterschied zu vorher begrenzt, gleichzeitig wurde aber das Risiko, dass eine tiefere Rendite anfällt, gesenkt, da der erhaltene Ertrag aus dem Optionenverkauf als eine Art Versicherung gegen den Kursfall des Basiswertes wirkt.

Durch den Kauf von Puts in der Anzahl der vorhandenen Basiswerte wird ebenfalls für das gesamte Portefeuille ein Schutz gegen das Kursrisiko gewonnen. Im Effekt entspricht diese Position dem Spiegelbild der Position mit den geschriebenen Calls.

Abbildung 10.6   **Verteilung der Rendite des Basiswertes in Kombination mit einem Put-Kauf**

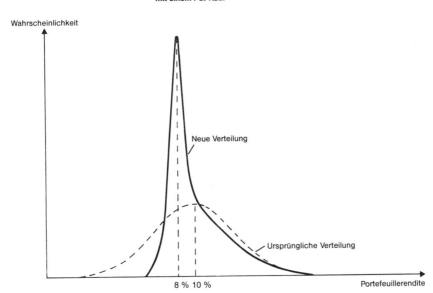

Die erwartete Rendite sinkt zwar von 10% auf 8%, gleichzeitig ist aber die Absicherung nach unten bedeutend grösser, und es wird fast das gesamte Gewinnpotential beibehalten.

Das Risiko des Portefeuilles kann auch beidseitig minimiert werden, indem gleichzeitig Calls auf das gesamte Portefeuille geschrieben und Puts in entsprechender Anzahl gekauft werden. Das Resultat ist ein verengtes Renditeprofil. Gleichzeitig wird das Risiko des Portefeuilles kleiner.

217

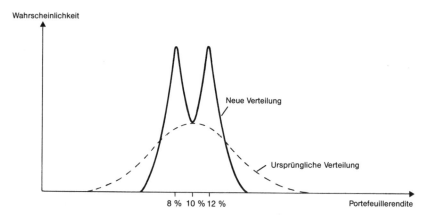

Für dieses oben beschriebene Portefeuille sind sowohl die Gewinnchancen als auch die Verlustrisiken stark eingegrenzt.

Wir haben in diesem Abschnitt gezeigt, wie der Verwalter eines Portefeuilles Optionen für seine Zwecke verwenden kann. Die Funktion der Option besteht dabei darin, auf einfache und effiziente Art das Risiko des Basiswertes von einem Marktteilnehmer auf den anderen zu übertragen. Optionen als Anlageinstrument in die Portefeuilleverwaltung einzubeziehen, bezweckt eine Verschiebung des Renditeprofils. Durch das Schreiben von Calls kann der Anleger ein Renditeprofil schaffen, welches seine Erwartungen in bezug auf den Markt exakt widerspiegelt. Die Grundidee müsste darin bestehen, dass sich der Portefeuilleverwalter nie auf das Resultat der einzelnen Optionstransaktion, sondern lediglich auf deren Einfluss auf das Portefeuille als Ganzes konzentriert.

Optionen mit hohem innerem Wert

Optionen mit einem hohen inneren Wert finden spezielle Anwendungsgebiete. Der Anleger, der die Absicht hat, eine Aktie zu kaufen, kann nahezu den gleichen Effekt durch das Schreiben eines Puts mit hohem innerem Wert erreichen. Dies hat zur Folge, dass die Aktie zu einem tieferen Preis als zum momentanen Marktpreis gekauft wird. Beim Rückkauf des geschriebenen Puts oder dem «Bezug» der Aktien kann der Aussteller in den meisten Fällen einen Zeitwertgewinn realisieren. Der grosse Vorteil dieser Strategie besteht darin, dass der Schreiber des Puts seine liquiden Mittel nicht vor dem Einlösen der Aktien benötigt, was bei einem Liquiditätsengpass vorübergehend helfen kann. Andererseits können freie Mittel festverzinslich angelegt werden. Auf jeden Fall profitiert der Anleger von positiven Kursbewegungen der Aktie. Die Methode ist dann nicht vorteilhaft, wenn der Aktienkurs so stark steigt, dass sich der ursprüngliche in-the-money Put in einen out-of-the money Put verwandelt. Trifft dies ein, wird der Optionsbesitzer sein Recht, den Basiswert dem Aussteller der Option zum festgesetzten Preis (Strikepreis) zu verkaufen, nicht ausüben, was dem Ziel der Strategie zuwiderlaufen würde.

Bei der Auswahl des in-the-money Puts muss abgewogen werden, wie stark der Aktienkurs bis zum Verfall der Option maximal steigen könnte. Je näher at-the-money die ausgestellten Puts gewählt werden können, desto tiefer kann die Aktie später gekauft werden. Mit near-the-money Optionen kann beim Schreiben ein höherer Zeitwert als mit in-the-money Optionen erzielt werden. Andererseits muss berücksichtigt werden, dass gleichzeitig das Risiko steigt, dass der Kauf der Aktie nie durchgeführt werden kann.

Will man als mögliche andere Strategie eine Aktie mit gewisser Sicherheit verkaufen, sollte man einen in-the-money Call schreiben. Wiederum sollte der Strikepreis so gewählt werden, dass die Aktie mit grosser Wahrscheinlichkeit auch bezogen wird. Ein allzu tiefer Strikepreis würde andererseits den Zeitwertgewinn limitieren. Dieser Gewinn ist dann gross, wenn Optionen mit längerer Laufzeit geschrieben werden können und gleichzeitig eine Ausschüttung kurz bevorsteht. Unter der Voraussetzung, dass der Zeitwert der Option grösser ist als die Ausschüttung, wird die Option nicht ausgeübt werden. Damit erhält der Optionsschreiber theoretisch den Wert der Ausschüttung. Alternativ wird die Option kurze Zeit vor der Ausschüttung ausgeübt, was der Strategie ebenfalls keinen Abbruch tut, da die frühzeitige Ausübung der Option dem Ziel der Strategie nicht zuwiderläuft, da der erhaltene Barbetrag für das Beziehen des Basiswertes früher als erwartet zur Verfügung steht und ab diesem Zeitpunkt bereits Zinsen abwirft.

Das Risiko dieser Strategie besteht wie erwähnt darin, dass der Kurs der Aktie stark fällt und der Käufer der Option diese nicht ausübt. Die Erwartungen betreffend der zukünftigen Preisentwicklung des Basiswertes müssen daher bei der Wahl des Strikepreises der Option berücksichtigt werden.

Optionen als Schutzinstrument

In gewissen Situationen können Optionen unterschiedlichste Schutzfunktionen wahrnehmen. Der Kauf oder der Verkauf von Optionen kann wie erwährt mit einem Versicherungskontrakt verglichen werden, mit dem man sich gegen unerwünschte Risiken absichert.

Schutz eines Aktienportefeuilles

Die Rendite eines Aktienportefeuilles entwickelt sich in einer Zeitperiode mit Zinsanstieg oft negativ. Befürchtet ein Aktienportefeuilleverwalter steigende Zinsen und ist das Portefeuille im übrigen gut ausgewogen, kann der Verwalter seine Position schützen, indem er Puts auf zinstragende Wertpapiere kauft. Steigen die Zinssätze, wird der Wert des Aktienportefeuilles sinken und die Puts auf die zinstragenden Papiere im Wert steigen. Die Schwierigkeit besteht darin, abzuwägen, wie stark der Zinsanstieg die Aktien beeinflussen wird.

Als Alternative zum Put-Kauf kann der Portefeuilleverwalter auch das Schreiben von Calls auf zinstragende Papiere wählen. Die Prämie, welche er dadurch löst, kann als Schutz gegen das Kursrisiko des Aktienportefeuilles betrachtet werden. Diese Variante erfordert jedoch eine bessere Überwachung, da eine Zinssenkung ein unbegrenztes Verlustrisiko für die ausgestellten Calls bedeutet.

Schutz eines Obligationenportefeuilles

Das Zinsniveau der Obligationen wird vor allem durch das allgemeine Zinsniveau beeinflusst. Besteht das Risiko, dass das allgemeine Zinsniveau steigt, kann ein Obligationenportefeuille auf die gleiche Weise wie ein Aktienportefeuille abgesichert werden. Der Kauf eines Puts oder ein geschriebener Call auf einen zinstragenden Basiswert kann den Kursverlust der Obligationen absichern. Die gegenseitige Abhängigkeit zwischen einem Zinsanstieg und dem Kursverlust der Obligation ist konstanter und leichter zu berechnen als der Einfluss des Zinsanstieges auf die Aktienkurse.

Schutz gegen generelle Zinsexponierungen

Die fortlaufende Deregulation der Finanzmärkte führt zu neuen Risiken aufgrund der erhöhten Volatilität der Märkte. Während einer Hochzinsperiode beispielsweise realisieren die Marktteilnehmer, dass das Zinsrisiko einer fixen Fremdfinanzierung äusserst gefährlich werden kann. Insbesondere Kleinbetriebe und Hausbesitzer können plötzlich einer zu grossen Zinslast gegenüberstehen, wie dies in der Schweiz in den späten 70er Jahren der Fall war. Diese Zinsrisiken können mit Optionen abgedeckt werden. Es sind nicht nur die steigenden Zinssätze, welche Probleme verursachen. Auch fallende Zinsen können sich negativ auswirken. Nehmen wir an, dass ein Unternehmen eine fünfjährige Finanzierung zu einem festen Zinssatz benötigt. Fällt das Zinsniveau später, kann das aufgenommene Darlehen im Vergleich zur Konkurrenz eine Belastung bedeuten. Neugegründete Firmen können mit billigeren Mitteln arbeiten und sind dadurch im Vorteil. Es ist unternehmerisch betrachtet oft vorteilhaft, sich gegen fallende Zinsen abzusichern. Bei relativ hohem Zinsniveau ist es oft leichter, ein langfristiges Darlehen zu erhalten. Wird eine langfristige Finanzierung während einer solchen Periode durchgeführt, und sichert sich das Unternehmen gleichzeitig gegen fallende Zinsen ab, kann die Gesamtfinanzierung sehr positiv ausfallen.

Steuerliche Vorteile und Beibehaltung des Stimmrechtes

Das Halten einer Wertschriftenposition, die man grundsätzlich verkaufen will, kann durch Optionen abgesichert werden, was in steuerlicher Hinsicht unter Umständen von Vorteil sein kann. Zudem kann ein eventuell erwünschtes Stimmrecht der Aktien ohne Kursrisiko erhalten werden. Will ein Investor seinen stimmrechtlichen Einfluss in einer Gesellschaft, der ihm durch den Aktienbesitz gegeben wird, nicht verlieren, gleichzeitig aber das Marktrisiko nicht auf sich nehmen, kann er sich durch Optionen absichern. Entweder schreibt er Calls oder kauft Puts. Wie erwähnt sind dabei die Risiken (schreiben oder kaufen) nicht gleich gross.

Sind die Calls und die Puts in-the-money, bedeuten kleinere Preisbewegungen des Basistitels weder einen Verlust noch einen Gewinn für den Investor. Trotz Beibehaltung des Stimmrechts ist der Anleger aber vor Kursveränderungen des Basistitels geschützt.

Schutz vor asymmetrischen Risiken

Bei vielen geschäftlichen Entscheidungen müssen während einer begrenzten Zeitperiode Ungewissheiten in Kauf genommen werden, da die Entscheidung über den Geschäftsabschluss oft beim anderen Verhandlungspartner liegt (siehe zu dieser Frage auch Kapitel 1). Da dieser die Wahl hat, kann er die Zeit für sich arbeiten lassen, während der andere Vertragspartner das ganze Risiko trägt. Tritt eine Veränderung der wirtschaftlichen Bedingungen ein, welche die Entscheidung erleichtert, vergrössert sich die

Chance, dass der Vertrag zustande kommt. Tritt eine negative Veränderung ein, geschieht das Gegenteil. Der Partner, der die Entscheidung trifft, besitzt sozusagen eine Option, den Vertrag anzunehmen, trägt gleichzeitig aber keinerlei Verpflichtung. Derjenige, welcher die Entscheidung erwartet, hat eine Option ausgestellt und befindet sich in einer asymmetrischen Risikosituation, verursacht durch die Umweltfaktoren, welche die zukünftige Entscheidung beeinflussen können.

Sind die Faktoren, welche die Entscheidung beeinflussen, klar definiert, sollten die Risiken abgesichert werden. Dies können verschiedenartigste kritische Faktoren sein, wie zum Beispiel Wechselkurse, Finanzierungskosten oder Rohwarenpreise. Während der Bedenkzeit des einen Vertragspartners, können diese asymmetrischen Risiken über den Optionenmarkt geschützt werden. Optionen sind in diesem Fall deshalb speziell gut geeignet, da sie im Gegensatz zu andern Finanzinstrumenten das gleiche asymmetrische Risikoprofil besitzen wie die erwähnte Offertensituation.

Das Unternehmen, welches eine Offerte für einen Gebäudebau unterbreitet, in welche auch die Finanzierungskosten zu einem festgelegten Zinssatz einbezogen wurden, setzt sich bei eventuell steigenden Zinsen einem Risiko aus. Da die Zinskosten für die Kostenberechnung von Bedeutung sind, steigt die Wahrscheinlichkeit, dass die Offerte nach einem Zinsanstieg angenommen wird. Schützt sich der Offertensteller nicht gegen das Zinsrisiko, beispielsweise durch den Kauf eines Puts auf ein zinstragendes Papier, kann die Offerte der Firma unter den veränderten Bedingungen einen Verlust eintragen.

Der Investor, welcher ein Kaufangebot für ein Unternehmen abgibt, ist ebenfalls einem asymmetrischen Risiko ausgesetzt. Wir nehmen an, es handelt sich um ein in den USA niedergelassenes Unternehmen, welches von einem Schweizer Investor eine Barabfindungssumme in US $ offeriert bekommt. Der Käufer hat ein bedeutendes asymmetrisches Wechselkursrisiko. Steigt der Dollarkurs während der Prüfungszeit des Angebotes, steigen gleichzeitig die Erwerbskosten.

Der Investor hat, sofern die Finanzen in sFr. bereitliegen, ein asymmetrisches Risiko bei den Finanzierungskosten. Für diese Art von Risiken bietet wiederum der Optionmarkt Lösungen in Form von Devisen-Optionen.

Es gibt viele Arten von asymmetrischem Risiko. In vielen Fällen wird eine Absicherung unterlassen, da man glaubt, die Risiken meistern zu können. Zudem erscheint es ungewohnt, für diese Art von Risiken eine Versicherungsprämie zu bezahlen. Gehört man nicht zu den professionellen Marktteilnehmern, sollte man sich jedoch gegen eventuelle Verluste der besprochenen Art absichern. Es lohnt sich, diese Kosten wie die Prämie einer Feuer- oder Transportversicherung zu betrachten. Es gibt nur wenige Lieferanten, welche ihre Waren nicht gegen Transportschäden versichern. In gleicher Weise sollten keine Offerten im Zusammenhang mit Währungs-, Zins- und Rohwarenrisiken gemacht werden, wenn dadurch Verlustpotentiale geschaffen werden, denen man sich bei Annahme der Offerte nachträglich nicht mehr entziehen kann.

Zusammenfassung

Eingangs dieses Kapitels wurde ein Modell vorgestellt, das die Wahl zwischen verschiedenen Optionskombinationen erleichtern soll. Die Methode, welche wir Risiko/Gewinn-Methode nannten, ist ein Hilfsmittel zur neutralen Bewertung von verschiedenen Anlagestrategien.

Danach wurden verschiedene Portefeuillestrategien aufgezeigt, mit welchen unterschiedliche Renditeprofile erzielt werden können. Die längerfristig beste Strategie ist jene, welche am meisten Zeitwert verkauft. Es folgten die Strategien, bei welchen die gekauften Kombinationen netto weniger Zeitwert als die verkauften beinhalten; sie verursachen kleine potentielle Verluste , wobei in Abständen grössere Gewinne möglich sind, was die Verluste aufwiegen sollte. Zum Schluss wurde das Schreiben von gedeckten Calls behandelt, was als Strategie mit relativ grosser Wahrscheinlichkeit eine gute Rendite generiert.

Zudem wurde gezeigt, wie Optionen, mit dem Basiswert kombiniert, Renditeprofile von Portfeuilles verändern, so dass sie stark vom ursprünglichen Profil abweichen. Es wurde festgestellt, dass der Verwalter eines Wertschriftenportefeuilles die Möglichkeit besitzt, mit Optionen exakt sein gewünschtes Renditeprofil zusammenzustellen.

In-the-money Optionen eröffnen die Möglichkeit, den Basiswert zu einem besseren Preis als dem aktuellen Marktpreis zu kaufen oder zu verkaufen.

Das Instrument Option besitzt als Versicherunginstrument einzigartige Eigenschaften. Aktien und zinstragende Anlagen können mit Optionen vor Zinssatzänderungen geschützt werden.

Es wurde weiter dargelegt, wie mit Optionen im Geschäftsleben täglich auftretende asymmetrische Risiken abgesichert werden können.

Zinsoptionen

Die bis anhin beschriebenen Grundlagen und Strategien im Optionenhandel sind allgemeingültig, treffen aber in besonderem Masse für Aktienoptionen zu. Das Ziel des Buches besteht jedoch darin, ein breites Bild des Instruments Option, der Marktteilnehmer und der verschiedenen Strategien im Handel mit Optionen darzulegen. In den folgenden Kapiteln werden wir uns auf Optionen konzentrieren, welche auf anderen Werten als Aktien basieren.

Dieses Kapitel behandelt die Optionen auf zinstragende Wertpapiere. Danach folgen Ausführungen zu Optionen auf einen Aktienindex, und als letzte Produktgruppe werden Devisenoptionen vorgestellt.

Einleitend zur Behandlung der Zinsoptionen werden die Eigenschaften der zinstragenden Wertpapiere, die als Basiswert der Option dienen, beschrieben. Danach werden die Anwendungsgebiete der Zinsoption und die Entwicklung der internationalen Märkte in diesem Bereich behandelt. Abschliessend werden wir als Beispiel eines noch jungen und aussergewöhnlich schnell wachsenden Marktes die schwedischen Zinsoptionen und deren Funktionsweise beschreiben.

Der Basiswert

Grundlage eines einwandfrei funktionierenden Optionenmarktes ist ein reger und effizienter Handel im zugrundeliegenden Basiswert. Zinsoptionen basieren auf einem zinstragenden Wertpapier. Dieses kann eine Obligation oder ein individuelles Schuldzertifikat sein. Die Besonderheit dieser Wertpapiere liegt darin, dass ihre Verzinsung während der ganzen Lebensdauer des Instrumentes fixiert ist. Der Betrag, den ein Anleger gewillt ist zu bezahlen für einen Wert, welcher während X Jahren Y % Zinsen trägt, hängt vom Marktzins der betreffenden Laufzeit des Wertpapieres ab. Liegt der Marktzins höher als der Zinssatz der Obligation, wird der Preis (in %) des Wertpapieres unter Pari (100%)sein. Im umgekehrten Fall, wenn der Zinssatz der Obligation höher liegt als der Marktzins, liegt der Preis der Obligation über Pari. Generell ausgedrückt, bezahlt der Anleger relativ mehr für eine festverzinsliche Anlage, wenn der Marktzins tiefer liegt. Folgender einfacher

Zusammenhang kann zwischen dem festverzinslichen Wertpapier und dem Marktzins festgestellt werden.

Der Strikepreis einer Zinsoption kann sowohl als Zins als auch als Kurs ausgedrückt werden. Dies unter der Voraussetzung, dass im Markt festgelegt ist, wie die Konvertierung zwischen den beiden Faktoren vorgenommen wird. Die Marktzinsen sind von verschiedenen Faktoren abhängig. Bei üblicher Marktlage erhält der Anleger auf Investitionen mit kurzer Laufzeit eine tiefere Rendite als auf jenen mit langer Laufzeit. Dieser Zinsunterschied ist Ausdruck der Risikoprämie, welche der Anleger für seine Bereitschaft verlangt, das Kapital für eine längere Zeit zu binden.

Der Zinsmarkt in den USA kennt festverzinsliche Wertpapiere mit Laufzeiten von 1 Tag bis 30 Jahren. In der Schweiz beträgt die längste Laufzeit normalerweise 10 Jahre. Längere Laufzeiten sind sehr selten. Im Bereich der kurz laufenden festverzinslichen Wertpapiere besteht kein eigentlicher liquider Markt.

Die Preis- und Kursveränderungen sind für verschiedene Laufzeiten bei der gleichen Marktzinsveränderung unterschiedlich. Steigt der Marktzins um 1%, so fällt der Kurs für ein einjähriges Wertpapier etwa um 1%. Bei gleicher Erhöhung des Marktzinses resultiert für ein Wertpapier mit zweijähriger Laufzeit ein fast doppelt so hoher Kursverlust. Dies, da das investierte Kapital während der zwei kommenden Jahre um 1% tiefer als zum Marktzins verzinst wird. Im Bereich des Handels mit festverzinslichen Wertpapieren spricht man vom höheren Hebeleffekt bei längeren Laufzeiten.

Die Renditeerwartungen des Marktes für verschiedene Laufzeiten können mit einer Renditekurve beschrieben werden, siehe Abbildung 11.1.

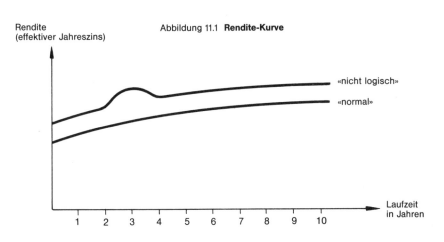

Rendite (effektiver Jahreszins)

Abbildung 11.1 **Rendite-Kurve**

«nicht logisch»

«normal»

Laufzeit in Jahren

1 2 3 4 5 6 7 8 9 10

225

Tabelle 11.1   Preis einer festverzinslichen Anlage in Abhängigkeit vom Marktzins

Marktzins	Preis der festverzinslichen Anlage
Tief	Hoch
Hoch	Tief

Ändert sich der Zins für längerfristige Anlagen, beispielsweise zehnjährige Obligationsanleihen, werden die Zinssätze für kürzere Anlagen ebenfalls beeinflusst. Es gibt selten rationale Gründe, weshalb die Renditekurve Aus- oder Einbuchtungen haben sollte. Eine Ausbuchtung für den dreijährigen Zins würde zum Beispiel bedeuten, dass der Markt den einjährigen Zins, welcher in zwei Jahren erhalten wird, wesentlich höher einstuft als den heutigen Einjahreszins. Dies müsste auch für den Einjahreszins gelten, welcher in drei Jahren fällig werden wird. Die Marktteilnehmer würden unmittelbar die dreijährigen Zinspapiere kaufen und die 2- und 4jährigen Papiere verkaufen. Dadurch würde sich die durchschnittliche Laufzeit der Anlage nicht ändern, lediglich die durchschnittliche Rendite würde steigen. Diese Transaktionen würden so lange durchgeführt, bis die Ausbuchtung verschwunden wäre.

Veränderungen der Renditekurve vollziehen sich normalerweise langsam über alle Laufzeiten. Die Kurve steigt an, oder sie flacht sich ab. In den meisten Fällen vollzieht sich die Veränderung auf die Weise, dass die Richtung der Veränderung zwar die gleiche bleibt, aber deren Stärke abhängig von der Laufzeit variiert. Geldmarktsätze (Zinsen für Anlagen mit einer Laufzeit von max. 1 Jahr) und Kapitalmarktsätze (Zinsen für Anlagen mit einer Laufzeit von mehr als 1 Jahr) können sich während einer gewissen Zeit in verschiedene Richtungen bewegen. Der Grund dafür liegt in der Tatsache, dass Zinsen für verschiedene Laufzeiten teilweise von unterschiedlichen Faktoren beeinflusst werden. Während die Zinsen für kurze Laufzeiten in erhöhtem Masse von der Liquidität des Marktes abhängig sind, richten sich jene für längere Laufzeiten mehrheitlich nach Faktoren wie den Inflationserwartungen, dem längerfristigen erwarteten Geldmengenwachstum oder dem Wirtschaftswachstum.

Durch den Terminhandel in diesen festverzinslichen Papieren, wo der Käufer und Verkäufer sich über einen Preis für den Kauf oder Verkauf mit verschobenem Verfall einig werden müssen, kann ein standardisierter Markt, der lediglich auf einigen wenigen Laufzeiten basiert, für gute Marktgängigkeit sorgen.

226

Tabelle 11.2 **Unterschied zwischen Spot und Termin**

Barbezahlung für Kontantkontrakt   Barbezahlung für Terminkontrakt

Heute   Im Terminkontrakt spezifizierter Zeitpunkt

Obwohl nur spezifizierte Laufzeiten auf Termin gehandelt werden, kann derjenige Investor, welcher sein Zinsportefeuille gegen einen steigenden Marktzins schützen will, dies dadurch realisieren, dass er das Zinsrisiko eines gleichwertigen Zinsportefeuilles auf Termin verkauft. Wir nehmen an, dass ein Obligationenportefeuille aus Obligationen mit 3- bis 6jährigen Laufzeiten besteht und dass die durchschnittliche Laufzeit 4 Jahre beträgt. Am Terminmarkt wird eine 5jährige Obligation gehandelt. Durch den Verkauf von 4/5 des Gegenwertes des Obligationenportefeuilles auf Termin kann das Zinsrisiko neutralisiert werden. Die Relation (4/5) erklärt sich aus der Tatsache, dass der längere Kontrakt (5 Jahre), wie oben erklärt, im Preis volatiler ist als der kürzere (4 Jahre). Es geht in einer gewissen Form wiederum um die Deltaneutralität der Position. Ein Restrisiko besteht in der Verschiebung des Zinsniveaus zwischen den unterschiedlichen Laufzeiten der beiden Portefeuilles.

Tabelle 11.3 **Neutralisierung des Zinsrisikos am Terminmarkt**

Obligationenportefeuille	Hedgingportefeuille
Laufzeit 3–6 Jahre	5jähriger Terminvertrag
(Durchschnittliche Laufzeit 4 Jahre)	
Volumen + 100 Mill. sFr.	Volumen (−) 80 Mill. sFr.

Die besprochene Transaktion wäre komplizierter, wenn genau gleich viele Verträge entsprechend den Basiswerten des Obligationenportefeuilles verkauft werden müssten. Um dem Markt der festverzinslichen Wertpapiere ein Schutzinstrument zu offerieren, genügt es daher, einige Produkte für den Geldmarkt und einige für den Kapitalmarkt anzubieten. Die gewählten Laufzeiten entsprechen einer Art Index des entsprechenden Marktsegmentes.

In der Schweiz gibt es heute noch keine standardisierten Optionsverträge für zinstragende Wertpapiere. Ebenso fehlt ein eigentlicher Terminmarkt. Ein Hauptgrund liegt einerseits darin, dass in der Schweiz kein eigentlicher in Wertschriftenform abgewickelter und somit liquider Geldmarkt als Basis für Zinstermin- und Zinsoptionsmärkte besteht. Dies primär aus dem Grund, da die Stempelabgaben und Gebühren zur Entwicklung dieses Marktes in der Schweiz tendenziell zu hoch sind. Für einen zukünftigen schweizerischen Zinsoptionenmarkt fehlt zur Zeit auch noch der geeignete Basiswert. Es ist denkbar und wünschenswert, wenn nicht notwendig, dass dieser in absehbarer Zeit geschaffen wird.

Entwicklung von Zinsoptionenmärkten

Optionsverträge auf den Basiswert Obligationen existieren in anderen Ländern bereits seit einiger Zeit. Die Form der standardisierten Verträge stammt jedoch aus neuerer Zeit. Die ersten öffentlich zugänglichen Optionsinstrumente auf zinstragende Papiere waren Verlängerungsoptionen. Diese wurden im Zusammenhang mit Obligationsemissionen ausgegeben. Die Verlängerungsoption gab dem Inhaber das Recht, die Laufzeit der Obligation zu unverändertem Zinssatz zu verlängern. Das schwedische Schatzamt war weltweit die erste Institution, welche im Jahre 1980 diese Art von Obligation ausgegeben hat. Diese Obligationsemissionsart erzielte in Schweden unter den Banken fleissig Nachahmer. Die Option erlaubte es den emittierenden Instituten, die Obligation mit einer tieferen Rendite als den Marktkosten auszugeben, da diese Optionskonstruktion beim Käufer die Unsicherheit über zukünftige Zinsentwicklungen reduzierte.

In den USA entwickelte sich der Optionenhandel auf spezielle Obligationstypen vorerst nur langsam. Es handelte sich dabei um die amerikanische Art von Option und das Glattstellen erfolgte durch die Lieferung des Basiswertes. Das Instrument war nicht erfolgreich, obwohl es heute noch immer im Handel ist. Für diesen Misserfolg gab es verschiedene Gründe: Der gewählte Handelsplatz, die Marktorganisation und vor allem die Vertragskonstruktion führten zu grosser Unsicherheit. Ein weiterer Nachteil dieser amerikanischen Kontantoptionen auf zinstragende Basiswerte war, dass in-the-money Optionen oft schon vor dem Verfalltag eingelöst wurden. Der Grund dafür war folgender: Der Inhaber eines Calls, welcher das Recht beinhaltet, eine Obligation mit einem Zinssatz von 7% zu erwerben, während der Marktzins bei 6% liegt, verliert, solange er das Einlösen der Option aufschiebt, jeden Tag die höhere Rendite. Ist der Optionswert 10 Mill. sFr. und wird das Einlösen der Option um 10 Tage aufgeschoben, verliert der Besitzer unter der Voraussetzung, dass der Zinssatz für kurze Laufzeiten ebenfalls 6% beträgt, durch das Nichteinlösen des Calls sFr. 2740 $(10\,000\,000 \times (7\% - 6\%) \times 10/365)$. Der Zeitwert für in-the-money Optionen in dieser Zeit ist vielfach nicht gross genug, um die negative Zinsmarge zu decken. Aus diesem Grund ist der Callbesitzer gezwungen, die Option vorzeitig einzulösen. Der Handel in Puts wird auf die gleiche Weise beeinflusst. Diese Unsicherheit führte in den USA zu schwindendem Interesse für das Produkt.

Den wirklichen Durchbruch erzielte die Zinsoption in den USA, als Optionen auf den Terminkontrakt ausgegeben wurden. Der Druck, die Option frühzeitig einlösen zu müssen, verschwindet mit der Wahl des Terminvertrags als Basiswert, da in diesem die Zinskomponente automatisch mit adjustiert wird. Der Handel mit Optionen auf Terminverträge ist in den USA sehr aktiv. Es gibt Verträge für zinstragende Papiere mit 90tägiger Laufzeit und andere für solche mit bis zu 20jähriger Laufzeit.

Kürzlich wurde ein neuer Versuch gestartet, eine amerikanische Zinsoption auf eine spezielle Obligation mit 5jähriger Laufzeit zu lancieren. Obwohl der Basiswert hier kein Terminkontrakt ist, scheint der Versuch gelungen zu sein. Es ist denkbar, dass Risikoinstrumente für diese Laufzeit gefehlt haben.

Zinsoptionen werden heute auch an anderen Marktplätzen gehandelt, wie London, Amsterdam und Stockholm – wir werden darauf noch zurückkommen. Der Trend läuft auch heute noch dahin, immer mehr Laufzeiten und Spielarten zu kotieren, was zudem den Umsatz in den früher kotierten Verträgen steigen lässt.

Anwendungsbereich

Zinsoptionen sind wie alle übrigen Optionsinstrumente primär ein Mittel, um das Risiko des Marktes effizient von einem Marktteilnehmer auf den anderen zu übertragen. Der Verwalter eines zinstragenden Portefeuilles setzt sich einem kalkulierbaren, aber existenten Risiko aus. Der Optionenmarkt bietet die Möglichkeit, das Portefeuille gegen unvorhergesehene und unerwünschte Zinsentwicklungen des Marktes zu schützen. Der Schreiber von Optionen erzielt zudem durch den Einsatz des Instruments Option durchschnittlich eine höhere Rendite auf seinem Portefeuille.

Schuldner, welche erst in Zukunft Geld aufnehmen wollen, können sich gegen zukünftig höhere Zinsen absichern. Für grosse, in der Zukunft abzuwickelnde Investitionsprojekte ist das zukünftige Zinsniveau von grosser Bedeutung. Wäre der Investitionsentscheid zu heutigen Zinskosten positiv, können die maximalen Finanzierungskosten durch den Kauf eines Puts gegen oben begrenzt werden. Sollte der Zins vor der Aufnahme des Darlehens steigen, erzielt man durch den Besitz des Puts einen Gewinn, der die höheren zukünftigen Zinskosten aufwiegt. Die Finanzierungskosten wurden durch den Put nach oben abgesichert. Fällt hingegen der Zins, so dass die Darlehenskosten entsprechend kleiner werden, reduzieren die Kosten für den gekauften Put den Gewinn gemäss folgendem Beispiel:

Tabelle 11.4 **Neutralisierung des Zinsrisikos am Optionenmarkt**

Die vertraglich vereinbarte Finanzierung	100 Mill. sFr.
Darlehenszins im Vertragszeitpunkt	5%
Zinsversicherung (Option)	Put mit Strikepreis 5,5% und Gegenwert sFr. 100 Mill. zum Preis von 0,1%

Tabelle 11.5 **Resultat der Darlehensaufnahme bei unterschiedlicher Zinsentwicklung**

Darlehenszins 6%	Darlehenszins ist 4%
Mit dem Put kann zu 5,5% finanziert werden. Zusammen mit den Kosten für die gekaufte Option wird der effektive Zins 5,6%, 0,6% schlechter als kalkuliert.	Das Darlehen wird zu 4% aufgenommen. Der gekaufte Put verfällt wertlos, und der effektive Darlehenszins ist 4,1%, 0,9% besser als kalkuliert.

Das Resultat ist in entscheidendem Masse abhängig von der Wahl des Puts. Ein Put mit tieferem Zinssatz gibt einen besseren Schutz gegen den Anstieg des Zinssatzes, ist jedoch im Absicherungszeitpunkt teurer.

Auch bei Marktlagen, in denen der Zinssatz in Richtung tiefere Werte tendiert, kann es vorteilhaft sein, einen Put als Absicherung gegen höhere Zinssätze zu kaufen. Wir nehmen an, dass ein Unternehmen eine Obligationsanleihe innerhalb der nächsten drei Monate emittieren will. Die Gewissheit, dass man gegen höhere Zinssätze versichert ist, gibt dem Unternehmen die Möglichkeit, den bestmöglichen Zeitpunkt für die Emission abzuwarten. Ohne den Schutz der Zinsoption hätte man sich vielleicht verleiten lassen, die Emission zu einem höheren Zinssatz sofort durchzuführen.

Zinsoptionen öffnen den Markt für festverzinsliche Wertpapiere neuen Gruppen von Marktteilnehmern. Vielfach werden am Obligationenmarkt lediglich grosse Volumen gehandelt, so dass nur professionelle Portefeuilleverwalter grösserer Unternehmen, von Fonds oder der öffentlichen Hand

230

teilnehmen können. Zinsoptionen ermöglichen es auch anderen Teilnehmern, ihren Erwartungen über die Zinsentwicklung Ausdruck zu verleihen.

Der Zinsoptionenmarkt am Beispiel Schweden

Die Schweiz kennt keinen Zinsoptionenmarkt. Dies hat, wie bereits erwähnt, primär zwei Gründe. Noch besteht in der Schweiz kein funktionierender Geldmarkt (Handel mit Papieren von kurzer Laufzeit, z.B. 1 Monat), da die relativ hohe Besteuerung des Handels mit festverzinslichen Wertpapieren einen regen täglichen Handel mit Papieren kurzer Laufzeit verunmöglicht. Zudem besteht kein standardisierter Markt für Wertpapiere der gleichen Risikoklasse, und es fehlt die standardisierte Kotierung nach Rendite und Laufzeit.

Anhand der Entwicklung und der Beschreibung der endgültigen Ausgestaltung des Zinsoptionenhandels in Schweden soll eine mögliche Lösung für den schweizerischen Markt aufgezeigt werden. Erstaunlich ist, dass sich dieses Instrument gerade in einem sozialdemokratisch regierten Land mit Devisen- und Handelsrestriktionen so früh entwickeln konnte.

Die schwedische Zinsoption ist eine Option des europäischen Typus und ist auf dem gleichen Basiswert aufgebaut wie der entsprechende Terminkontrakt. Die Option verfällt gleichzeitig mit dem Auslaufen des Handels im Terminkontrakt. Die genaue Übereinstimmung zwischen dem Optionenhandel und dem Terminhandel in festverzinslichen Wertpapieren ist vor allem für die theoretische Bewertung der Optionen von Bedeutung. Beim Terminhandel wird als Abrechnungspreis der Zinssatz gemäss der Schlussnotierung des entsprechenden Handelstages verwendet. Dieser Zins wird auch für die Barabrechnung des nicht glattgestellten Optionskontraktes verwendet. Die Verwendung der Terminkurse erleichtert die Konstruktion der Option und die mögliche Arbitrage. Während der Laufzeit der Option ist der Optionspreis vom Preis des entsprechenden Terminkontraktes abhängig. Der Arbitrageur kann sein Risiko sowohl mit der Obligation als auch mit dem Terminkontrakt absichern.

Vor allem in einem neueröffneten Markt ist es wichtig, dass die Arbeit des Arbitrageurs erleichert wird, da dieser für Liquidität im Markt sorgt. Zudem besteht eine gegenseitige Abhängigkeit der verschiedenen Märkte in Bezug auf die Liquidität. Jede Transaktion am Terminmarkt führt zum Beispiel zu einer erhöhten Liquidität des Optionenmarktes.

Vom bewertungstheoretischen Gesichtspunkt her bestehen grosse Unterschiede zwischen dem Zins- und dem Aktienoptionenmarkt.

Der schwedische Zinsoptionenmarkt hat gezeigt, dass sich anfänglich die Investoren am Markt betätigten, welche seit langem mit dem Funktionieren des Zinsmarktes vertraut waren. Es handelte sich dabei vor allem um Verwalter von zinstragenden Wertpapierportefeuilles. Zusätzlich begannen aber auch Teilnehmer am Markt zu agieren, welche bis dahin keine Möglichkeit hatten, ihren Zinserwartungen Ausdruck zu geben. Mit der Zeit kamen die Arbitrageure dazu. Im Fall des schwedischen Zinsoptionenmarktes wurden die Optionen vor allem wegen ihrer Versicherungseigenschaften schnell von verschiedensten Marktteilnehmern entdeckt. Dies zeigt auf, dass Versicherungsinstrumente in Form von Optionen in kurzer Zeit lanciert werden können. Kleinunternehmer und Farmer gehören zu der Gruppe von Investoren, welche grosse Zinsrisiken zu tragen haben. Eine kreative Branchenorganisation könnte zum Beispiel eine Art von Zinsversicherung an ihre Mitglieder verkaufen und sich selber am standardisierten Zinsoptionenmarkt absichern.

Wir haben früher erwähnt, dass sich die Eigenschaften der Zinsoptionen besonders zur Arbitrage zwischen dem Optionenmarkt und dem Terminmarkt eignen.

Im Unterschied zum Marktteilnehmer am schwedischen Aktienmarkt hat der Teilnehmer am Zinstermin- und Zinsoptionenmarkt die Möglichkeit, den Basiswert am Terminmarkt (Futuresmarkt) auf eine effektive und standardisierte Art leer zu verkaufen. Dies bedeutet, dass gewisse Optionskonstruktionen möglich sind, welche die Call/Put-Parität im Markt aufrechterhalten. Ein Reversal beinhaltet z.B., wie im Kapitel 6, Arbitrage, beschrieben, dass der zugrundeliegende Basiswert verkauft und gleichzeitig ein Call gekauft wird. Die erhaltene Position entspricht einem Put. In einem intakten Markt kann ein Put durch einen Reversal nicht billiger erworben werden als durch den direkten Kauf. Am schwedischen Aktienmarkt allerdings, in dem, im Gegensatz zum schweizerischen Markt, keine Leerverkäufe des Basiswertes erlaubt sind, ist diese Arbitragemöglichkeit nicht vorhanden. Es ist daher wahrscheinlich, dass sich in Schweden die Gleichgewichtspreise zwischen Calls und Puts bei den Zinsoptionen besser einspielen als bei den Aktienoptionen.

Beim Schreiben einer Zinsoption wird zudem in Schweden im Gegensatz zum bestehenden Aktienoptionenmarkt nicht verlangt, dass der Schreiber den zugrundeliegenden Basiswert besitzt. Der Investor, welcher glaubt, dass der Zins steigen, d.h. der Preis des Basiswertes sinken wird, kann einen Bear-Price-Spread mit Zinsoptionen durchführen. Dies bedeutet, dass ein Call mit höherem Strikepreis (hier entspricht der Preis einem Zinsniveau) geschrieben und gleichzeitig ein Call mit tieferem Strikepreis gekauft wird. In Schweden ist diese Strategie bei Aktienoptionen nicht durchführbar, da der Basiswert gekauft werden muss, um einen Call schreiben zu können.

Da am Zinsoptionenmarkt das Leerverkaufen gestattet wird, kann das Ratiospreading ausgenützt werden. In diesem Fall wird für die geschriebenen Optionen die entsprechende Anzahl von Gegenoptionen mit einem anderem Strikepreis gekauft.

Zusammenfassung

Dieses Kapitel hat die Charakteristika von zinstragenden Wertpapieren und den auf ihnen gehandelten Terminkontrakten, auf denen wiederum der Optionenhandel basiert, beschrieben. Die internationale Entwicklung der Zinsoptionsprodukte wurde dargelegt, und es musste festgestellt werden, dass der standardisierte Handel in Optionen auf festverzinsliche Wertpapiere auch international noch relativ jung ist. Die steigende Volatilität der Zinssätze und das damit verbundene steigende Zinsrisiko trugen zur heutigen raschen Entwicklung dieser Märkte bei.

Der schwedische Zinsmarkt wurde als Beispiel für die Art der Konstruktion eines Zinsoptionenmarktes beschrieben. Es ist zu hoffen, dass sich in naher Zukunft auf ähnliche Weise auch in der Schweiz ein entsprechender Markt entwickeln wird.

Indexoptionen

In diesem Kapitel werden wir die Problematik der Indexoption näher beleuchten, indem wir erstens die Konstruktion des Basistitels beschreiben und zweitens die Gründe darlegen, welche die Indexoptionen im Risikokapitalmarkt zu einem attraktiven Finanzinstrument machen.

Anschliessend werden wir aus dem Blickwinkel eines Portefeuilleverwalters die praktischen Anwendungsmöglichkeiten der Indexoption analysieren. Die Bewertung eines Indexinstruments baut auf anderen Grundsätzen auf als die Bewertung der einzelnen Aktien. Wir werden aus diesem Grund die Faktoren, welche die Bewertung von Indexoptionen beeinflussen, ausführlich beschreiben. Die Arbitragetätigkeit ist ein wesentlicher Bestandteil des Preissetzungsmechanismus für Indexinstrumente, und wir werden in diesem Kapitel einige Beispiele dazu präsentieren. Abschliessend werden die Argumente erläutert, die für eine möglichst baldige Eröffnung eines Indexmarkts auch in der Schweiz sprechen.

Index

Der Indexhandel – ein Handel, bei dem der Anleger anstatt Aktien eines spezifischen Unternehmens einen Marktdurchschnitt kauft oder verkauft – besteht in gewissen Märkten erst seit relativ kurzer Zeit. Aktienfonds geben seit längerer Zeit die Möglichkeit, eine Art Index zu kaufen. Erst seit sechs Jahren kann man in den USA auch in der Form des Terminindexkontraktes im Aktienmarkt investieren.

Diese gehandelten Indizes – es handelt sich dabei z.B. um den S & P 100, den S & P 500 oder den Value Line Composite – sind allgemein dafür bekannt, ein repräsentatives Bild der Entwicklung des entsprechenden Aktienmarktes zu geben. Der Grundgedanke eines Index besteht darin, ein möglichst gutes Mass der Entwicklung des Marktes im Ganzen abzugeben. Wie ein Index konstruiert werden soll, ist eine vieldiskutierte Frage. Sicher ist, dass ungeachtet der Konstruktionsweise des Indexes ein Aktienportefeuille, welches die gleichen Aktien in der gleichen Gewichtung enthält, sich auf die gleiche Weise entwickeln wird wie der Index.

Indexterminkontrakt

Der Indexterminkontrakt ist ein heute an mehreren Handelsplätzen einge-
führtes Finanzprodukt. Steht heute der Index bei 100 und wird der Indextermin, mit einem Abrechnungstermin in einem halben Jahr, zu einem Kurs
von 103 gehandelt, kann gefolgert werden, dass die Marktteilnehmer der
Auffassung sind, dass der Index innerhalb eines halben Jahres von 100 auf
103 steigen wird. Der Investor, welcher dem Käufer des Terminkontraktes
sein Portefeuille in diesem halben Jahr finanziert, erwartet für sein investiertes Kapital eine Verzinsung. Ansonsten würde er sein Portefeuille sofort veräussern.

Den Indextermin zu einem Kurs von 103 auf einen sFr. 100 000-Index-
kontrakt zu kaufen, bedeutet, dass sich der Investor in einem halben Jahr
zum Kauf der Aktien, welche im Index vertreten sind, im Betrag von
sFr.103 000 (103/100 × sFr. 100 000) verpflichtet. Das ebenbürtige Portefeuille kostet heute sFr.100 000, da sich der Index bei 100 befindet. Natürlich würde der Handel erschwert, wenn bei der Abrechnung des Terminkontraktes wirklich die physische Auslieferung aller Aktien gefordert würde. Anstelle der physischen Lieferung wird am Verfalltag ein Barausgleich
(Cashsettlement) vorgenommen. Wäre der Index in unserem Beispiel am
Verfalltag bei 106, würde dem Käufer des 100 000-Kontraktes die Differenz
zwischen dem Einkaufskurs (ehemaliger Terminkurs) und dem Tageskurs
(Kontantkurs) gutgeschrieben. Da der Kauf zu einem Kurs von 103 stattgefunden hatte und der Abrechnungskurs für den Index auf 106 steht, werden
dem Käufer des sFr. 100 000-Kontraktes sFr. 3000 gutgeschrieben, dem Verkäufer sFr. 3000 belastet.

Tabelle 12.1 **Barabrechnung des Indexterminkontraktes**

Preise in sFr.

Kurs des gekauften Indexterminkontraktes (%)	103
Kurs des Index am Abrechnungstag (%)	106

Abrechnung:	
Kauf des Indextermins	
Belastung (103/100 × 100 000 =)	103 000
Glattstellen des Indextermins (Barabrechnung)	
Gutschrift (106/100 × 100 000 =)	106 000
Der am Abrechnungsdatum	
gutgeschriebene Nettobetrag	3 000

Der Kurs des Indexterminkontraktes und des Basiswertes hängen voneinander ab. Normalerweise besteht der Unterschied in der Zinsdifferenz für die Restlaufzeit des Terminkontraktes. Stimmen die Relationen zwischen aktuellem Index und dem Terminindex nicht, kann ein Arbitrageur die Situation ausnützen und die Kursverhältnisse wieder korrigieren. Diese Relationen werden wir später in diesem Kapitel unter dem Titel Arbitrage mit Indexinstrumenten beschreiben.

Indexoption

Optionen auf den Aktienindex und auf Indexterminkontrakte sind zwei weitere Finanzprodukte, welche seit einiger Zeit auf verschiedenen Märkten ein beachtliches Volumen entwickelt haben.

Die Indexoption gibt dem Inhaber das Recht, aber nicht die Verpflichtung, den Index zu kaufen (Call) oder den Index zu verkaufen (Put). Ein Call auf den Index mit Strikepreis 97 bei einem aktuellen Tageskurs von 100 weist bei einer Vertragsgrösse von sFr. 100 000 einen inneren Wert von sFr. 3000 auf. Unter der Voraussetzung, dass es sich um einen amerikanischen Typ von Indexcall handelt, würde die sofortige Ausübung dieser Option eine Barabfindung von sFr. 3000 ergeben.

Die Indexterminoption unterscheidet sich von der Indexoption dadurch, dass das Ausüben der Indexterminoption zu einer Transaktion im Indexterminkontrakt führt. Wird die Indexterminoption mit einem Strikepreis von

Tabelle 12.2 **Der Effekt des Einlösens mit unmittelbarem Verkauf des erhaltenen Basiswertes für einen Indexcall, verglichen mit einem Indextermincall.**

Preise in sFr.

Vertragsgrösse	100 000		
Strikepreis des Calls (%)	97		
Kurs des Indexes (%)	100	Kurs des Terminindexes (%)	103

Indexoption:		Indexterminoption:	
Zu bezahlen (97/100×100 000=)	− 97 000	Zu bezahlen (97/100×100 000=)	− 97 000
Zu erhalten (100/100×100 000=)	+100 000	Zu erhalten (103/100×100 000=)	+103 000
Netto	+ 3 000	Netto	+ 6 000
Wird unmittelbar ausbezahlt.		Wird am Verfalltag des Terminkontraktes ausbezahlt.	

97 ausgeübt, führt dies zu einem Kauf des Indexterminkontraktes von 97. Liegt der Tageskurs des Indextermins bei 103 und wird die Option zu diesem Zeitpunkt eingelöst, ergibt dies am Abrechnungstag einen Ertrag von 6000.

Der Unterschied zwischen Indexoptionen und Indexterminoptionen besteht im Basiswert. Bei der Indexoption hat der Basiswert die Eigenschaft eines Kontantkontraktes. Der Unterschied zwischen den Instrumenten erscheint gering, aber die Preissetzung geschieht auf Grund der unterschiedlichen Charakteristika der Basiswerte, welche zudem an verschiedenen Marktplätzen auf unterschiedliche Art gehandelt werden können.

Die Entwicklung der Indexprodukte

Die enorme Entwicklung der Indexprodukte in den USA, welche seit der Einführung des Indexterminkontraktes Value Line in der Kansas City Board of Trade (KCBT) im Jahre 1982 stattgefunden hat, zeigt eindrücklich deren Bedeutung auf für die Übertragung von Risiken zwischen den Marktteilnehmern. Der Aktienindex und spezielle Branchenindizes wurden für Studien über die wirtschaftlichen Aktivitäten seit jeher als Referenz zum Vergleichen der relativen Entwicklung der verschiedenen Branchen eines Landes, zum Vergleichen der wirtschaftlichen Aktivitäten verschiedener Länder und zur Kontrolle der Wertentwicklung einzelner Portefeuilles verwendet. Die Existenz eines finanziellen Instruments, welches auf einem Index basiert, eröffnet dem Portefeuilleverwalter ungeahnte neue Möglichkeiten. Durch den Kauf oder Verkauf von Optionen auf Indexkontrakte kann der Verwalter sein Risiko kosteneffektiv abdecken. Er muss nicht alle Aktien, welche sich in seinem Portefeuille befinden, kaufen oder verkaufen. Das Schreiben von Optionen auf das Investitionsportefeuille trägt vielfach zu einer wesentlichen Erhöhung der Rendite bei. Das Indexinstrument gibt dem Portefeuilleverwalter die Möglichkeit, auf einfache Art den Gesamtmarkt zu kaufen oder zu verkaufen und auf diese Weise die Risikoexponierung des gesamten Portefeuilles zu ändern. Dadurch ist eine Auswahl spezifischer Kauf- oder Verkaufsobjekte in Ruhe möglich. Positionen im Indexinstrument können im geeigneten Zeitpunkt gegen spezifische Aktien ausgetauscht werden. Die grosse Nachfrage nach Indexinstrumenten hat dazu geführt, dass verschiedene Indizes an verschiedenen Marktplätzen geschaffen wurden. Der Handel von verschiedenen Kontrakten und an mehreren Marktplätzen garantiert eine sehr hohe Liquidität und eine reelle Preissetzung der Indexinstrumente.

Die Standardisierung der Verträge und das Barabrechnungsprinzip am Verfalltag wurde von den Marktteilnehmern positiv aufgenommen, da es durchaus von Vorteil ist, wenn am Verfalltag der Indexoption die zugrundeliegenden Basiswerte nicht physisch gekauft oder verkauft werden müssen.

Auf den Aktienindex lautende Optionen werden an verschiedenen amerikanischen Börsenplätzen gehandelt. Die Indexprodukte begannen mit breit abgestützten Indizes, d.h. Indizes, welche viele Aktien einschlossen und auf diese Weise die Entwicklung des gesamten Marktes widerspiegelten. Neue Kontrakte, welche sich auf verschiedene Branchenindizes konzentrieren, wie beispielsweise der S & P International Oil Index, wurden bald danach lanciert. Die Branchenindexinstrumente geben dem Portefeuilleverwalter die zusätzliche Möglichkeit, Positionen einzugehen, welche besser mit den Gegebenheiten seines individuellen Investitionsportefeuilles übereinstimmen. Die Branchenindizes haben den Vorteil, dass sie leichter für die Arbitrage mit konkreten Basiswerten verwendet werden können, da in einem solchen Index meist eine übersichtliche Anzahl von Aktien enthalten ist und diese Aktien normalerweise parallelen Kursbewegungen unterliegen.

Es ist denkbar und wünschenswert, dass indexbasierte Terminkontrakte und Optionen künftig an den meisten Börsenplätzen der Welt gehandelt werden können. Die Grundvoraussetzung dafür ist natürlich, dass ein aktiver Aktienmarkt zugrunde gelegt werden kann. Ist dies der Fall, entsteht auch das Bedürfnis für das Instrument Indexoption, welches es ermöglicht, auf einfache und effiziente Weise das Risiko von einem auf den anderen Marktteilnehmer zu übertragen.

Der Handel mit Indexinstrumenten

Indexinstrumente werden nach anderen Kriterien gehandelt als Instrumente, welche auf einer einzelnen Aktie basieren. Informationen über die Geschäftstätigkeit eines Unternehmens, deren Geschäftsergebnis oder Dividendenausschüttungen werden durch allgemeingültige gesamtwirtschaftliche Faktoren wie Nationalbankinterventionen, Konjunkturdaten und andere aggregierte ökonomische Informationen ersetzt. Die fundamentale Marktanalyse umfasst die folgenden drei Gebiete:

- Konjunkturlage
- Kredit- und Devisenmarkt
- Wirtschaftspolitik

Die allgemeine Konjunkturlage und die Erwartungen über deren zukünftige Entwicklung bilden ein Mass für die Vitalität der wirtschaftlichen Aktivitäten, welche sich in unterschiedlichen Niveaus von Angebot und Nachfrage widerspiegeln. Die Konjunkturlage ist von grossem Einfluss auf den Aktienmarkt und damit für die unterschiedlichen Arten von Aktienindizes. Die verschiedenen statistischen Informationen zur wirtschaftlichen Lage wirken als Wegweiser für die Entwicklung der Konjunkturlage.

Die Entwicklung des Kreditmarktes ist für den Aktienmarkt ebenfalls von grossem Einfluss. Eine Erhöhung der Geldmenge bedeutet normalerweise kurzfristig tiefere Zinssätze, was den Aktienmarkt positiv beeinflusst. Erhöhte Kreditrestriktionen haben den gegenteiligen Effekt. Verschiedene Branchen werden auf unterschiedliche Art von Devisenkursveränderungen beeinflusst. Eine starke Inlandwährung ist vorteilhaft für importierende Branchen und Unternehmungen, welche Produkte veredeln und im Inlandmarkt verkaufen. Eine starke Währung erlaubt verhältnismässig billig zu importieren. Exportierende Branchen werden durch eine starke Inlandwährung benachteiligt, da ihre relative Konkurrenzstellung in den Exportmärkten geschwächt wird. Wie stark der Index von Änderungen der Devisenkurse abhängt, wird vom relativen Anteil der verschiedenen Branchen am Index und der generellen Abhängigkeit der Wirtschaft von Devisenkursveränderungen bestimmt.

Politische Veränderungen können die Indexinstrumente stark beeinflussen. Neue politische Strömungen bedeuten oftmals ein neues Unternehmensklima. Steuern, Subventionen und generell die Gesetzgebungen können innert kurzer Zeit die Voraussetzungen für den Erfolg eines Unternehmens in einem Land verändern. Die fundamentale Analyse sollte daher auch diesem Aspekt entsprechende Beachtung schenken.

Es gibt eine grosse Anzahl weiterer Faktoren, welche den Aktienmarkt beeinflussen, auf die wir hier nicht weiter eingeben können.

Neue Möglichkeiten für den Portefeuilleverwalter mit Indexinstrumenten

Dieser Abschnitt behandelt die Möglichkeiten, welche ein Portefeuilleverwalter hat, sein Risikoniveau mit Hilfe von Indexinstrumenten zu verschieben. Aktien zu besitzen beinhaltet immer ein Risiko. Mit Hilfe von Indexinstrumenten ist es möglich, diese Risiken zu kontrollieren, ohne dass Transaktionen im Aktienportefeuille vorgenommen werden müssen.

Es gibt zwei Arten von Risiken, welche der Besitz von Aktien mit sich bringt, das unsystematische und das systematische Risiko. Ein Ice-Cream-Produzent ist dem unsystematischen Risiko der Wetterverhältnisse ausgesetzt. Wird der Sommer kalt und regnerisch, wird weniger Ice-Cream konsumiert. Sein Geschäft ist deshalb stark vom Wetter abhängig. Das schlechte Wetter wird andererseits keine allgemeine Baisse am Aktienmarkt hervorrufen. Es kann eine steigende Nachfrage nach Auslandreisen bewirken, und die Folge davon wird sein, dass die Nachfrage nach Produkten von Unternehmen der Reisebranche steigt. Unsystematisches Risiko bedeutet, dass bestimmte Faktoren verschiedene Unternehmen unterschiedlich beeinflussen. Das unsystematische Risiko kann durch Diversifizierung verkleinert werden. Der Portefeuilleverwalter wird in seinem Portefeuille sowohl Aktien von Ice-Cream-Produzenten als auch von Reiseunternehmen halten. Das unsystematische Risiko kann wesentlich begrenzt werden, indem die Zusammensetzung des Portefeuilles von einer Aktie auf 15 verschiedene Aktien erhöht wird. Fügt man den 15 verschiedenen Aktien weitere Aktien bei, wird das Risiko verhältnismässig immer weniger reduziert. Andererseits ist ein Portefeuille ganz ohne unsystematisches Risiko nicht möglich.

Die zweite Art von Portefeuillerisiko ist das systematische, das allgemeine Marktrisiko. In Untersuchungen über den amerikanischen Aktienmarkt wurde festgestellt, dass das Marktrisiko im Durchschnitt für einen Drittel der Aktienkursveränderung einer einzelnen Aktie verantwortlich ist. Indexinstrumente können verwendet werden, um das Marktrisiko, d.h. das systematische Risiko eines Portefeuilles zu reduzieren. Das unsystematische Risiko kann normalerweise mit Indexinstrumenten nicht reduziert werden.

Das Risiko eines Portefeuilles kann berechnet werden, indem man anhand von historischen Werten feststellt, wie stark die einzelnen Aktienpreise auf die Preisveränderungen des ganzen Marktes reagieren. Dieser Wert wird Betawert genannt. Für eine Aktie mit dem Betawert von 1,5 wird erwartet, dass diese um 1,5% steigt, wenn der Marktindex um 1% steigt. Durch die Berechnung des gewogenen Mittels der Betawerte aller im Aktienportefeuille vorhandenen Aktien kann der Betawert des Portefeuilles ermittelt werden. Für Portefeuilles mit mindestens 15 verschiedenen Aktien ist die Wahrscheinlichkeit, dass sie sich gemäss dem berechneten Betawert entwickeln, höher als für Portefeuilles mit weniger Aktien.

Der Investor, welcher ein Aktienportefeuille mit hohem Kursrisiko, d.h. ein Portefeuille mit einem hohen Betawert verwaltet, kann mit einfachen Mitteln die Risikoexponierung herabsetzen. Er verkauft im Moment, in dem er eine allgemeine Unruhe der weiteren Kursentwicklung des Aktienmarktes erwartet, einen Indexterminkontrakt.

Als Alternative zum Verkauf des Indexterminkontraktes kann ein Call auf den Index geschrieben werden. Der mögliche Erlös deckt das Kursrisiko des Aktienportefeuilles. Sinken die Kurse der Aktien und damit der Index, können die ausgestellten Optionen zu einem tieferen Preis zurückgekauft werden. Werden weitere Kurssenkungen erwartet, können neue Calls mit tieferem Strikepreis geschrieben werden. Dadurch werden weitere Erträge erzielt, welche die Kursverluste der im Portefeuille vorhandenen Aktien aufwiegen. Anstatt Calls zu schreiben, kann der Verwalter auch Indexputs kaufen, um sich gegen fallende Kurse abzusichern. In einem fallenden Markt steigen diese im Wert und der Verlust im Aktienportefeuille kann wiederum kompensiert werden. Ist die Unsicherheit über die Kursentwicklung nach Meinung des Portefeuilleverwalters vorüber, stellt er die Indexinstrumente glatt, und das Portefeuille erhält den ursprünglichen Betawert und die langfristig gewünschte Risikoexponierung wieder zurück. Die Kosten für die geschilderten Transaktionen liegen in allen heute bestehenden Indexmärkten bedeutend tiefer als für Transaktionen im Basiswert.

Der Verwalter muss wissen, welcher Indexkontrakt sein Portefeuillerisiko am besten widerspiegelt. Es ist wichtig, dass das Aktienportefeuille eine gewisse Grösse hat und eine gewisse Diversifikation aufweist. Es ist von Vorteil, zum vornherein Strategien für unterschiedliche denkbare Marktsituationen auszuarbeiten. Beispielsweise sollte das Portefeuille kontinuierlich gegen die schlimmste Alternative abgesichert sein. Dieser Typ von Schutz kommt beispielsweise dann in Frage, wenn eine aussergewöhnliche Lage herrscht. Eine andere Strategie besteht darin, dass der Portefeuilleverwalter auch bei stabilen Kursen Indexcalls schreibt und dadurch die Rendite des Portefeuilles erhöht. Er muss sich andererseits bewusst sein, dass dadurch eine aussergewöhnlich hohe Rendite, welche eintreffen würde, wenn die Kurse der Aktien kräftig steigen, nicht erreicht werden kann.

Das konsequente Ausnützen des Indexinstrumentes verbessert das Gewinn/Verlustprofil eines Portefeuilles. Es erfordert jedoch gute Kenntnisse des Marktes und eine bessere Überwachung durch den Verwalter. Das Instrument gibt zwar keine Garantie für eine höhere Rendite, eröffnet aber die Möglichkeiten für eine effizientere Portefeuilleverwaltung. Vielfach sind es der Zeitfaktor und die Möglichkeit, Risiken schnell zu verschieben, die das Instrument interessant machen.

Aus steuerlichen Gründen kann es ebenfalls von Vorteil sein, gewisse Verkäufe trotz negativem Markttrend aufzuschieben. Unter diesen Umständen kann das Risikoverlagerungsinstrument Indexoption sehr gewinnbringend für die Verwaltung von Portefeuilles sein.

Investitionen in Fonds, welche sich genau wie der Index verhalten, können ebenfalls durch Investitionen im Indexinstrument ersetzt werden. Dabei wird nur ein Teil des Kapitals in Indexoptionen und der grösste Teil des Kapitals in zinstragenden Obligationen investiert. Dem Verwalter bleibt mehr Zeit für die Analyse und er investiert längerfristig in bessere Wertpapiere mit höherer Rendite und setzt sich gleichzeitig weniger Risiko aus.

Arbitrage mit Indexinstrumenten

Wir werden im folgenden einen vertieften Einblick in die Techniken der Arbitrage mit Indexinstrumenten geben. Der Arbitrageur repräsentiert den aktiven Teil im Markt und generiert durch seine Tätigkeit in den kotierten Kontrakten Liquidität. Durch die Aktivitäten des Arbitrageurs werden marktgerechte Preise garantiert. Sind die Preisverhältnisse nicht kongruent, wird der Arbitrageur durch Käufe und Verkäufe der entsprechenden Indexinstrumente den Markt ins Gleichgewicht bringen.

Die Arbitrage kann zwischen den Basiswerten und dem Indexmarkt, zwischen verschiedenen Marktplätzen und zwischen verschiedenen Optionen auf den gleichen Basiswert durchgeführt werden.

Folgendes Prinzip gilt für die Arbitrage zwischen dem Basiswert und dem Indexmarkt. Wir nehmen an, dass ein Marktteilnehmer alle Aktien in den dem Index entsprechenden Proportionen gekauft hat. Dadurch wurde ein Portefeuille geschaffen, welches sich entsprechend dem Index verhält. Durch das gleichzeitige Verkaufen eines Indexterminkontraktes wird ein risikofreies Portefeuille geschaffen, wobei dessen Bestehen auf die Laufzeit des Indexterminkontraktes beschränkt ist. Als Voraussetzung muss gelten, dass die gekauften Aktien gleichzeitig mit der Abrechnung des Indextermins verkauft werden können. Notiert der Preis des Indexterminkontraktes zu einem Kurs, bei dem ein Gewinn durch den Kauf aller Aktien und den Verkauf des Indexes unter Einbezug der Transaktionskosten erzielt werden kann, führt dies so lange zu Arbitrage, bis die Preisverhältnisse wieder im Gleichgewicht sind. Auf die gleiche Art und Weise kann durch den Leerverkauf eines Indexportefeuilles und den gleichzeitigen Kauf eines Indexterminkontraktes ein risikofreies Darlehen aufgenommen werden. Sind die Preisverhältnisse so, dass der erzielte Darlehenszins höher liegt als der risikofreie Zinssatz, besteht im Markt kein Gleichgewicht, und Arbitrageaktivitäten werden die Preise allmählich wieder ausbalancieren.

Im effektiven Handel werden grosse Anforderungen an die Arbeitsweise des Arbitrageurs gestellt, und meistens sind die Konstruktionen nicht ganz risikofrei. Bei der Arbitrage mit Indexinstrumenten besteht das grösste Problem in den Transaktionskosten, die abhängig sind von der Anzahl der Wertpapiere, welche gleichzeitig gekauft und verkauft werden müssen, um dem Index zu entsprechen. Es ist somit fast unmöglich, völlig risikolos zu arbitragieren. Der Value Line 1700 beispielsweise basiert auf der Kursentwicklung von ca. 1700 Aktien. Die Arbitrage wird vielfach mit ca. 5 bis 15 verschiedenen Aktien durchgeführt, welche sich mehr oder weniger entsprechend dem Index verhalten. Die wichtigste Arbeit besteht in der Konstruktion eines Aktienportefeuilles, das der Indexentwicklung am nächsten kommt. Es muss abgewogen werden, wieviele Aktien mindestens im Portefeuille enthalten sein müssen. Generell kann gesagt werden, dass das Risiko des Arbitrageurs um so kleiner ist, je mehr Aktien in einem Portefeuille enthalten sind. Gleichzeitig ist aber aufgrund der erhöhten Transaktionskosten das Gewinnpotential reduziert.

Vielfach wird auch zwischen verschiedenen Indexkontrakten arbitragiert. Indexoptionen werden zudem an verschiedenen Marktplätzen gehandelt. Jeder Marktplatz verwendet als Basiswert für die Optionen seinen eigenen Index. Es gibt natürlich keine Garantie dafür, dass die verschiedenen Totalindizes sich gleich entwickeln. Untersuchungen haben aber gezeigt, dass diese durch sehr ähnliche Faktoren beeinflusst werden. Wenn Optionen auf verschiedene Totalindizes zu stark voneinander abweichenden Preisen gehandelt werden, ist es sehr wahrscheinlich, dass auf längere Sicht dies ausgenützt wird, indem die billigen Optionen gekauft und gleichzeitig die teuren verkauft werden. Die Position wird in der Erwartung eingenommen, dass die Preise sich annähern. Da die Strategie keinen garantierten Gewinn bringt, ist es eigentlich falsch, sie unter Arbitrage einzustufen. Da diese Anleger ein zusätzliches Risiko eingehen, erzielen sie mit hoher Wahrscheinlichkeit einen kleinen Gewinn. Die Volumen, mit welchen der Arbitrageur arbeitet, sind sehr gross, was zu einer erhöhten Liquidität in den Instrumenten führt. Als Voraussetzung für erfolgreiche Arbitrage müssen tiefe Transaktionskosten und Direktkontakt zu den Marktplätzen bestehen. Aus diesem Grund können solche Transaktionen nur von Spezialisten durchgeführt werden.

Indexinstrumente am schweizerischen Kapitalmarkt

Seit Januar 1987 besteht in der Schweiz die erste Indexoption. Die von der BZ-Bank Zürich kotierte BZ-Basket-Option repräsentiert die vier wichtigsten Branchen des schweizerischen Aktienmarktes, die Banken-, die Versicherungs-, die Chemie- und die Nahrungsmittelindustrie.

Dieses Beispiel zeigt eindrücklich, mit welch einfacher Konstruktion ein für den Markt befriedigendes Instrument geschaffen werden kann. Zudem bietet diese einfache Art der Indexkonstruktion dem Arbitrageur den Vorteil, den Index auf relativ einfache Art zusammenzustellen.

Eine weitere Voraussetzung wäre, dass der Index kontinuierlich mit den Kursänderungen der entsprechenden Aktien neu berechnet würde. Eine wichtige Frage bei der Konstruktion eines Indexes ist zudem, ob die Indexprodukte kontant abgerechnet werden sollen oder ob die Wertpapiere, auf denen der Index basiert, physisch geliefert werden müssen. Die Lieferung ist dann möglich, wenn lediglich eine kleine Anzahl Aktien im Index enthalten ist. Für die Ausgestaltung eines Index mit relativ wenig Aktien sollten zumindest folgende Kriterien berücksichtigt werden: Handelsvolumen (Liquidität), Marktkapitalisation, Titelkategorie und Branche der Gesellschaft.

Die Kontantabrechnungsmethode hat den Nachteil, dass starke Marktteilnehmer die Möglichkeit erhalten, die Aktienkurse im Zeitpunkt des Kursfixings in eine für sie vorteilhafte Richtung zu beeinflussen. Die Vorteile der Kontantabrechnungsmethode sollten jedoch die möglichen Nachteile aufwiegen. Mit einer gewissen Überwachung können die Risiken reduziert werden, so dass es sich für den Marktteilnehmer nicht lohnt, die Kurse zu manipulieren. Des weiteren sind alle Marktteilnehmer längerfristig von einander abhängig, und daher möchte niemand den Stempel des Kursmanipulanten aufgedrückt erhalten. Anfänglich kann auch die Regelung helfen, dass pro Marktteilnehmer nur relativ kleine Positionen gehalten werden dürfen. Dadurch wird die Kontantabrechnung praktikabel und sicher.

Für die Schweiz wäre unbedingt daran zu denken, für die unterschiedlichen Aktienkategorien (Inhaber-, Namenaktien, Partizipationsscheine/Genussscheine) und die unterschiedlichen Branchen Unterindizes mit entsprechenden Optionskontrakten zu schaffen.

In diesem Zusammenhang ist zu erwähnen, dass die beschriebene BZ-Basket-Option gleichzeitig lediglich auf Namenaktien lautet und somit die erste Option auf eine Titelkategorie darstellte.

Seit Oktober 1987 besteht in der BZ-Pharma-Basket-Option die erste

Branchenoption. Kurz zuvor gab der Schweizerische Bankverein eine Option auf den Bankvereinaktienindex heraus, die erste Option auf einen breiten Marktindex.

Der selben Technik wie der Bankverein bediente sich im Frühjahr 1988 die OZ Zürich Optionen und Futures Aktiengesellschaft (OZ). Mit einem haftenden Kapital von sFr. 100 Mio. stellt sie einen Garanten von bedeutender Qualität dar. Sie begab auf den neu geschaffenen OZX-Aktienindex Call- und Put-Optionen, die an den Börsenplätzen Zürich, Basel und Genf gehandelt werden. Zum erstenmal war es durch diese Emission institutionellen Anlegern in der Schweiz möglich, ihre nicht unbedeutenden Aktienbestände professionell abzusichern. Die OZ versteht sich als Handelsplatz für abgeleitete Finanzinstrumente und wird in Zukunft weitere Optionen und auch Futures begeben. In der Zwischenzeit wurden weitere Basket-Optionen mit unterschiedlicher Zusammensetzung des Baskets und von anderen Instituten begeben.

Der OZX ist ein Aktienindex, der anhand einer kleinen Anzahl von Titeln grosser Unternehmen die Entwicklung des schweizerischen Aktienmarktes misst. Er setzt sich aus 11 bekannten, erstklassigen Dividendenpapieren («Blue Chips») zusammen.

Tabelle 12.1 **Die 11 OZX-Komponenten**

Schweizerische Bankgesellschaft	Inhaberaktie
Schweizerischer Bankverein	Partizipationsschein
Ciba Geigy AG	Inhaberaktie
Sandoz AG	Partizipationsschein
Roche Holding AG	Genussschein
Schweizerische Rückversicherungs-Gesellschaft	Partizipationsschein
«Zürich» Versicherungs-Gesellschaft	Inhaberaktie
Nestlé AG	Inhaberaktie
Jacobs Suchard AG	Inhaberaktie
BBC Brown Boveri AG	Inhaberaktie
Elektrowatt AG	Inhaberaktie

Die Auswahl und die Gewichtung der im OZX enthaltenen Dividendenpapiere erfolgte nach folgenden Kriterien (in absteigender Wichtigkeit angeführt):

- Marktliquidität des Titels
- Börsenkapitalisierung der Gesellschaft
- Börsenkapitalisierung des Titels

- Branche der Gesellschaft
- Titelkategorie (Inhaberaktie, Namenaktie, PS/Genussschein)

Da die Marktliquidität und damit die dauernde Kursstellung als oberstes
Auswahlkriterium herangezogen wurde, enthält der OZX nur an der Zürcher Börse permanent gehandelte Titel.

Die Vorzüge des OZX liegen in seiner besonderen Eignung als Basis für
derivative Finanzinstrumente wie Optionen und Futures. Die geringe Anzahl von Titeln im OZX und deren gute Liquidität ermöglicht es, auf einfache Weise den Index mit Portefeuille-Positionen nachzubilden.

Der Aufbau des OZX ist sehr einfach. Indexbewegungen entsprechen der
Veränderung der Summe der Börsenkurse der im OZX enthaltenen Titel.
Der OZX wird alle zehn Minuten berechnet und via Telekurs und Reuters
national und international verbreitet. Die Zusammensetzung und der aktuelle Stand des OZX können mit Telekurs-Ticker 40, oder 85, OZ2 jederzeit
abgefragt werden. Täglich wird er in den wichtigsten Zeitungen publiziert.

Anleger, die den Markt nach den Kursveränderungen der wichtigsten Aktien bewerten, finden im OZX ein leichtverständliches, aufschlussreiches
Marktbarometer.

Calls und Puts auf den OZX werden an den Börsenplätzen Zürich, Basel
und Genf gehandelt. Es sind europäische Optionen und berechtigen zu Bar-

Tabelle 12.2 **OZX-Berechnung vom 03.08.1989, 09.45 Uhr**

Preise in sFr.

Anzahl	Titel	Kurs	Summe	Anteil
10	SBG	3 850	38 500	18,3%
65	SBVP	302	19 630	9,3%
7	CIG	4 265	29 855	14,2%
5	SANP	2 240	11 200	5,3%
5$\frac{1}{3}$	ROG	3 700	19 733.3	9,4%
5	RUKP	2 155	10 775	5,1%
3	ZUR	5 700	17 100	8,1%
3	NES	8 425	25 275	12,0%
1	JAC	7 330	7 330	3,5%
5	BBC	4 410	22 050	10,5%
3	EW	3 130	9 390	4,5%
Summe			210 838.3	100%

Indexstand am 03.08.1989: $\dfrac{210\,838.3}{159\,372.03}$ $\times$ 2 000 = 2646 abfindungen in der Höhe der Differenz zwischen dem Bezugspreis und dem aktuellen Indexstand in Schweizer Franken.

Ebenfalls im Jahr 1988 wurden in der Schweiz erstmals Optionen sowohl in Call- als auch in Put-Form auf den Deutschen Aktienindex (FAZ) und den japanischen Markt (Nikkei Dow Jones) begeben.

Im Dezember 1988 folgte die SOFFEX mit ihrem Kontrakt auf den Swiss Market Index (SMI).

Der SMI ist ein Aktienindex, der sich auf einen Aktienkorb von 24 Aktien, die an den Börsen Basel, Genf und Zürich gehandelt werden, bezieht.

Der SMI basiert auf folgendem Aktienkorb:

Schweizerische Bankgesellschaft	Inhaber
Schweizerische Bankgesellschaft	Partizipationsschein
Schweizerischer Bankverein	Inhaber
Schweizerischer Bankverein	Partizipationsschein
Schweizerische Kreditanstalt	Inhaber
Schweizerische Volksbank	Stammanteil
BBC Brown Boveri AG	Inhaber
Ciba-Geigy AG	Inhaber
Ciba-Geigy AG	Partizipationsschein
Nestlé AG	Inhaber
Nestlé AG	Partizipationsschein
Sandoz AG	Partizipationsschein
«Swissair» Schweiz. Luftverkehr-AG	Inhaber
Schweizerische Rückversicherungs-Gesellschaft	Partizipationsschein
«Winterthur» Schweiz. Versicherungs-Gesellschaft	Inhaber
«Zürich» Versicherungs-Gesellschaft	Inhaber
Elektrowatt AG	Inhaber
«Holderbank» Financière Glarus AG	Inhaber
Jacobs Suchard AG	Inhaber
Oerlikon-Bührle Holding AG	Inhaber
Pargesa Holding SA	Inhaber
Société Internationale Pirelli SA	Inhaber
Adia SA	Inhaber
Roche Holding AG	Genussschein

Der SMI ist ein kapitalgewichteter Index. Die Börsenkapitalisierung der Aktien entspricht der Anzahl emittierter Aktien multipliziert mit dem entsprechenden aktuellen Aktienkurs. Die Addition des Börsenkapitals aller 24

Aktien ergibt den totalen Indexmarktwert. Dividiert man den totalen Indexmarktwert durch eine Basiszahl (Indexdivisor), erhält man den Indexwert. Diese Berechnungsmethode gewichtet Kursveränderungen von Aktien mit grösserer Börsenkapitalisierung stärker.

Die Basiszahl gewährleistet die Unabhängigkeit des Indexniveaus bei Kapitalveränderung. Sollte z. B. eine Kapitalerhöhung stattfinden, wird die Basiszahl entsprechend angepasst und widerspiegelt die Veränderung der Börsenkapitalisierung. Der Indexwert wird jedesmal neu berechnet und veröffentlicht, wenn sich der Kurs einer den Index bestimmenden Aktie entweder an der Basler, Genfer oder Zürcher Börse verändert.

Optionen, Calls und Puts, auf den SMI werden an der SOFFEX zu den gleichen für Einzeloptionen geltenden Bedingungen gehandelt, mit dem Unterschied, dass bei Verfall der Gewinn (Differenz zwischen Bezugspreis und Indexstand) in bar abgegolten wird.

Seit Anfang 1989 können mit der Bank Leu Futures auf den SMI gehandelt werden.

Zusammenfassung

Der Handel mit Indexinstrumenten befindet sich in starker Expansion. Wir haben in diesem Kapitel die Produkte vorgestellt und die Basiswerte für den Aufbau eines Index behandelt. Es wurden Beispiele für die vielseitigen Anwendungsgebiete des Portefeuilleverwalters gegeben und gezeigt, wie dieser mit Indexoptionen seine Risikoexponierung ändern kann.

Wir haben auf die wichtige Rolle der Arbitrageaktivitäten hingewiesen und die Voraussetzungen beschrieben, welche die Arbeit des Arbitrageurs ermöglichen. Wir sind zum Schluss gekommen, dass die wichtigste Aufgabe des Arbitrageurs darin besteht, Investitionsportefeuilles zusammenzustellen, welche sich in gleicher Weise entwickeln wie der Index, und Ungleichgewichte auszunützen, die zwischen ähnlichen Produkten an verschiedenen Marktplätzen bestehen. Abschliessend wurden verschiedene Argumente zur Weiterentwicklung des schweizerischen Indexmarktes aufgezählt.

Devisenoptionen

Die enorme Entwicklung der standardisierten Devisenoptionen in den letzten Jahren verdient Behandlung in einem eigenen Kapitel.

Entwicklung

Devisenoptionen sind als Einzelkontrakte im Sinne einer vertraglichen Vereinbarung zwischen zwei Partnern schon seit langem bekannt. Relativ neu ist die standardisierte Devisenoption. Der erste Markt für standardisierte Devisenoptionen wurde im Jahre 1982 am Philadelphia Stock Exchange (PHLX) eröffnet. Seither haben weitere Börsenplätze weltweit standardisierte Optionen auf Devisen lanciert.

Die schnelle Entwicklung des Volumens in standardisierten Optionskontrakten spricht für sich selbst. Andererseits besteht auch heute noch ein Bedürfnis nach nicht standardisierten Optionen, sogenannte OTC-Optionen, welche einen grossen Teil des Marktes ausmachen. Der Marktteilnehmer, welcher ein spezifisches Problem gelöst haben will, kann dieses nur selten direkt via standardisierte Optionen lösen. Gewöhnlich tritt eine Finanzinstitution als Vermittler auf und macht dem Kunden die gewünschte Konstruktion verfügbar, wobei die Finanzinstitution ihr Risiko gleichzeitig auf den standardisierten Märkten absichert.

In gewissen Fällen werden die standardisierten Produkte vom Kunden vorgezogen, auch wenn eine exakte Übereinstimmung mit seinen Bedürfnissen nicht erreicht werden kann. Der Vorteil, in einem sehr liquiden Markt, mit kleinen Transaktionskosten, fortlaufender Preissetzung und wo auch kleinere Transaktionen abgewickelt werden, arbeiten zu können, wiegt vielfach die Nachteile der ungenauen Konstruktion auf. Optionskontrakte gegen Dollar sind heute für alle wichtigen Handelswährungen vorhanden.

Ein typischer Schweizerfranken-Call beispielsweise gibt dem Besitzer das Recht, aber nicht die Verpflichtung, bis zum Verfalltag der Option 125 000 Schweizerfranken zum Strikepreis von 0,70 zu kaufen, was bedeutet, dass der Besitzer $0,70 \times 125\,000 = 87\,500$ Dollar für 125 000 Schweizerfranken bezahlt. Der Optionspreis wird kotiert und kann in einer x-beliebigen Währung bezahlt werden. Wir nehmen an, dass der Preis des Calls in der USA-Währung kotiert wird, für 100 Einheiten gilt und dass er 0.60 Cent beträgt. Dies würde bedeuten, dass für den Kontrakt 750 Dollar (0,60/ 100 × 125 000) bezahlt werden müssten.

13.1 Einlösen eines Calls

Kontraktwert = 125 000 sFr.
Strikepreis = 0,70 Dollar/sFr.
Preis des Calls = 0,60 Cent/sFr.

Der Strikepreis bedeutet, dass 125 000 sFr. zu folgenden Bedingungen in Dollar angeschafft werden können:

Strikepreis (0,70 × 125 000 =)	87 500
Bezahlter Callpreis	750
Totalkosten in Dollar	88 250

Der Anschaffungskurs ist somit (88 250/125 000 =) 0,7060 Dollar/sFr.

Jede Börse kennt spezifische Vertragsbedingungen und kotiert die Preise auf ihre eigene Art.

An immer mehr Börsenplätzen werden weltweit eine ständig wachsende Anzahl von Devisenoptionskontrakten gehandelt. Ein weltweiter 24-Stunden-Handel ist heute möglich. Es ist ein Zeichen der Globalisierung, dass in immer grösserem Umfang die Optionskontraktsbedingungen zwischen den verschiedenen Börsenplätzen standardisiert werden. Dies hat zur Folge, dass Positionen in Amerika am Nachmittag eingenommen und nach Börsenschluss über Nacht im Fernen Osten wieder glattgestellt werden können. Diese Entwicklung ist seit einiger Zeit für wenige Optionstypen und Marktplätze im Gang.

Auf den wichtigsten Märkten werden heute sowohl amerikanische als auch europäische Devisenoptionen gehandelt. Dabei werden sowohl Kontant- als auch Terminoptionen verwendet. Die amerikanische Option hat, wie in früheren Kapiteln beschrieben, immer einen höheren Wert als die europäische Option. Der Preisunterschied ist in den meisten Fällen allerdings klein.

Diejenigen Marktplätze, die Devisenoptionen einführten, haben alle versucht, die Vertragsbedingungen so attraktiv wie möglich zu gestalten. Hier findet sich auch die Erklärung dafür, warum so viele verschiedene Optionstypen vorhanden sind. Auch wenn die Unterschiede zwischen den Kontrakten normalerweise klein sind, können sie bei ausserordentlichen Verhältnissen von Bedeutung sein.

Devisenoptionen sind das beste Instrument, um Devisenrisiken von einem Marktteilnehmer auf den anderen zu übertragen. Die Komplexität des Instrumentes hat jedoch mit sich gebracht, dass sich der Devisenoptionenhandel in den USA während der ersten zwei Jahre nur zögernd entwikkeln konnte. Grosse Volumen wurden erst nach 1984 erreicht. Es ist weiter bemerkenswert, dass europäische Portefeuilleverwalter schneller und in grösseren Volumen die Devisenoptionen als finanzielles Instrument entdeckt haben, als dies ihre amerikanischen Kollegen getan haben. Der Grund dafür ist in der Tatsache zu suchen, dass in Europa die Abhängigkeit von Devisenkursveränderungen bei den Unternehmen grösser ist, da die eigenen Absatzmärkte relativ klein sind und der Handel zwischen Ländern mit unterschiedlichen Währungen von grösserer Bedeutung ist.

Die Schweiz und die Devisenoptionen

Der Schweizerfranken ist international gesehen eine relativ kleine Währung. Die schweizerische Wirtschaft reagiert sehr empfindlich auf Devisenkursveränderungen, da sie in vielen Bereichen exportorientiert ist und andererseits vor allem im Bereich Rohstoffe auf Importe angewiesen ist.

Durch diese Wechselkursbewegungen sind schweizerische Unternehmen Risiken ausgesetzt. Für den Exporteur besteht das Risiko darin, dass die fremde Währung gegenüber dem Schweizerfranken bis zur Fälligkeit der Bezahlung an Wert verliert. Der Exporteur erhält weniger Franken als ursprünglich erwartet. Der Importeur befindet sich in der umgekehrten Position. Wurde die Bezahlung in einer anderen Währung als dem Schweizerfranken vereinbart, entsteht das Problem, dass der Schweizerfranken bis zur Fälligkeit der Bezahlung an Wert verlieren könnte.

Es gibt verschiedene Arten, wie sich ein Unternehmen gegen eine unerwünschte Devisenkursveränderung absichern kann.

Die Währungspositionen eines Unternehmens können sehr unterschiedlich sein. Zudem ist es vielfach unmöglich, diese vorherzusehen. Geplante Transaktionen werden oftmals nie durchgeführt, obwohl eingangs deren Zustandekommen sicher schien, während andere durchgeführt werden, mit denen man nie gerechnet hatte.

Ein Angebot in einer fremden Währung zu unterbreiten, bedeutet ein gewisses Risiko. Nehmen wir an, dass ein schweizerisches Unternehmen seine Leistung in Dollarpreisen offeriert. Vom Moment an, in dem die Offerte eingereicht wird, bis zur Entscheidung des Kunden für die eine oder andere Offerte besteht für das schweizerische Unternehmen eine gewisse Unsicherheit. Fällt der Dollar während dieses Zeitraumes gegenüber dem Schweizerfranken, müssen die Berechnungen für das Projekt als überholt betrachtet werden. Sollte die Offerte in einem solchen Moment angenommen werden, kann dies für das Unternehmen einen bedeutenden Verlust mit sich bringen.

Der Kauf eines Put auf den Dollar würde das Problem lösen. Die Option kann in diesem Falle als Versicherung betrachtet werden. Ist über die Ausführung des Projektes entschieden worden, kann die Option je nach Wunsch ausgeübt oder wieder verkauft werden. Ab jenem Moment, in dem das Unternehmen sicher ist, dass es den Auftrag auf jeden Fall erhält, kann das weitere Devisenrisiko mit Terminkontrakten abgesichert werden. Eine eventuelle Abschwächung des Dollars gegenüber dem Schweizerfranken während der Zeit der Offerte wird vom höheren Wert des Puts ausgeglichen. Tritt das Gegenteil ein, sinkt der Wert des Puts, der im schlimmsten Fall wertlos verfällt. Die Kosten entsprechen dann der Prämie einer Versicherung, die nicht in Anspruch genommen werden musste.

Sollte die Offerte nicht angenommen werden, wird der Put verkauft. Die höchsten Kosten fallen an, wenn der Put wertlos verfällt. Diese sind wiederum als Versicherungsprämie zu betrachten. Die Stärke des Optionsinstrumentes liegt in der Tatsache, dass vorausgesehen werden kann, welche Kosten im schlimmsten Fall entstehen. Diese Sicherheit ist in vielen Fällen sehr wertvoll.

Zur Absicherung der Risiken einer Offertenabgabe können weitere raffinierte Lösungen gefunden werden. Da meistens nur ein Angebot akzeptiert wird, ist es nicht notwendig, dass sich jeder einzelne Anbieter gegen das Devisenrisiko absichert. Es ist durchaus üblich, dass Anbieter, welche das gleiche Risiko tragen, ein Konsortium bilden und gemeinsam die Versicherungssumme, beispielsweise für den Put, tragen.

Die Problemstellung der Absicherung der Risiken einer Offertenabgabe kann nicht über den Terminmarkt gelöst werden. Nehmen wir an, dass das schweizerische Unternehmen versucht hat, die potentielle Dollarposition am Terminmarkt abzusichern, indem es die Dollars zu dem in der Offerte vermerkten Kurs auf Termin verkauft hat. Erhält das Unternehmen das Angebot, ist der Schutz vorhanden. Erhält aber ein Konkurrent den Auftrag zugeschlagen, hat sich das nicht berücksichtigte Unternehmen einem Kursrisiko ausgesetzt, ohne gleichzeitig irgend eine Risikoabgrenzung gehabt zu haben. Ein Dollaranstieg bedeutet einen Verlust auf den Terminkontrakt und kann nicht durch die zugrundeliegenden Transaktionen des Projektes eliminiert werden.

Es ist daher vielfach bedeutend interessanter, anstelle von Terminkontrakten Devisenoptionen als Absicherungsinstrument zu verwenden. Durch den Terminkontrakt kann lediglich das aktuelle Marktniveau für eine zukünftige Transaktion fixiert werden. Der Optionenmarkt hingegen eröffnet die Möglichkeit, sich lediglich einseitig gegenüber unerwünschten Devisenbewegungen abzusichern. Im Normalfall sind daher die Kosten für die Absicherung über die Option höher, beinhalten für den Unternehmer aber das kleinere Risiko. Anhand eines praktischen Beispiels soll der mögliche Effekt dargestellt werden.

Die Optionsabsicherung als Alternative zur Terminmarktabsicherung

Der Verwaltungsrat der Swissair entscheidet sich Mitte 1986 für eine grössere Investition in Flugzeuge. Die Bezahlung soll in Dollars erfolgen. Die aktuelle Situation besteht also darin, dass Dollars zu einem späteren Zeitpunkt mit in der Zwischenzeit erarbeiteten Schweizerfranken gekauft werden müssen. Es bestehen verschiedene Lösungsmöglichkeiten des Problems.
1) Sich nicht absichern, d.h. mit dem Kauf der Dollars zuwarten, bis die effektiven Zahlungen geleistet werden müssen. Ein Dollaranstieg würde einen Verlust, ein Dollarfall einen Gewinn bedeuten.
2) Absicherung über den Terminmarkt, d.h. die Dollars auf Termin kaufen. Dadurch wird der Dollarkurs auf den Zeitpunkt fixiert, zu dem auch die Entscheidung gefällt wurde.
3) Absicherung über den Optionenmarkt, d.h. es werden Calls auf den Dollar gekauft. Die Prämie für die at-the-money Option kostet im Entscheidungszeitpunkt beispielsweise 6%, was bedeutet, dass die Kosten für die Investition bei einem unveränderten Dollarkurs 6% teurer wird. Gleichzeitig sind aber die maximalen Kosten fixiert. Schwächt sich der Dollarkurs ab, kann der tiefere Dollar trotzdem ausgenützt werden.

Im Zeitpunkt der effektiven Bezahlung der Flugzeuge Mitte 1987 steht der Dollar bei sFr. 1.50. Das beste Resultat hätte Swissair erhalten, wenn sie sich nicht abgesichert hätte. Die zweitbeste Alternative wäre gewesen, den Call zu kaufen. Dies hätte zwar zusätzliche Kosten verursacht, da die Calls das Unternehmen gegen einen Kursanstieg des Dollars absicherten. Gleichzeitig hätte es aber einen Gewinn im Fall des Dollarkursabfalles ermöglicht. Die schlechteste Variante wäre eine Terminabsicherung im Zeitpunkt der Entscheidung Mitte 1986 zu 1.80 sFr/Dollar gewesen.

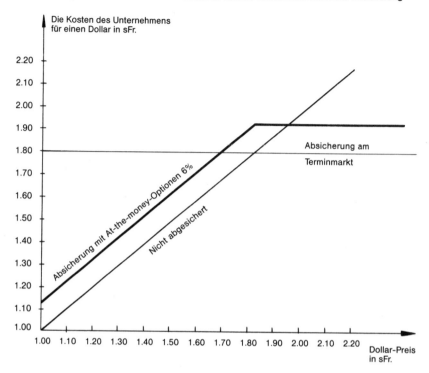

Abbildung 13.1 **Die Alternativen im Vergleich: Option, Terminmarkt und keine Absicherung**

Schweizerische Devisenoptionen in der Zukunft

Es ist nicht auszuschliessen, dass die Gründung der SOFFEX den Weg bereiten könnte, in der Schweiz einen Markt für standardisierte Devisenoptionen aufzubauen. Bis heute sind schweizerische Unternehmen für ihre standardisierten Devisenoptionstransaktionen auf ausländische Börsenplätze oder die OTC-Optionen der Grossbanken angewiesen. Insbesondere kleine Volumen könnten über einen standardisierten Markt abgewickelt werden.

Wenn ein Call einer Währungsoption mit Basiswert Schweizerfranken ausgeübt wird, erhält der Besitzer des Calls zu einem vereinbarten Kurs (Strikepreis der Option) Schweizerfranken im Austausch gegen eine andere Währung. Grundsätzlich wird eine Devisentransaktion durchgeführt. Der Grund, weshalb die Option ausgeübt wird, ist nicht unbedingt in der Tatsache zu suchen, dass der Besitzer Schweizerfranken braucht. Er will vorerst den Gewinn realisieren, der in der Differenz liegt zwischen dem Strikepreis des Calls und dem Kontantpreis der Währung am Markt. Dieser Gewinn könnte dem Besitzer auch kontant in der eigenen Währung abgerechnet werden. Viele andere Optionskontrakte, die auf einen andern Basiswert lauten, werden erfolgreich nach diesem Prinzip abgerechnet.

Die Devisenoptionen auf Schweizerfranken oder auf einen Korb von Devisen könnten nach dem erwähnten Prinzip konstruiert werden. Dies würde einerseits zu einem effizienten Kursrisikoschutz führen und gleichzeitig das Bedürfnis nach physischen Devisenbewegungen reduzieren. Der anfallende Gewinn/Verlust würde in Schweizerfranken bezahlt.

13.2 Kontantabrechnung eines Calls

Der Call beinhaltet das Recht, $ 50 000 zum Kurse von 1,50 sFr./$ zu erwerben. Die Prämie für den Devisencall beträgt 0,10 sFr./$.

Im Zeitpunkt des Kaufs: Dollarkurs 1,50 sFr./$

Im Zeitpunkt der Kontantabrechnung: Dollarkurs 1,70 sFr./$

Die Kontantabrechnung ergibt:
Kauf von 50 000 $ zu 1,50 sFr./$
Zu bezahlen (50 000 × 1,5 =)   sFr. 75 000

Verkauf von 50 000 Dollar zu 1,70 sFr./$
Zu erhalten (50 000 × 1,7 =)   sFr. 85 000
Netto zu erhalten   sFr. 10 000

Zusammenfassung

In diesem Kapitel haben wir die Entwicklung der Devisenoptionsprodukte während der letzten Jahre beschrieben. Standardisierte Devisenoptionen werden heute an verschiedenen Börsenplätzen weltweit gehandelt.

Die Schweiz ist hinter dieser Entwicklung zurückgeblieben und besitzt heute keinen standardisierten Devisenoptionshandel. Dies ist unbegreiflich, wenn man bedenkt, dass die Schweiz in hohem Masse vom Aussenhandel abhängig ist und damit ein grosses Bedürfnis nach Devisenabsicherung besteht. Wir konnten feststellen, dass die Devisenoptionen verschiedene einzigartige Eigenschaften besitzen, welche in vielen Situationen des Geschäftsverkehrs, in denen Unsicherheit darüber besteht, ob das beabsichtigte Geschäft zustande kommt, von grossem Nutzen sind. Dies wurde am Beispiel einer Angebots- und Offertensituation, bei der die Preise in einer fremden Währung fixiert wurden, demonstriert.

Im weiteren haben wir ein Devisenoptionsprodukt skizziert, welches für die schweizerischen Verhältnisse geschaffen werden könnte.

Sicherheitsbestimmungen und Transaktionskosten

Die Frage, wie die gegenseitigen Verpflichtungen der Marktteilnehmer am Optionenmarkt sichergestellt werden, ist das Thema dieses Kapitels.

Der Optionsschreiber kann die Sicherheiten auf verschiedene Arten stellen. Die Höhe der Sicherheit widerspiegelt die Kreditwürdigkeit und Liquiditätssituation der Marktpartner. Wir werden zeigen, wie das Margensystem auf die Kosten im Optionenhandel einwirkt und wie sich diese im Verhältnis zum Basiswert verhalten.

Differenzierte Transaktionskosten können zu grösserer Liquidität im Optionenhandel beitragen. Welche Auswirkungen dies auf den Handel hat, wird ausführlich dargestellt.

Der Optionenhandel und die Sicherheitsbestimmungen

Derjenige, der eine Option kauft, muss sicher sein, dass der Verkäufer der Option für ihn kein Kreditrisiko darstellt. Hier liegt der Grund dafür, dass für den Optionenhandel aufwendige Sicherheitssysteme entwickelt worden sind.

Das Clearinghaus ist bei jeder Optionstransaktion der beidseitige Gegenpart. Derjenige, welcher die Option schreibt, muss in Übereinstimmung mit den Vorschriften des Clearinghauses gewisse Sicherheiten hinterlegen, bevor die Transaktion durchgeführt werden kann. Der Optionskäufer muss sich deshalb nicht mehr um das Kreditrisiko des Schreibers der Option kümmern. Dies unter der Voraussetzung, dass der Optionskäufer dem Clearinghaus volles Vertrauen entgegenbringt.

Das Prinzip des Sicherheitssystems ist einfach. Als Sicherheit werden risikofreie Werte deponiert. Beim Schreiben eines Calls kann der Basistitel (z.B. Aktie) deponiert werden. Wird der Basiswert nicht als Sicherheit deponiert, wird eine Barsumme gemäss dem inneren Wert der Option plus einer gewissen Marge als Reserve hinterlegt, welche kleinere Preisbewegungen des Basiswertes absorbieren kann. Diese Art von Sicherheit wird Margendeckung genannt und gilt heute für die meisten Optionenmärkte. Die Höhe der Sicherheitsleistung bestimmt sich nach der erwarteten Preisvariation des Basiswertes und deckt dieses Risiko ab. Der Sicherheitsbetrag wird jeden Tag neu berechnet, und es werden weitere Sicherheiten verlangt, sobald sich der Markt in einem gewissen Ausmass gegen den Optionsverkäufer entwickelt. Ist die Entwicklung hingegen positiv, wird der Sicherheitsbetrag reduziert und hinterlegte Beträge freigestellt. Da die Sicherheitsberechnungen täglich durchgeführt und eventuell weitere Sicherheiten verlangt werden, können Marktteilnehmer, welche nicht in der Lage sind, die Verluste abzudecken, frühzeitig erkannt werden. Können die verlangten Sicherheiten nicht gestellt werden, wird die Position durch den Rückkauf der ausgestellten Option zwangsweise geschlossen. Die Verluste sind durch die bereits geleisteten Sicherheiten gedeckt, und der Restbetrag geht an den Schreiber zurück. Die Sicherheitssysteme sind an und für sich einfach, die praktische Durchführung und die kontinuierliche Kontrolle stellen jedoch grosse Ansprüche an die Administration. Dies besonders dann, wenn Kursbewegungen in den Basistiteln eintreten, deren Höhe nicht erwartet wurde.

Verschiedene Arten, Sicherheiten zu stellen

Alternative Deckungsmöglichkeiten:

- Gegenoption
- Besitz des Basiswertes
- Margendeckung

In Abhängigkeit von der Art der Optionstransaktion und der Marktteilnehmer können die Sicherheiten auf verschiedene Arten hinterlegt werden. Beim Schreiben einer Option wird eine Sicherheit verlangt. Wird die gleiche Option zurückgekauft, neutralisiert sich die Optionsposition, und die erforderliche Deckung entfällt. Eine gekaufte Option kann als Deckung für die geschriebene Option dienen. Im Optionssprachgebrauch spricht man von einer Gegenoption. Die Gegenoption kann dann immer als Sicherheit dienen, wenn sie in jeder Hinsicht die gleichen oder sogar mehr Rechte besitzt als der geschriebenen Option Pflichten anhaften. Dies gilt zum Beispiel für eine Option, die bei sonst identischen Konditionen eine längere Laufzeit besitzt. Mit den Gegenoptionen können Strategien wie Haussepreisspreads mit Calls und gewisse Zeitspreads durchgeführt werden, ohne dabei eine andere Sicherheit stellen zu müssen.

Der Ausdruck «gedeckter Callverkauf» bedeutet, dass der Call auf einen bestehenden Basiswert geschrieben wird. Dabei wird auf den Basiswert ein

Pfandrecht errichtet. Um die eingegangenen Verpflichtungen des geschriebenen Calls zu decken, genügt dieses Pfandrecht als Sicherheit. Derjenige, welcher den Call gekauft hat, kann die Herausgabe des Basiswertes verlangen. Dieser ist für genau diesen Zweck gesperrt.

In den Anfängen der Aktienoptionenmärkte wurden primär diese zwei Arten von Sicherheitssystemen angewendet. Seit aber Puts in den Handel kamen, musste ein anderes, breiter anwendbares System eingeführt werden. Dies führte zum Prinzip der Margendeckung, bei dem beim Ausstellen einer Option risikolose Sicherheiten hinterlegt werden. Die Grösse des Betrages wird je nach Art des Optionsinstrumentes festgelegt. Die Aufgabe der Festlegung der Berechnungsregeln der Margen obliegt dem Clearinghaus. Verkauft ein Marktteilnehmer Aktien, die er nicht besitzt, und stellt er gleichzeitig einen Put aus, wird diese Position als risikolos betrachtet. Dies unter der Voraussetzung, dass genügend Sicherheit für den Leerverkauf hinterlegt wird. Diese Transaktion muss als identisch mit dem Ausstellen eines Calls, welcher durch den Besitz des Basiswertes gedeckt wird, angesehen werden. Die Kombination des Leerverkaufs des Basiswertes und des Ausstellens eines Puts wird als Sicherheit nur dann akzeptiert, wenn das Clearinghaus den Leerverkauf in einer gewissen Art abgesichert bekommt. Solange der Leerverkauf in einem Markt vorgenommen wird, welcher ausserhalb der Domäne des Clearinghauses liegt, hat das Clearinghaus kein Rückgriffsrecht und keinen Beweis für die Existenz der Transaktion. Deshalb kann das Clearinghaus den Leerverkauf in vielen Fällen nicht als Sicherheit für einen eventuellen Verlust, der aus dem Verkauf des Puts resultieren könnte, akzeptieren.

Sobald die Instrumente und Positionen bestimmt sind, welche in die Sicherheitsberechnungen einzubeziehen sind, können die Prinzipien festgelegt werden, nach welchen das Risiko der Totalposition zu berechnen ist. Das Risiko einer geschriebenen Optionsposition kann nach unterschiedlichen Prinzipien bestimmt werden. Zum Beispiel können alle Käufe und Verkäufe von Optionen auf den gleichen Basiswert einander gegenübergestellt werden. Die meisten heute gebräuchlichen Margendeckungssysteme bauen auf diesem Prinzip auf. Aufgrund dieser Angaben kann das Totalrisiko jedes Marktteilnehmers berechnet werden. Transaktionen, welche ganz oder teilweise gegensätzliche Risikoprofile besitzen, sollten mit weniger Sicherheitsmarge belastet werden als jene Transaktionen, welche ein gleichgerichtetes Risiko aufweisen. Würde diese risikoreduzierende Berechnungsart nicht angewendet, wären die Sicherheitsmargen sehr hoch. Arbitragetransaktionen wären dann kaum möglich, da sie zuviel Kapital binden würden. Auch die Liquidität des Marktes würde darunter leiden, und die Preisbildung würde sich verschlechtern. Eine zu starke Lockerung der Sicherheitsbestimmungen andererseits birgt die Gefahr von mangelndem Vertrauen in das System und kann bei Illiquidität und Verlusten zu dessen Zusammenbrechen führen.

Nachfolgend werden wir als Beispiel für eine mögliche Lösung die Grundregeln, welche zur Berechnung der Margendeckung am schwedischen Optionsmarkt (OM) gelten, beschreiben. Das beschriebene Modell wird dort für Zinsoptionen angewendet. Als eine weitere mögliche Lösung der Margenvorschriften werden wir danach als Kontrast die Lösung der SOFFEX darstellen.

Die Berechnung der Sicherheitsmarge beim Ausstellen von Optionen

Liegt der Strikepreis eines geschriebenen Puts oder Calls auf der Höhe des Marktpreises, wird am schwedischen Zinsoptionenmarkt als Margendeckung ein Grundbetrag verlangt, der abhängig ist von der Preisvariation (Volatilität) des Basiswertes. Der Grundbetrag, den der Schreiber hinterlegen muss, gilt als Absicherung der Clearingstelle gegen eine negative Entwicklung des Preises des zugrundeliegenden Wertes. Er stellt eine Art Kreditrisikoabsicherung dar.

Abbildung 14.1 **Zusammensetzung des Sicherheitsbedarfes**

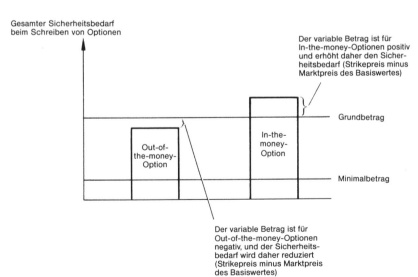

259

Weicht der Marktpreis der Option vom Strikepreis des Basiswertes ab, wird ein variabler Betrag zum Grundbetrag zugeschlagen oder von ihm abgezogen. Zusammen ergibt dies den totalen Betrag, welcher als Sicherheit hinterlegt werden muss. Die totale Sicherheitsmarge kann einen bestimmten minimalen Betrag jedoch nicht unterschreiten.

Bei gewissen Spreadpositionen heben sich die verlangten Sicherheitsbeträge auf. Voraussetzung dafür ist, dass die gekauften Optionen eine mindestens gleich lange Laufzeit wie die geschriebenen aufweisen. Spreadpositionen beinhalten den gleichzeitigen Kauf und Verkauf von Optionen. Der Optionskauf beseitigt zumindest teilweise das Risiko der geschriebenen Option. Besitzen die gekaufte und die verkaufte Option zudem die gleiche Laufzeit, besteht der zu leistende Sicherheitsbetrag in der Differenz zwischen den Strikepreisen der beiden Optionen. Ist die Laufzeit der geschriebenen Option länger als jene der gekauften Option, ist die Sicherheitsmarge wieder vom Basiswert abhängig und liegt daher höher.

Es bestehen weitere Kombinationen, welche nicht den vollen Deckungsgrad verlangen. Werden gleichzeitig ein Call und ein Put auf den gleichen Basiswert mit den gleichen Strikepreisen und Laufzeiten geschrieben, kann mit Sicherheit vorhergesehen werden, dass lediglich eine der beiden Optionen einen inneren Wert am Verfalltag aufweisen wird. Mindestens eine der Optionen verfällt wertlos. Befindet sich der Preis des Basiswertes am Verfalltag auf dem Niveau des Strikepreises, werden beide Optionen wertlos verfallen. Im Margendeckungssystem kann dies berücksichtigt werden, indem für jede ausgestellte Call-/Put-Kombination mit gleicher Laufzeit nur ein Grundbetrag als Sicherheit geleistet werden muss. Der variable Betrag sollte jedoch wie gewöhnlich für beide Optionen separat berechnet werden, und lediglich diese Beträge erhöhen resp. reduzieren den Sicherheitsbetrag.

Es gibt weiter Optionskombinationen, welche als Ganzes weniger Risiko beinhalten als jede einzelne Transaktion für sich. Um die minimale Margendeckung zu berechnen, wird mit einem Algorithmus gearbeitet, welcher nach einem gewissen Muster die Optionspositionen zusammensetzt. Es ist schwierig, die absolut optimale Deckung zu finden, da dies lediglich mit linearen Programmierungsmodellen gelöst werden könnte.

Eine andere Methode zur Berechnung des gesamten Risikos eines Optionenportefeuilles baut auf dem Deltawert auf. Bei dieser Methode, die heute konkret an keinem Börsenplatz angewendet wird, müssen keine Einzelpositionen kombiniert werden, um das Risiko zu berechnen. Der Deltawert der Option ist, wie früher beschrieben, ein Mass für die Höhe der Preisveränderung der Option bei Preisveränderungen des Basiswertes. Durch die Addition der Deltawerte aller Optionen der verschiedenen Optionsklassen im Portefeuille wird das Risiko pro Titelkategorie ermittelt. Da unterschiedliche Basiswerte verschieden grossen Preisschwankungen unterliegen, muss ein Clearinghaus Sicherheitsmargen pro zugrundeliegenden Titel verlangen. Nach Addition der Deltawerte aller Optionen auf den gleichen Basiswert kann die Marge gemäss Tabelle 14.1 berechnet werden. Die Anzahl der Optionen wird anschliessend mit den Deckungsmargen multipliziert.

Tabelle 14.1 **Vorgehen bei der Berechnung der Sicherheitsmargen anhand der Delta-Addition der Optionen auf die Basistitel A und B**

	Delta pro Option	Totaler Deltawert A	Totaler Deltawert B
Besitz:			
1 Call A	0,5	0,5	
2 Puts A	−0,4	−0,8	
Schreiben:			
1 Put B	−(−0,8)		0,8
1 Call A	−(0,2)	−0,2	—
Totaler Deltawert pro Optionsklasse		−0,5	0,8
Erforderliche Deckung[1]			
1 Einheit A	10 000		
1 Einheit B	25 000		
Berechnete Deckung			
A (0,5×10 000 =)[2]			5 000
B (0,8×25 000 =)			20 000
Total berechneter Deckungsbetrag			25 000

[1] Die erforderliche Deckung pro Option kann aus der Volatilität der einzelnen Basiswerte abgeleitet werden. Zum Beispiel eine Standardabweichung pro Jahr mal den zugrundeliegenden Kontraktwert (0,2 x 5 x Nestlé Inhaber = 0,2 x 5 x 10 000 = 10 000)

[2] Bei der Berechnung des Deckungsbetrages wird keine Rücksicht auf das Minuszeichen genommen, das Risiko ist beidseitig und daher immer positiv.

Ein weiteres System der Sicherheitsleistung könnte so ausgestaltet sein, dass eine kapitalstarke Clearingstelle als genereller Garant am Optionenmarkt auftritt und/oder dass als Schreiber von Optionen lediglich erstklassige Schuldner zugelassen werden, denen a priori eine hohe Kreditlimite eingeräumt werden kann, ohne dass die Sicherheit des Marktes in Zweifel gezogen würde. Dieses System hätte den grossen Vorteil der einfachen und kostengünstigen Abwicklung der Sicherheitsleistungen.

Das Ausstellen einer Margendeckung

Anerkannte Sicherheiten können sein

- Staatsschuldwechsel
- Bank- oder Versicherungsgarantien
- Bankguthaben

Der Endkunde, welcher an der Optionenbörse Geschäfte über einen Broker tätigt, stellt die Sicherheiten via diesen Broker. Dieser wiederum ist direkt dem Clearinghaus verantwortlich. Dies sowohl für die eigenen Geschäfte als auch für die des Kunden. Der Broker fordert daher von seinem Kunden die Hinterlegung von Sicherheiten. Jeder weitere Vermittler, welcher kein Mitglied der Börse ist, muss ein Mitglied der Börse dazwischenschalten, welches die Sicherheiten stellt. Wie auch immer sich der Kunde verhält, der Vermittler bleibt der Verantwortliche gegenüber der Clearingstelle. Daher muss er die Position des Kunden zwangsliquidieren, sofern dieser seine Sicherheiten nicht stellt. Der Grund für diese Aufteilung der Verantwortung liegt darin, dass einerseits das Clearinghaus die Übersicht behalten muss und andererseits dem Vermittler in der Margenfestlegung gegenüber seinem Kunden eine gewisse Freiheit gewährt werden soll.

Als Sicherheit für die Margendeckung akzeptiert die schwedische Clearingstelle OM, Optionsmäklarna Fondkommission AB, beispielsweise Staatsschuldscheine mit kurzer Laufzeit bis zu einem Jahr (90% des nominellen Wertes wird als Garantie angenommen), Bankgarantien, Versicherungsgarantien oder Bankguthaben. Dabei werden zinstragende Papiere als Sicherheit akzeptiert. Deshalb muss der Marktteilnehmer für die Stellung der Sicherheiten nur die Kosten seiner reduzierten Liquidität tragen. Zudem müssen rein administrative Kosten berücksichtigt werden. Indem Schuldscheine deponiert werden, die über einen grösseren Betrag lauten als den absolut erforderlichen, können administrative Umtriebe über lange Zeit vermieden werden. Stellt hingegen die Liquidität für einen Teilnehmer einen limitierenden Faktor dar, kann beispielsweise ein gesperrtes Bankguthaben herangezogen werden. Das Bankguthaben kann flexibel aufgestockt und abgebaut werden. Bei diesen Lösungen muss mit administrativen Kosten, alternativen Zinskosten und/oder Garantiekosten gerechnet werden. Die SOFFEX sieht, soweit heute bekannt, folgende Margen vor. Die jüngsten Erfahrungen mit erhöhter Volatilität der Weltbörsen könnten die SOFFEX allerdings veranlassen, betreffend Margenerfordernissen nochmals über die Bücher zu gehen.

Bei at- oder in-the-money Optionen muss der Erlös aus dem Schreiben der Option (Optionspreis) plus 10% des derzeitigen Aktienkurses hinterlegt werden, bei out-of-the-money Optionen der Erlös aus dem Optionenverkauf plus 5% des Aktienkurses.

Wird eine Option auf Nestlé Inhaber-Aktien geschrieben, sieht dies beispielsweise folgendermassen aus:

Tabelle 14.2 **Berechnung der Sicherheitsmarge (Call)**
Preise in sFr.

Nestlé Inhaber =	9 800
Strikepreis =	10 000
Optionspreis =	600

Rechnung für einen Kontrakt (5 Aktien, Call):

Erlös aus dem Schreiben des Calls	3 000
5% des Kurswertes von 5 Aktien	2 450
Marge für einen geschriebenen Kontrakt (Call)	5 450

Fällt die Aktie auf 8 500:
(Callpreis = 200)

Preis von 1 Optionskontrakt	1 000
5% des Kurswertes von 5 Aktien	2 125
Tiefere erforderliche Marge	3 125
Rückzahlung	2 325

Steigt die Aktie auf 11 500:
(Callpreis = 1700)

Preis von 1 Optionskontrakt	8 500
10% des Kurswertes von 5 Aktien	5 750
Höhere erforderliche Marge	14 250
Neue Einschusspflicht	8 800

Würde gleichzeitig mit dem Call ein Put geschrieben, reduziert sich das Risiko. SOFFEX verlangt in diesem Fall lediglich die höhere der beiden Margen.

Tabelle 14.3 **Berechnung der Sicherheitsmarge (Put)**
Preise in sFr.

Rechnung für einen Kontrakt (5 Aktien, Put):
(gleiche Bedingungen wie beim Call, Putpreis = 800)

Erlös aus dem Schreiben des Puts	4 000
5% des Kontraktwertes von 5 Aktien	2 450
Marge für einen geschriebenen Kontrakt (Put)	6 450

Da die Marge für den geschriebenen Call-Kontrakt nur sFr. 5450 beträgt, muss für beide Kontrakte zusammen der höhere Betrag von sFr. 6450 hinterlegt werden.

Aufgrund der jüngsten Erfahrungen am Aktienmarkt mit täglichen Kursschwankungen der Aktien von zeitweise über 10% ist anzunehmen, dass die eben beschriebenen Margensätze von der SOFFEX je nach Marktentwicklung noch erhöht werden.

Die Transaktionskosten am Optionenmarkt

Die Kosten einer Optionstransaktion sind von der Wahl des Vermittlers, der Grösse des Auftrages und dem Basiswert der Option abhängig.

Die Transaktionskosten bestehen heute an den bestehenden Optionenbörsen aus zwei verschiedenen Komponenten; einer proportionalen Clearingabgabe für die Anzahl der umgesetzten Kontrakte und einer normalen Courtage, festgesetzt mit einem Prozentsatz des umgesetzten Volumens. In den meisten Ländern wird auf dem Optionenhandel eine Umsatzsteuer erhoben. Eine Umsatzsteuer fällt in der Schweiz nicht an (siehe Kapitel 15, Besteuerung von Optionen), und eine Clearingabgabe wird in der Schweiz nur von der SOFFEX erhoben und beträgt je nach Optionspreis zwischen 2 und 12 sFr. pro umgesetzten Optionskontrakt (siehe Tabelle 2.4). Dazu kommt eine Courtage von X% auf den Kontraktwert, je nach Grösse der Transaktion, und ferner – beim eventuellen Bezug des zugrundeliegenden Wertpapieres – die übliche Courtage und die Steuern, die auch bei einem normalen Kauf des Wertpapieres anfallen würden (siehe Tabelle 2.5).

Die Clearingabgabe liegt für Market-Makers tiefer als für die übrigen

Marktteilnehmer, was eine Art Belohnung für die Schaffung von Liquidität darstellt. Sie beträgt bei der SOFFEX sFr. 0.5 pro Optionskontrakt. Für die an der Börse gehandelten kotierten Optionen wird normalerweise keine Clearingabgabe erhoben. In Prozenten des Handelsvolumens gerechnet dürften die Transaktionskosten bei Aktienoptionen höher liegen als für den Handel im zugrundeliegenden Basistitel. Der absolute Betrag für die Verschiebung von gleichen Risiken ist wegen der tieferen Preise im Optionenhandel trotzdem bedeutend tiefer. Die durchschnittlich gehandelte Option ist vielfach eine at-the-money Option, und für diese wird lediglich ein Zeitwert bezahlt. Der Zeitwert entspricht bei bis zu einem Jahr Laufzeit der Option vielfach 10% des Aktienpreises. Da diese Option einen Deltawert von 0,5 hat, müssen zwei Optionen umgesetzt werden, um das Risiko einer Aktie von einem Marktteilnehmer auf den anderen zu überwälzen. Gemäss dieser Argumentation können die Transaktionskosten am Optionenmarkt, in Prozenten gerechnet, 5mal so hoch sein, um für die gleiche Risikoverschiebung die gleiche Kostenbelastung wie am Aktienmarkt zu erreichen.

Tabelle 14.4   **Vergleich der Transaktionskosten zwischen dem Aktienoptionenmarkt und dem Aktienmarkt**

Preise in sFr.

Kontraktwert (5 Aktien):	5 x Aktienkurs (2000) = 10 000
Option:	Laufzeit 90 Tage, at-the-money, Prämie 10% (Durchschnittsoption), Kurs = 0,1 x 2000 = 200
Deltawert der Option:	0,5

Ebenbürtige Risikoveränderungen:	
Am Optionenmarkt	10 Optionen (5/0.5) = 2000
Am Aktienmarkt	5 Aktien = 10 000

Gleichwertige Transaktionskosten:
Wir nehmen an, dass die Transaktionskosten für Aktien 1% des zu bezahlenden Betrages sind. Beim Kauf einer Aktienposition von sFr. 10 000 fallen somit Transaktionskosten von sFr. 100 (1% von sFr. 10 000) an.

Das gleichwertige Risiko via den Optionenmarkt zu kaufen und sFr. 100 zu bezahlen bedeutet, dass die Optionscourtage 5% sein muss (sFr. 100/ sFr. 2 000 = 5%). So betrachtet sind die Transaktionskosten für Optionen relativ tief.

Im Kapitel 2, Der Optionenhandel in der Schweiz, sind die Kommissionsstruktur und die Börsengebühren der SOFFEX aufgeführt.

Im Vergleich zu anderen Optionsbörsen scheinen die Kosten des Aktienoptionenhandels in der SOFFEX vernünftig angesetzt. Diese Betrachtungsweise muss insofern relativiert werden, als bei der Option ein zeitlich begrenztes Recht erworben wird, bei einer Aktientransaktion die Exponierung hingegen mehrheitlich zeitlich unbegrenzt ist. In dieser Hinsicht muss beigefügt werden, dass die am Schweizer Markt gehandelten traditionellen Optionen diesen Vorteil der relativ längeren Laufzeit ebenfalls aufweisen und unter der bestehenden Courtageregelung im Vergleich zu den Optionen der SOFFEX im Handel mit bedeutend tieferen Transaktionskosten vermittelt werden.

In-the-money Optionen haben bei gleicher Risikoverschiebung relativ hohe Transaktionskosten im Vergleich zu out-of-the-money Optionen.

Im Zinsoptionenhandel kann die Kostenberechnung noch dramatischer ausfallen. Für grössere Posten wird beispielsweise in Schweden nur eine relativ tiefe Clearingabgabe pro Kontrakt berechnet. Da diesen Optionen oft Werte von sFr. 200 000 bis 300 000 zugrunde liegen, bedeutet dies, dass 4 Kontrakte einem Wert von sFr. 1 Million entsprechen. Die Clearinggebühr für die 4 Kontrakte beträgt beispielsweise am schwedischen Zinsoptionenmarkt lediglich sFr. 200. Dies kann mit der Wertveränderung verglichen werden, wenn sich das Zinsniveau um 1/100% verändert. Diese Wertveränderung beträgt unter der Annahme einer Restlaufzeit der zugrundeliegenden Obligation von 5 Jahren in etwa sFr. 350. Die Abwicklung einer Börsentransaktion von 1 Million sFr. in Obligationen kostet in der Schweiz 2,5 Promille des Grundbetrages. In Schweizerfranken ausgedrückt bedeutet dies ca. sFr. 2500. Dies zeigt eindrücklich, was kostenmässig ein standardisierter Optionenmarkt auf festverzinsliche Wertpapiere dem schweizerischen Markt (Anleger) bringen könnte.

Zusammenfassung

In diesem Kapitel wurde das Sicherheitssystem am Optionenmarkt beschrieben. Alle Transaktionen werden mit dem Clearinghaus als Gegenpart ausgeführt. Dieses überwacht, dass die erforderlichen Sicherheiten des Optionenschreibers vorhanden sind.

Zu diesem Zweck können verschiedene Systeme angewendet werden. Es können als Sicherheit Gegenoptionen und der Basiswert akzeptiert werden, oder ganz generell Margen in Geldeinheiten verlangt werden. Komplexere

Systeme verwenden das Delta der Optionen pro Basistitel als Mass der Sicherheitsleistungen. Die jüngsten Entwicklungen am Aktienmarkt mit täglichen Kursschwankungen der Aktien von über 10% haben gezeigt, dass genügende Margen für die Stabilität des Systems in Extremzeiten entscheidend sein können. Systeme, in denen finanzstarke Institutionen als Garanten des Optionsmarktes auftreten, sind denkbar.

In der Regel sind die Transaktionskosten beim Handel in Optionen im Vergleich zum umgesetzten Risiko bedeutend kleiner als beim Handel im Basiswert. Dies hat insbesondere für den Handel in Optionen auf festverzinsliche Wertpapiere Gültigkeit. Wir haben dies in zwei Beispielen gezeigt.

Durch die relativ tiefen Transaktionskosten trägt der Optionenmarkt entscheidend zur Liquidität im Markt bei. Wir haben gesehen, dass der bestehende traditionelle Optionenmarkt in Wertpapierform in der Schweiz sehr kostengünstig ist.

Die Market-Makers sind essentiell für einen gut funktionierenden Markt. Deshalb liegen ihre Clearingabgaben tiefer als bei den übrigen Marktteilnehmern.

Besteuerung des Optionenhandels in der Schweiz

Optionen können in fast allen Ländern, in denen heute dieses Finanzinstrument gehandelt wird, zu Zwecken der Steuerplanung eingesetzt werden. Kurzfristige Kapitalgewinne können aufgeschoben und langfristige Verluste vermieden werden. Sogenannte «wash sales» [1] können, da seit neustem besteuert, verhindert werden. Mit diesen Steuerplanungsstrategien sind neben Erträgen auch Risiken und Kosten verbunden. Normalerweise wirken sich hohe Transaktionskosten, Umsatzabgaben und der Verlust von Zeitwert für all diese Strategien zum Nachteil des Marktteilnehmers aus, der sie durchführt.

Wie wir in diesem Kapitel sehen werden, kennen heute in der Schweiz nur noch zwei Kantone die Kapitalgewinnsteuer. Aus diesem Grund spielen Optionen in der Steuerplanung in der Schweiz eine andere Rolle als in den Ländern der traditionellen Optionenmärkte.

Optionen haben neben der Risikoabsicherungsfunktion eine Art Kreditierungsfunktion. Die Charakteristika von Optionen können künstlich durch Kreditaufnahme und fortlaufende Anpassung einer Position im Basiswert nachgebildet werden. Für eine natürliche Person entsteht bei diesem Vorgehen in steuerlicher Hinsicht einerseits ein Vorteil, andererseits ein Nachteil. Der Nachteil liegt in den im Vergleich zum direkten Optionenerwerb erhöhten Transaktionskosten und Umsatzabgaben bei der Anpassung der Position an die sich ändernden Kurse des Basiswertes. Der Vorteil dieser Strategie liegt für Privatpersonen in der Möglichkeit, Zinsaufwendungen vom Einkommen zum Abzug bringen zu können. Diese effektiven Zinskosten fallen beim Optionenkauf aufgrund des Verfalls des Zeitwertes einer Option indirekt ebenfalls an, sind dort steuerlich aber nicht abzugsfähig. Aus diesen Überlegungen muss gefolgert werden, dass ein schweizerischer Privatinvestor sich die Frage, ob Optionenkauf oder «leveraged» (kreditierte) Wertschriftenposition mit fortlaufender Risikoanpassung in steuerli-

---

[1] Generell gesprochen verbietet die «wash sale rule» den Steuerabzug für einen Verlust in einem Wertpapier, wenn eine komplementäre Gegentransaktion auf ein substantiell gleiches Wertpapier oder eine Option auf dieses innert 30 Tagen vor oder nach dem ursprünglichen Verkauf getätigt wurde.

cher Hinsicht günstiger sei, sorgfältig stellen muss. Für die juristische Person stellt sich kein Unterschied ein.

Für die erfolgreiche Etablierung eines börsenmässigen Handels mit Traded Options in der Schweiz ist eine niedrige steuerliche Belastung der Transaktionen von entscheidender Bedeutung. Wie die nachfolgenden Ausführungen zeigen, kann davon ausgegangen werden, dass die fiskalische Belastung einem gedeihlichen Wachstum des Optionenhandels nicht entgegensteht.

Einkommens- und Ertragssteuern

Selbständigerwerbende und Kapitalunternehmungen

Die Ertragssteuer führt zu einem an die Rechtsform anknüpfenden Dualismus der Unternehmensbesteuerung der Einzelunternehmen und der Personengesellschaften einerseits sowie der Kapitalgesellschaften, sonstiger juristischer Personen des privaten Rechts sowie Körperschaften und Anstalten des öffentlichen Rechts andererseits. Nur letztere sind Steuersubjekt bei den Ertragssteuern. Einkünfte aus Einzel- oder Personenunternehmungen werden als Einkommen aus selbständiger Erwerbstätigkeit im Rahmen der allgemeinen Einkommenssteuer erfasst. Die Ermittlung der steuerbaren Einkünfte aus selbständiger Erwerbstätigkeit bzw. des Steuerobjektes bei der Ertragssteuer ist grundsätzlich gleich. Steuerbar ist die Vermögensstandsdifferenz, die sich aus dem Vergleich des Geschäftsvermögens am Ende und zu Beginn des massgeblichen Veranlagungszeitraumes ergibt. Aus diesem Grunde sind Erträge und Aufwendungen, Gewinne und Verluste aus Optionsgeschäften grundsätzlich steuerwirksam. Einrichtungen der beruflichen Vorsorge von Unternehmen als wichtige Marktteilnehmer sind kraft Bundesrecht (Art. 80 Abs. 2 BVG) von der subjektiven Ertragssteuerpflicht befreit.

Private Vermögensverwaltung

Der Optionenhandel, der von einer Privatperson betrieben wird, ist im Regelfall der privaten Vermögensverwaltung zuzuordnen. Einkommenssteuerrechtlich wird das Optionsgeschäft zwischen Optionsnehmer und Stillhalter – im Gegensatz zur BRD – nicht in die einzelnen Verkehrsvorgänge aufgesplittet, sondern ex post im Rahmen der verschiedenen Beendigungsmöglichkeiten des Optionsvertrages erfasst. Einkommen aus Kapitalgewinn auf beweglichem Privatvermögen wird im Bund und den meisten

Kantonen nicht besteuert. Einzig im Kanton BS und GR werden diese im Rahmen der allgemeinen Einkommenssteuer als Einkommensbestandteil erfasst. Kapitalgewinne und -verluste in der Bemessungsperiode können miteinander verrechnet werden.

Eine private Person kann als Stillhalter oder als Optionskäufer am Optionsgeschäft teilnehmen. Es stellt sich zunächst die Frage nach der zivilrechtlichen Qualifikation des Optionsvertrages. Dieser ist im Gesetz nicht geregelt, ist demnach als Innominatvertrag zu bezeichnen. Das Optionsgeschäft als Ganzes ist schuldrechtlich als befristetes Dauerschuldverhältnis zu qualifizieren. Gleichzeitig mit der Begründung des Schuldverhältnisses findet ein Kaufgeschäft statt, nämlich der entgeltliche Erwerb des Optionsrechts als frei handelbares Vermögensrecht. Je nachdem, wie sich der Marktwert des Basiswertes entwickelt, kann der jeweilige Inhaber des Optionsrechtes während der festgelegten Laufzeit das Dauerschuldverhältnis durch Ausübung des Kauf- oder Verkaufsrechtes jederzeit beenden. Das Dauerschuldverhältnis wird in diesem Fall durch ein zweites Kaufgeschäft beendet. Entwickelt sich der Marktwert des Basiswertes für den Optionsrechtsinhaber so, dass das Recht nicht ausgeübt wird, endet das Dauerschuldverhältnis durch Zeitablauf. Unabhängig von diesem Basisschuldverhältnis kann das Optionsrecht selber als frei handelbares Vermögensrecht während der Laufzeit des Optionsvertrages beliebig oft den Eigentümer wechseln. Dieser Rechtsvorgang ist bezüglich des Optionsvertrages als Zession zu qualifizieren. Der Stillhalter als Schuldner ist bis zum Ablauf der Optionsfrist gegenüber dem Inhaber des Optionsrechtes verpflichtet, entweder zu liefern oder aber zu kaufen, wenn dieser die Option ausübt.

In einkommenssteuerrechtlicher Hinsicht sind demnach auf der Seite des Optionsinhabers vier verschiedene Sachverhalte zu untersuchen: Kauf des Optionsrechts vom Stillhalter, Verkauf des Optionsrechts an einen Dritten, Ausübung des Optionsrechts und Verfall des Optionsrechts. Auf der Seite des Stillhalters sind drei Sachverhalte auf ihre einkommenssteuerrechtlichen Aspekte hin zu untersuchen: Bestellung des Optionsrechts, Erfüllung seiner Rechtspflicht bei Ausübung des Optionsrechts sowie Beendigung des Schuldverhältnisses durch Zeitablauf. Im weiteren ist zu prüfen, inwieweit der Rechtsinhalt (Call oder Put) des Optionsrechts einkommenssteuerrechtlich von Bedeutung ist.

Abschluss des Optionsvertrages
Beim Optionskäufer

Der Kauf des Optionsrechts ist eine einkommenssteuerneutrale Vermögensumschichtung, erwirbt doch der Käufer hierbei einen handelbaren Vermögenswert gegen Entgelt.

Beim Stillhalter

Kaufoption

Die mit dem Abschluss eines Call-Optionsvertrages verbundene obligatorische Belastung der Basiswerte mit dem Optionsrecht ist analog zur Bestellung eines Kaufrechts an einem Grundstück als Teilrealisation in der Höhe der Optionsprämie zu qualifizieren.

Verkaufsoption

Der Vermögenszufluss in Form der Optionsprämie führt per saldo wie bei der Bestellung einer Kaufoption nicht zu einer Vermögenszunahme. Der Stillhalter verzichtet entgeltlich auf die freie Verfügbarkeit von Geldmitteln, die er für den Fall der Ausübung der Verkaufsoption bereithalten muss. Durch die Kaufverpflichtung werden liquide Mittel des Stillhalters während der Laufzeit gebunden.

Verkauf des Optionsrechts an Dritte

Beim veräussernden Optionsrechtsinhaber

Einkünfte, die dem Optionsinhaber beim Verkauf des Optionsrechtes an einen Dritten zufliessen, sind als Kapitalgewinne zu qualifizieren. Das Optionsrecht als selbständig handelbares Recht wird verkauft, scheidet somit aus dem Vermögenskomplex des Optionskäufers aus. Es liegt ein Veräusserungstatbestand vor. Der Kapitalgewinn ist der Unterschiedsbetrag zwischen Erlös und Anschaffungswert.

Beim Stillhalter

Der Inhaberwechsel zeigt für den Stillhalter keinerlei steuerrechtliche Folgen.

Ausübung des Optionsrechts

Beim Optionsinhaber

Kaufoption

Mit dem Kauf der Basiswerte erwirbt der Inhaber der Option entgeltlich ein neues Vermögensrecht. Dieser Vorgang ist einkommenssteuerrechtlich irrelevant, weil er lediglich eine Umschichtung auf der Aktivseite des Vermögens bewirkt. Im Falle einer späteren entgeltlichen Veräusserung der Basiswerte stellt sich die Frage, ob die Optionsprämie zu den Anschaffungskosten hinzugerechnet werden kann. Dies ist möglich, soweit diese zu den Nebenkosten des Erwerbsgeschäftes zu rechnen sind. Als Nebenkosten gelten diejenigen Aufwendungen, welche im konkreten Fall tatsächlich aufgewendet worden sind und mit dem Erwerb in einem kausalen Zusammenhang stehen. Diese Voraussetzung ist für die Optionsprämie erfüllt, hängt sie doch unmittelbar mit dem vereinbarten Basispreis zusammen.

Verkaufsoption

Mit der Ausübung einer Verkaufsoption wird ein Realisationstatbestand beim Inhaber der Verkaufsoption gesetzt. Für die Berechnung des hierbei realisierten Kapitalgewinns stellt sich insbesondere die Frage, ob die Optionsprämie für den Erwerb der Verkaufsoption zu den Anschaffungskosten hinzugerechnet werden darf. Sowohl im Kanton BS als auch in GR können die Nebenkosten zu den Anschaffungskosten hinzugerechnet werden. Demnach berechnet sich der Kapitalgewinn als Differenz zwischen dem Basisverkaufspreis und den Anschaffungskosten der Basiswerte inklusive Optionsprämie.

Beim Stillhalter

Kaufoption

Der Verkauf der Basiswerte bei Ausübung der Kaufoption durch den Inhaber setzt beim Stillhalter einen Realisationstatbestand. Wie oben bereits dargestellt wurde, führt die Vereinnahmung der Optionsprämie beim Stillhalter zu einer Teilrealisation. Demnach berechnet sich der Kapitalgewinn bei der Ausübung der Option als Differenz zwischen dem Basisverkaufspreis minus Optionsprämie und Anschaffungspreis des Basiswertes.

Verkaufsoption

Der Kauf des Basiswertes bewirkt beim Stillhalter eine einkommenssteuer-neutrale Vermögensumschichtung. Bei einer späteren Veräusserung der er-worbenen Vermögensrechte ist die Optionsprämie, die der Stillhalter erhal-ten hat, von den Anschaffungskosten abzuzählen. Der Kapitalgewinn berechnet sich bei einer späteren steuerrelevanten Veräusserung als Dif-ferenz zwischen dem Veräusserungserlös und dem Basispreis abzüglich der Optionsprämie.

Beendigung des Optionsvertrages durch Zeitablauf

Beim Optionsinhaber

Verfällt die Option durch Zeitablauf, kann die bezahlte Optionsprämie bei der allgemeinen Einkommenssteuer als einkommenssteuerrechtlich irrele-vante Einkommensverwendung nicht abgezogen werden. In den Kantonen BS und GR stellt sich die Frage, ob die Optionsprämien als Nebenkosten von der Bemessungsgrundlage abgesetzt werden können. Die Frage ist von der Praxis noch nicht geklärt. Meines Erachtens sollte der Abzug gestattet werden, wird die Option doch zweifellos in der Absicht erworben, ein kapi-talgewinnsteuerrelevantes Rechtsgeschäft auszuüben.

Beim Stillhalter

Mit der Beendigung des Optionsvertrages fällt die Verpflichtung des Still-halters weg. Einkommenssteuerrechtlich ist dieser Rechtsvorgang irrele-vant.

Vermögenssteuer natürlicher Personen

Besitzt der Steuerpflichtige am Stichtag Optionsrechte in seinem Privatver-mögen, so hat er sie im Rahmen der kantonalen Vermögenssteuern zu dekla-rieren. Bei der direkten Bundessteuer wird von den natürlichen Personen keine Vermögenssteuer erhoben. Stichtag für die Vermögensbewertung ist in der Regel der erste Tag der Steuerperiode oder dessen Vortag. Kotierte Optionsrechte sind analog zu den Wertpapieren zum Kurswert zu bewer-ten. Massgebend ist der Durchschnittskurs des der Steuerperiode vorange-gangenen Monats Dezember (vgl. die jährlich erscheinenden Kurslisten der eidg. Steuerverwaltung). Der Inhaber einer Einzelfirma hat das Geschäftsvermögen, der Anteilsinhaber einer Personenunternehmung den Wert seiner Beteiligung zu versteuern. Für die steuerliche Bewertung des Geschäftsvermögens gelten die gleichen Regeln wie für das Privatvermögen. Das bedeutet, dass im Gegensatz zur Einkommenssteuerbilanz die stillen Reserven zu den Buchwerten der kaufmännischen Bilanz hinzugerechnet werden müssen.

Kapitalsteuer der Kapitalgesellschaften

Gewinne aus Optionsgeschäften haben einen mittelbaren Einfluss auf die Kapitalbesteuerung. Der vom versteuerten Reingewinn den offenen Reserven zugewiesene Teil ist in allen Kantonen und im Bund Steuerobjekt der Kapitalsteuer.

Stempelabgaben

Der Optionenhandel selbst unterliegt analog zum Handel mit Bezugsrechten nicht der Umsatzabgabe. Optionen sind keine steuerbaren Urkunden im Sinne des Stempelgesetzes. Das gilt insbesondere für den Handel mit Goldoptionen, die in Form von Wertschriften verkörpert und als solche gehandelt werden. Wird eine Aktienoption ausgeübt, werden die Basisaktien somit geliefert, ist die Abgabe geschuldet. Bei Ausübung von Gold- und Devisen- oder Indexoptionen fällt keine Umsatzabgabe an.

Verrechnungssteuer

Einkünfte aus Optionsgeschäften werden gleich wie bei der direkten Bundessteuer als Kapitalgewinne qualifiziert. Die eidgenössische Steuerverwaltung kam entsprechend einem Entscheid des Bundesgerichtes aus dem Jahre 1984 (BGE 110 Ia 1ff.) zum Schluss, dass solche nicht als Gewinne aus lotterieähnlichen Veranstaltungen zu werten sind. Dementsprechend ist keine Verrechnungssteuer geschuldet.

Warenumsatzsteuer

Seit Oktober 1986 ist für den physischen Goldhandel die Warenumsatzsteuer aufgehoben worden. Die Ausübung von Goldoptionen ist daher wieder interessant.

Besteuerung des Optionenhandels in der BRD

Einkommens- und Körperschaftssteuern

Gewerbetreibende und Kapitalunternehmungen

Auch das deutsche Steuerrecht kennt den Dualismus bei der direkten Unternehmensbesteuerung. Einkünfte aus gewerblichen Einzelunternehmen und aus Mitunternehmerschaften (Gewinnanteile der Gesellschafter einer OHG, einer KG) werden als Einkünfte aus Gewerbebetrieb im Rahmen der Einkommenssteuer, der Unternehmensgewinn von Kapitalgesellschaften mit der Körperschaftssteuer erfasst. Dieses Einkommen wird aus einem Vergleich der Betriebsvermögen am Schluss des Wirtschaftsjahres und am Schluss des vorangegangenen Wirtschaftsjahres ermittelt. Erträge und Aufwendungen, Kapitalgewinne und -verluste aus Optionsgeschäften sind daher einkommens- bzw. körperschaftssteuerrelevant.

Private Vermögensverwaltung

Der Optionenhandel, der von einer Privatperson betrieben wird, ist im Regelfall der privaten Vermögensverwaltung zuzuordnen. Im Gegensatz zum schweizerischen Einkommenssteuerrecht werden die Prämieneinkünfte grundsätzlich als Einkünfte aus gelegentlichen Leistungen mit der Einkommenssteuer erfasst. Sie sind steuerfrei, wenn sie im Kalenderjahr weniger als DM 500,- betragen. Die im Zusammenhang mit Optionsgeschäften realisierten Kapitalgewinne sind als Einkünfte aus Spekulationsgeschäften nur dann einkommenssteuerpflichtig, wenn der Zeitraum zwischen deren Erwerb und Veräusserung der Optionsrechte nicht mehr als sechs Monate und der gesamte Nettospekulationsgewinn im Kalenderjahr DM 1000,- und mehr beträgt.

Abschluss des Optionsvertrages

Beim Optionskäufer

Der Erwerb des Optionsrechts ist beim Käufer als Vermögensumschichtung einkommenssteuerneutral. Inwieweit er die bezahlte Optionsprämie als Gewinnungskosten einkommensmindernd absetzen kann, hängt davon ab, wie er über das erworbene Recht disponiert.

Beim Stillhalter

Mit dem Abschluss des Optionsvertrages erhält der Stillhalter die Optionsprämie. Diese wird – unabhängig von der Art, wie der Optionsvertrag beendet wird – im Rahmen der sonstigen Einkünfte als Einkünfte aus nicht nachhaltigen Leistungen beim Stillhalter einkommenssteuerrechtlich erfasst.

Verkauf des Optionsrechts an Dritte

Beim veräussernden Optionsrechtsinhaber

Wird die Option als frei handelbares Vermögensrecht an einen Dritten verkauft, ist diese Veräusserung als Spekulationsgeschäft zu qualifizieren, wenn der Inhaber die Option nicht mehr als sechs Monate gehalten hat. Der Gewinn errechnet sich aus der Differenz zwischen dem gezahlten Optionspreis beim Erwerb und dem bei der Veräusserung erzielten.

Beim Stillhalter

Der Stillhalter wird als Abtretungsschuldner vom Gläubigerwechsel nicht tangiert.

Ausübung des Optionsrechts

Beim Optionsinhaber

Kaufoption

Bei der Ausübung der Kaufoption ist der Kauf der Basiswerte wiederum eine einkommenssteuerneutrale Vermögensumschichtung. Bei einer späteren Veräusserung ist für die Beurteilung, ob diese als Spekulationsgeschäft zu qualifizieren ist, auf den Zeitpunkt der Ausübung des Optionsrechts abzustellen. Bei der Gewinnermittlung kann die Optionsprämie zum Erwerbspreis hinzugerechnet werden, stehen doch diese Kosten im unmittelbaren Zusammenhang mit dem Spekulationsgeschäft.

Verkaufsoption

Mit der Ausübung einer Verkaufsoption veräussert der Optionsnehmer die Basiswerte. Befanden sich diese länger als sechs Monate im Eigentum des Optionsnehmers, ist die Veräusserung einkommenssteuerrechtlich unbeachtlich. Ist die Veräusserung hingegen als Spekulationsgeschäft zu qualifizieren, berechnet sich der steuerbare Spekulationsgewinn in der vorerwähnten Weise, wobei die bezahlte Optionsprämie vom erhaltenen Basispreis abgezogen werden kann.

Beim Stillhalter

Kaufoption

Beim Verkauf der Basiswerte liegt ein Veräusserungstatbestand vor, bei dem zu prüfen ist, ob er als Spekulationsgeschäft gilt. Bei der Berechnung des Spekulationsgewinns wird die Prämie nicht zum Veräusserungserlös gerechnet. Die Prämie wird – unabhängig davon, wie der Optionsvertrag beendet wird – im Rahmen der sonstigen Einkünfte als Einkünfte aus nicht nachhaltigen Leistungen einkommenssteuerrechtlich erfasst.

Verkaufsoption

Bei Ausübung der Verkaufsoption hat der Stillhalter die Basiswerte zum Basispreis zu kaufen. Dieses Geschäft gilt bei einer späteren Veräusserung als Erwerbsgeschäft, wobei der bezahlte Basispreis als Erwerbspreis gilt. Die Optionsprämie ist nicht von den Erwerbskosten abzusetzen, wird sie doch unabhängig von der Beendigung des Optionsvertrages bereits im Rahmen der sonstigen Einkünfte einkommenssteuerrechtlich erfasst.

Beendigung des Optionsvertrages durch Zeitablauf

Beim Optionsinhaber

Verfällt die Option durch Zeitablauf, so ist dieser Vorgang ohne einkommenssteuerrechtliche Wirkung. Ob die Kosten für den Erwerb der Option als vergebliche Werbungskosten einkommensmindernd abgesetzt werden können, hängt letztlich vom Nachweis ab, dass die Aufwendungen im Zusammenhang mit einem geplanten Spekulationsgeschäft stehen. Bei einer Kaufoption wird dem Käufer dieser Nachweis kaum gelingen, steht es doch in seinem Belieben, die Basiswerte innerhalb der Spekulationsfrist zu verkaufen oder nicht. Hingegen kann beim Verfall einer Verkaufsoption der Zusammenhang zwischen den Aufwendungen und dem Spekulationsgeschäft aufgezeigt werden, wenn der Optionsnehmer nachweist, dass er die Basiswerte bei Ablauf der Optionsfrist noch keine sechs Monate gehalten hat.

Beim Stillhalter

Durch Zeitablauf des Optionsvertrages wird der Stillhalter von seiner vertraglichen Verpflichtung befreit. Einkommensteuerrechtlich ist diese Form der Beendigung des Optionsvertrages beim Stillhalter ohne Bedeutung.

Vermögenssteuer

Soweit der Steuerpflichtige am Stichtag Optionsrechte in seinem Privatvermögen hält, sind diese im Rahmen des sonstigen Vermögens zu deklarieren. Ebenso wird mit der Vermögenssteuer das Betriebsvermögen bzw. der Anteil am Betriebsvermögen bei gewerbetreibenden Steuerpflichtigen erfasst. Sind die Optionsrechte am Stichtag aktiviert, werden sie somit ebenfalls im Rahmen der Vermögenssteuer beim Geschäftsinhaber bzw. beim Mitunternehmer anteilsmässig erfasst. Kapitalgesellschaften zahlen keine spezifische Kapitalsteuer, wie sie das schweizerische Recht der direkten Steuern kennt.

Steuern auf die Einkommensverwendung

Allgemeine Umsatzsteuer

Von der allgemeinen Umsatzsteuer sind bestimmte Umsätze im Geld- und Kreditverkehr von der objektiven Steuerpflicht befreit, so etwa Optionsgeschäfte mit Geldforderungen. In Analogie zu diesen Geschäften werden Optionsgeschäfte mit Wertpapieren von der Umsatzsteuerpflicht befreit.

Gesellschaftssteuer

Die Begründung des Optionsvertrages gilt nicht als steuerrelevanter Vorgang, erwirbt doch der Optionsnehmer mit dem Optionsrecht selber keine Beteiligung an einer Kapitalgesellschaft.

Börsenumsatzsteuer

Der börsenmässige Handel mit Wertpapieren unterliegt im Rahmen der allgemeinen Kapitalverkehrssteuer der sog. Börsenumsatzsteuer. Optionsrechte gelten nicht als Wertpapiere im Sinne des Kapitalverkehrssteuergesetzes. Der Erwerb einer Option wird deshalb auch nicht als steuerpflichtiges Anschaffungsgeschäft behandelt. Steuerpflichtig hingegen ist das mit der Ausübung des Optionsrechts verbundene Anschaffungsgeschäft über die Basiswerte, sofern es sich hierbei um Wertpapiere im Sinne des Kapitalverkehrssteuergesetzes handelt. Steuerbemessungsgrundlage bildet der Basispreis.

Die Steuerbelastung des Optionenhandels im weitern Ausland

In diesem Abschnitt soll kurz auf die steuerliche Erfassung des Optionenhandels in anderen Ländern hingewiesen werden. In allen Ländern haben Erwerbsunternehmen Einkünfte aus Optionsgeschäften grundsätzlich zu versteuern. Mit geringfügigen Unterschieden erfassen die meisten Länder solche Einkünfte auch beim privaten Anleger mit Einkommens- bzw. Kapitalgewinnsteuern. In den USA, in England, Japan, Holland und Schweden sind Erträge aus Optionsgeschäften ebenfalls steuerbar. Die meisten Länder erheben auf das Optionsgeschäft keine Umsatzsteuer (z. B. USA, England, Japan und Holland). Schweden erfasst den Optionenhandel mit einer im Vergleich zum Basishandel reduzierten Umsatzabgabe. Da Steuervorschriften schnell ändern können, empfehlen wir, die genauen Vorschriften betreffend Steuerbelastung in anderen Ländern auf jeden Fall für jedes Spezialproblem mit einem Steuerexperten in internationalem Steuerrecht abzuklären.

Zusammenfassung

Optionen können zur Steuerplanung eingesetzt werden. Wir haben gesehen, dass in der Schweiz der Kauf von Optionen im Vergleich zur Kreditaufnahme steuerlich schlechter gestellt ist. Mit Ausnahme von zwei Kantonen werden in der Schweiz Kapitalgewinne aus dem Handel mit Optionen, die nicht über die blosse Verwaltung des Privatvermögens hinausgehen, bei natürlichen Personen nicht besteuert. Vom Bund wird weder eine Umsatzabgabe noch eine Verrechnungssteuer erhoben. Die Besteuerung der juristischen Personen entspricht derjenigen des bestehenden Wertschriftenhandels.

Im internationalen Vergleich darf festgestellt werden, dass die steuerliche Belastung des Optionenhandels in der Schweiz praktisch inexistent ist und daher die eingangs dieses Kapitels aufgestellte Forderung nach möglichst tiefer Steuerbelastung dieses Handels erfüllt wird. In steuerlicher Hinsicht steht daher der gedeihlichen Entwicklung eines Optionenmarktes in der Schweiz nichts entgegen.

In Deutschland wird im Optionenhandel ebenfalls keine Umsatzabgabe erhoben. Einkünfte aus dem Verkauf von Optionen sind steuerpflichtig, wenn sie als Spekulationsgewinne zu qualifizieren sind und DM 1000 pro Kalenderjahr übersteigen.

Schlusswort

Die schnelle Entwicklung und der Erfolg der Optionenmärkte in den letzten Jahren in Chicago, Amsterdam, London und Stockholm ist aussergewöhnlich, und es lohnt sich daher, einen Vergleich zwischen diesen Märkten anzustellen. Die Erfahrungen, welche in den USA, in Holland, England und Schweden gemacht worden sind, könnten für die weitere Entwicklung des schweizerischen Optionenmarktes und die Entwicklung des Optionenmarktes in Deutschland wegweisend sein.

Wie aus der nachstehenden Tabelle hervorgeht, sind die beiden europäischen Optionenmärkte, Amsterdam und Stockholm, verglichen mit der CBOE in Chicago relativ klein. Da das zugrundeliegende Volumen an gehandelten Aktien in Stockholm, Amsterdam und London bedeutend kleiner ist als in den USA, liegt erstens der Schluss nahe, dass zwischen den Variablen Aktien- und Optionenvolumen eine positive Korrelation besteht; zweitens kann gefolgert werden, dass das in der Schweiz und in Deutschland zu erzielende Volumen in die Grössenordnung der beiden Börsenplätze Amsterdam und Stockholm vordringen könnte.

Tabelle 16.1   Vergleich bestehender Optionenmärkte (1988)

Börse	Optionen				Durchschn. Kontraktgrösse in US $	Tägl. Umsatz (Optionenkontrakte)		Anteil Call/Put	Anzahl Optionenkontrakte pro Abschluss		Anteil Market-Makers
	Aktien	Aktien Index	Zins	Devisen		Total	Anteil Aktienoptionen	%	Aktien	Zins	%
Chicago	Ja 200	Ja 2	Ja 5	Nein –	355	441 834	135 230	64/36	8,7	41,4	über
Amsterdam (EO)	Ja 22	Ja 2	Ja 10	Ja	234	33 614	25 209	65/35	n.v.	n.v.	45
Stockholm (OM)	Ja 13	Ja 1	Nein	Ja 1	190	26 500	8 233	65/35	25	10	30
London (LTOM)	Ja 66	Ja 1		Ja 2	200	42 000	34 000	70/30	25	n.v.	25

Erste Erfahrungen in der Schweiz mit der SOFFEX haben diese Zahlen bestätigt, obwohl zurzeit die Volumen aufgrund des tieferen Wertes eines Kontraktes und des hohen Marktanteils der Market-Makers an der SOFFEX verglichen mit anderen Märkten leicht tiefer liegen. Dabei muss berücksichtigt werden, dass die Schweizer Börse neben der SOFFEX über einen ausgebauten Optionenmarkt verfügt (siehe Kapitel 2).

Beim Vergleich der vier oben angeführten Märkte fallen vor allem zwei Dinge auf. Der Erfolg der Indexoption in Chicago seit dem Start im Jahre 1982 und die rege Aktivität der Market-Makers in allen Märkten.

Die Bedeutung der Indexprodukte

Kurze Zeit nach Einführung von Indexoptionen betrug deren Anteil am gesamten Optionenhandelsvolumen in den meisten Märkten mehr als die Hälfte. Dieser Anteil steigt auch heute weiter an, wenn auch in einem etwas langsameren Takt. In Amsterdam wurde vor einiger Zeit der Handel in Indexprodukten eingeführt.

In Schweden war im ersten Jahr des Handels in Optionen (7 Monate) die Volvo-Option für mehr als die Hälfte des gesamten Optionenhandels verantwortlich. Das ganze Interesse konzentrierte sich auf eine kleine Anzahl von Aktien, was an und für sich nicht nur für den schwedischen Markt spezifisch ist. Auch in den USA ist neben der Indexoption der CBOE die IBM-Option die mit Abstand meistgehandelte. 5% aller Aktienoptionen an der CBOE lauten auf den Basistitel IBM.

Die Notwendigkeit von Market-Makers

Aus der obenstehenden Tabelle können wir ersehen, wie gross die Bedeutung der Market-Makers für das gute Funktionieren eines Marktes ist. In Chicago und Amsterdam sind die Market-Makers für rund die Hälfte des Optionenhandels verantwortlich, in Schweden beträgt ihr Anteil 30%, in London 25%.

Es ist für die Entwicklung eines neuen Marktes von vitaler Bedeutung, aktive Market-Makers zu haben, die dafür sorgen, dass dauernd Kurse sowohl auf der Ankaufs- als auch auf der Verkaufsseite gestellt werden und dass gleichzeitig die Spreads zwischen diesen minimal werden. Auch das Ungleichgewicht zwischen den Preisen der Calls und der Puts muss in einem einwandfrei funktionierenden Markt minimal sein.

Gedanken zum Beispiel Schweden

Die Entwicklung des schwedischen Marktes für standardisierte Optionen übertraf alle Erwartungen. Während der ersten Börsenjahre lag der durchschnittliche Tagesumsatz bei 7,500 Aktienoptionskontrakten. Dies, obwohl nur mit Calls gehandelt werden konnte, welche gemäss internationalen Erfahrungen 2/3 des Gesamtmarktes ausmachen. Seit dem Monat Februar 1986 wurden Optionen auf 8 verschiedene Aktien gehandelt. Der Tagesumsatz pro Aktie betrug 985 Kontrakte.

Diese Zahlen können beispielsweise mit Amsterdam verglichen werden. Im Jahre 1988 wurden dort täglich ca. 25 000 Optionskontrakte auf total 22 Aktien umgesetzt. Der Tagesdurchschnitt betrug somit 1136 Optionskontrakte pro Aktie (davon waren 35% Puts). In den USA beliefen sich die entsprechenden Zahlen auf 135 230 Optionen pro Tag, auf total 200 Aktien, was 676 Optionen (433 Calls) pro Aktie und Tag ergibt. Gleichzeitig wurden im USA-Markt über 300 000 Indexoptionen pro Tag umgesetzt.

In Schweden führte das Unternehmen Findata eine Untersuchung über den schwedischen Markt für standardisierte Aktienoptionen durch. Der Optionenmarkt wurde während acht Monaten vom September 1985 bis und mit April 1986 analysiert. Es wurde primär der Frage nachgegangen, welchen Einfluss der Optionenmarkt auf die den Optionen zugrundeliegenden Aktien und den Aktienmarkt gesamthaft ausübte.

Frühere Studien in anderen Märkten haben gezeigt, dass die Einführung von standardisierten Optionen primär zwei Nebeneffekte mit sich bringt: einesteils steigt das Volumen des Handels in den den Optionen zugrundeliegenden Basiswerten und anderenteils wird die Preisbildung im Markt des Basiswertes verbessert.

Das Resultat der Studie von Findata muss mit Vorsicht betrachtet werden, da der schwedische Optionenmarkt im Untersuchungszeitraum noch sehr jung war und zu diesem Zeitpunkt noch keine Puts gehandelt werden konnten. Erschwerend kam bei dieser Studie dazu, dass die Aktienkurse im Untersuchungszeitraum kräftig stiegen (+60%) und gleichzeitig die Aktien, auf welche Optionen gehandelt wurden, grossen Kursschwankungen unterlagen.

Dass lediglich Optionen auf eine begrenzte Anzahl von Aktien (6) gehandelt wurden, kann das Resultat der Studie ebenfalls beeinflusst haben. Die zwei wichtigsten Ereignisse während jener Monate waren der Verkauf der Skandia durch Skandia International und Volvos Umtausch von Namenaktien in Inhaberaktien. Das letztere Ereignis bedeutete, dass ein grosser Teil der Volvo-Namenaktien während eines Monats aus dem Markt gezogen wurden. Gemäss der schwedischen Gesetzgebung, wonach das Schreiben eines Calls den Besitz des Basiswertes voraussetzt, kann weiter dieser temporäre Stopp des Handels in Volvoaktien den Optionenmarkt direkt beeinflusst haben.

Trotz dieser Einschränkungen kann gemäss der Studie allgemeingültig festgestellt werden, dass die Einführung des Optionenhandels eine signifikante Erhöhung des Umsatzes in den Aktienkategorien mit Optionen im Vergleich zu anderen Aktienkategorien des gleichen Unternehmens ohne Optionen mit sich brachte. Stellt man diesen Vergleich mit Aktien unterschiedlicher Unternehmen an, auf die Optionen bestehen oder nicht bestehen, zeigte die Studie einen signifikant stärkeren Anstieg des Umsatzes in Aktien mit Optionskontrakten.

Die Untersuchung findet keinen Beweis dafür, dass die Kurse der zugrundeliegenden Aktien als Folge der Einführung des Optionenhandels gestiegen sind. Die nicht signifikante, aber feststellbare Tendenz deutet eher auf das Gegenteil hin. Es gibt auch kaum rationale Gründe für die Annahme, dass Aktien, auf die Optionen geschrieben werden, allein aufgrund dieser Tatsache vom allgemeinen Kurstrend abweichen sollten.

Schliesslich zeigt die Untersuchung, dass at-the-money Optionen eine deutlich höhere implizierte Volatilität aufweisen, als dies aufgrund der Kursbewegungen des zugrundeliegenden Wertes hergeleitet werden kann. Obwohl es, wie in früheren Kapiteln erläutert, keinen absolut richtigen Wert für Optionen gibt, wurden diese at-the-money Optionen zumindest in Relation zum theoretischen, gemäss dem Black-Scholes-Modell berechneten Preis konsequent überbewertet.

Die Untersuchung des schwedischen Optionenmarktes durch die Findata kann als Grundlage für eine ähnliche Studie in der Schweiz und in Deutschland dienen. Für wissenschaftliche Studien dürfte die sich weiter entwickelnden Optionenmärkte sehr interessant sein. Es darf generell erwartet werden, dass gleich wie in den USA von akademischer Seite eine Anzahl von Untersuchungen angestellt werden wird, welche auch für jene Personen, die praktisch mit Optionen arbeiten, von grossem Interesse sein werden.

Die Entstehung eines neuen Marktes

Der schwedische Optionenmarkt hat gezeigt, innert welch kurzer Zeit die Einführung eines neuen Finanzinstrumentes möglich ist. Lediglich ein Jahr lag zwischen der Idee und der endgültigen Realisation des neuen Marktes.

Ähnlich wie im schweizerischen Optionenmarkt übernahm die Initiative eine private Organisation. Dies gab in Schweden zwar Anlass zu einer polemischen Debatte, zeigt aber, dass Privatinitiative gepaart mit Gewinnrealisierungschancen für die Lancierung eines neuen Produktes den Takt der Realisation um ein Vielfaches beschleunigen kann. Wichtig erscheint dabei, dass keine absolute Monopolstellung einer privaten Organisation entsteht und dass klare Überwachungsvorschriften von öffentlicher Seite rechtzeitig erlassen werden, die einerseits den freien Handel garantieren, anderseits aber Mindestanforderungen für den Markt festlegen. Das Beispiel Schweden mit privater Initiative hat gezeigt, dass konkurrierende Optionenbörsen mit unterschiedlichen Produkten durchaus denkbar sind. Die relativ freie Marktwirtschaft scheint selbst oder vielleicht gerade in einem sozialdemokratisch regierten Land ihre Freiräume zu finden und zu schaffen. Interessanterweise hat sich in der Schweiz fast die identische Entwicklung ergeben. Als private Organisation lancierte die OZ Zürich Optionen und Futures Aktiengesellschaft einen ersten Handelsplatz für Indexoptionen. Einige Monate später eröffnete die SOFFEX den Markt vorerst in Einzeloptionen und dann in Indexoptionen. Im Frühjahr 1989 brachte nunmehr die Bank Leu wiederum als Einzelinitiative den ersten Indexfutures auf den Markt. Dem «Optionenmarkt Schweiz» dürfte bei dieser Vielfalt der Erfolg sicher sein, und das Volumen des Marktes wird weiter steigen.

Dieser Zuwachs wird auf verschiedene Arten erfolgen. Die Anzahl der Marktteilnehmer wird mit dem steigenden Wissen über Optionen zunehmen. Die Zahl der Aktien, auf die Optionen gehandelt werden können, wird steigen. Aus Arbitrageüberlegungen wird der Markt Optionen auf alle Aktientitelkategorien (Inhaberaktien, Namenaktien, Partizipations- und Genussscheine) schaffen müssen. Mit grosser Wahrscheinlichkeit werden auch neue Optionsprodukte eingeführt werden. Unverständlich war, warum Indexoptionen nicht ab Börseneröffnung der SOFFEX gehandelt wurden. Insbesondere die Tatsache, dass zur Zeit nur auf einzelne Aktientitelkategorien Optionen gehandelt werden, machte eine auf einen breiten Index abgestützte Option unerlässlich. Dazu kommt, dass alle heute bestehenden Optionenmärkte gezeigt haben, dass die Indexoption das meistgehandelte und wichtigste Instrument im Optionenhandel darstellt. Im weiteren muss an Branchenindizes und Indizes der verschiedenen Titelkategorien gedacht werden. Zins-, Devisen- und Rohwarenoptionen sind heute in der Schweiz erst geplant. Obwohl ein starkes Bedürfnis nach diesen Optionen besteht, ist es heute schwierig, deren Einführung abzusehen. Ein Handel mit Futures an der SOFFEX ist für das Jahr 1990 geplant.

Abkürzungsverzeichnis

AMEX	American Stock Exchange
CBOE	Chicago Board Options Exchange
CTB	Commission Tripartite Bourse
DAX	Deutscher Aktien Index
DM	Deutsche Mark
DTB	Deutsche Termin Börse
EOE	European Options Exchange
FAZ	Deutscher Aktienindex der Frankfurter Allgemeinen Zeitung
KCBT	Kansas City Board of Trade
LIFFE	London International Financial Futures Exchange
OM	Optionsmäklarna OM Fondkommission AB
OTC	Over-the-counter
OZX	Schweizer Aktienindex der OZ Zürich Optionen und Futures Aktiengesellschaft
Nr.	Nummer
Mio.	Millionen
PHLX	Philadelphia Stock Exchange
sFr.	Schweizer Franken
SMI	Swiss Market Index der SOFFEX
SOFFEX	Swiss Options and Financial Futures Exchange
TOFF	Traded Options and Financial Futures

Fachwortverzeichnis

Agent. Broker, der an der Börse auf Rechnung von Kunden handelt.

Aktienoption. Option, deren zugrundeliegender Wert eine Aktie ist. Eine Aktienoption beinhaltet das Recht, aber nicht die Verpflichtung, eine bestimmte Anzahl von Aktien innerhalb einer bestimmten Frist (Optionsfrist) zu einem im voraus festgelegten Preis (Strikepreis) zu kaufen (Call) bzw. zu verkaufen (Put). Als Gegenleistung für die Einräumung des Rechtes entrichtet der Optionskäufer der Gegenpartei den Optionspreis. Die Aktienoption ist normalerweise nicht dividendenberechtigt.

Amerikanische Option. Option, die jederzeit während der Laufzeit der Option ausgeübt werden kann. Vgl. europäische Option.

Arbitrage. Ausnützung von Kursunterschieden des gleichen Wertes z.B. von Devisen oder Wertpapieren an den selben oder unterschiedlichen Handelsplätzen. Kombination von finanziellen Instrumenten, die dazu führt, dass die Gesamtheit aller Positionen kein Risiko beinhaltet und dabei eine Rendite abwirft, die über dem risikofreien Zinssatz liegt.

Arbitrageur. Marktteilnehmer, welcher die Arbitrage durchführt.

Asymmetrisches Risiko. Ungleich verteiltes Risiko, d.h. eine Situation, in der der Ertrag einer Investition, abhängig von der Richtung der Veränderung einer Variablen und extern bestimmt, unterschiedlich ausfällt.

At-the-money Option. Option, bei der der Strikepreis mit dem aktuellen Preis des zugrundeliegenden Wertes übereinstimmt. Die Wahrscheinlichkeit, dass das Bezugsrecht ausgeübt werden kann, ist 50%.

Back-Spread. Gleichzeitiger Kauf und Verkauf von Calls oder Puts mit unterschiedlichen Strikepreisen. Der Spread ist gewinnbringend, solange sich der Kurs des Basiswertes verändert.

Barabrechnung (Kontantabrechnung). Abrechnungsart, bei der der Optionsbesitzer den zugrundeliegenden Wert nicht beziehen muss, um den inneren Wert (Realwert) der Option am Verfalltag zu realisieren. Durch die Barabrechnung wird der innere Wert vom Optionsaussteller auf den Optionsbesitzer überführt.

Basiswert (underlying value). Zugrundeliegender Wert einer Option.

Bear-Price-Spread. Preisspread, welcher Gewinn bringt, sofern der Preis des zugrundeliegenden Wertes fällt. Er kann sowohl mit Puts als auch mit Calls durchgeführt werden. Es wird eine Option mit einem höheren Strikepreis gekauft und eine Option mit einem tieferen Strikepreis geschrieben.

Bear-Time-Spread. Zeitspread, welcher Gewinn bringt, sofern der Preis des zugrundeliegenden Wertes fällt. Er kann sowohl mit Puts als auch mit Calls durchgeführt werden. Es wird eine Option mit kürzerer Laufzeit gekauft und eine Option mit längerer Laufzeit geschrieben.

Bezugspreis. Vgl. Strikepreis.

Binomiale Verteilungsmethode. Numerische Methode, welche zur Berechnung des theoretischen Optionspreises angewendet werden kann.

Black-Scholes-Modell. Analytisches Modell für die Berechnung von theoretischen Optionspreisen. Die ursprüngliche Version kann nur für die Bewertung von europäischen Optionen und für Optionen auf Aktien ohne Dividendenausschüttung verwendet werden.

Box. Arbitragestrategie, bei welcher gleichzeitig Käufe und Verkäufe von Calls und Puts ausgeführt werden.

Break-Even-Point. Preis des zugrundeliegenden Wertes, bei welchem die Optionsstrategie am Verfalldatum der Option weder einen Gewinn noch einen Verlust erzielt.

Broker. Makler, der für fremde Rechnung (Agent), d.h. gegen Kommission für seine Kunden Wertpapiere kauft und verkauft oder für eigene Rechnung (Principal) handelt.

Bull-Price-Spread. Preisspread, welcher Gewinn bringt, sofern der Preis des zugrundeliegenden Wertes steigt. Er kann sowohl mit Calls als auch mit Puts durchgeführt werden. Es wird eine Option mit einem höheren Strikepreis geschrieben und eine Option mit einem tieferen Strikepreis gekauft.

Bull-Time-Spread. Zeitspread, welcher Gewinn bringt, sofern der Preis des zugrundeliegenden Wertes steigt. Er kann sowohl mit Calls als auch mit Puts durchgeführt werden. Es wird eine Option mit kürzerer Laufzeit geschrieben und eine Option mit längerer Laufzeit gekauft.

Butterfly. Optionenkombination, bestehend aus Calls oder Puts mit drei verschiedenen Strikepreisen. Die Position kann durch den gleichzeitigen Kauf eines Bull-Price-Spread und Bear-Price-Spread mit entsprechenden Strikepreisen erzeugt werden.

Call (Kaufoption). Angloamerikanische Bezeichnung für das Recht, aber nicht die Verpflichtung zum Kauf eines bestimmten Basiswertes innerhalb eines bestimmten Zeitraums zu einem bestimmten Preis. Vgl. Put.

Call-Put-Parität. Gleichgewichtsbeziehung der Preise von Calls und Puts. Teure Calls führen automatisch zu teuren Puts und billige Calls zu billigen Puts. Die Arbitragetätigkeit garantiert dieses Verhältnis.

Clearinggebühr. Administrative Gebühr, welche vom Clearinghaus für seine Dienstleistungen verlangt wird.

Clearingstelle. Hat in Optionenmärkten die Aufgabe, die Kreditwürdigkeit der Marktteilnehmer festzustellen und zu überwachen, Transaktionen zu buchen, über aktuelle Positionen der Mitglieder zu informieren und physische und monetäre Leistungen auszulösen.

Condor. Optionenkombination, welche aus Calls oder Puts mit 4 verschiedenen Strikepreisen zusammengestellt wird. Die Position kann durch den gleichzeitigen Kauf eines Bull-Price-Spread und eines Bear-Price-Spread ohne gemeinsame Strikepreise eingegangen werden.

Conversion. Arbitragestrategie, welche beinhaltet, dass ein synthetischer Call durch den Kauf des zugrundeliegenden Basiswertes kombiniert mit dem Kauf eines Puts des gleichen Basiswertes erzeugt wird. Da bei einer Conversion zudem ein Call auf den gleichen Basiswert verkauft wird, ist die Position risikofrei.

Courtage. Entschädigung der Bank für ihre Vermittlung im Wertschriftenhandel oder für andere Dienstleistungen. Wird auch Kommission oder Maklergebühr genannt.

Delta. Sensitivität (Grad der Reaktion) des Optionspreises auf Preisveränderungen des Basiswertes. Mathematisch betrachtet entspricht der Deltawert der ersten Ableitung des Optionspreises in Abhängigkeit vom Preis des Basiswertes.
Deltahedging. Hedgingtechnik, bei welcher der Wert der Position auf kleine Preisänderungen des Basiswertes nicht reagiert. Der Deltawert der Gesamtposition ist null.
Devisenoption. Option auf einen Devisenkontrakt.
Diagonaler Bear-Price-Spread. Preisspread, vergleichbar mit dem Bear-Price-Spread, mit dem Unterschied, dass die Optionen verschiedene Strikepreise aufweisen.
Diagonaler Bull-Price-Spread. Preisspread, vergleichbar mit dem Bull-Price-Spread, mit dem Unterschied, dass die Optionen verschiedene Verfalldaten aufweisen.
Diagonaler Spread. Spreadart mit Optionen verschiedener Strikepreise und Verfalldaten.

Effektiver Jahreszins. Zins, der am Ende der jährlichen Zinsperiode geleistet wird.
Epsilon. Grad der Reaktion des Optionspreises auf Veränderungen des risikofreien Zinssatzes. Mathematisch betrachtet entspricht der Epsilonwert der ersten Ableitung des Optionspreises in Abhängigkeit vom risikofreien Zinssatz.
Eta. Grad der Reaktion des Optionspreises auf Veränderungen der Standardabweichung. Hergeleitet wird diese durch die erste Ableitung des Optionspreises in Abhängigkeit von der Standardabweichung.
Europäische Option. Optionsart, bei der der Optionsbesitzer sein Recht erst am Verfalltag der Option geltend machen kann. Siehe auch Begriff «Amerikanische Option».
Exercise. Ausübung der Option. Beim Call wird der Basiswert bezogen, und beim Put wird er verkauft.

Futuresmarkt. Eine Art von Terminmarkt, der sich von diesem dadurch unterscheidet, dass der Handel standardisiert ist und die gehandelten Kontrakte Wertpapiercharakter aufweisen. Dies ist möglich, weil alle Kreditrisiken von der Clearingstelle übernommen werden. Vgl. Termingeschäfte.

Gamma. Veränderung des Deltawertes bei Änderung des Basiswertpreises. Mathematisch betrachtet, ist der Gammawert die zweite Ableitung des Optionspreises in Funktion des Basiswertes.
Gammahedging. Hedgingtechnik, welche darauf abzielt, die gewichtete Summe aller Deltas auch bei Veränderungen des Preises des Basiswertes konstant zu halten.
Gedeckte Option (covered option). Option, welche meist von Dritten (im Gegensatz zum Unternehmen selbst) gegen eine Position im zugrundeliegenden Wert oder gegen eine Gegenoption ausgegeben wird. Beim Put wird der Strikepreis als Geldbetrag hinterlegt. Vgl. ungedeckte Option.

Gegenoption. Option, welche als Sicherheit für eine ausgestellte Option dient. Damit eine Option als Gegenoption anerkannt wird, muss diese im Vergleich zur ausgestellten Option gewisse Mindesteigenschaften besitzen (z.B. bei einem Call tieferen Strikepreis und längere Laufzeit).

Glattstellen einer Position. Transaktion, in der der Optionsbesitzer (Käufer) seine früher gekaufte Option verkauft oder bei welcher der Optionsschreiber (Verkäufer) die früher verkaufte Option zurückkauft (Gegentransaktion).

Hebelfaktor (Leverage factor). Der Hebelfaktor zeigt an, in welchem Mass eine Preisveränderung des zugrundeliegenden Wertes den Optionspreis beeinflusst. Vgl. Hedge Ratio.

Hedger. Marktteilnehmer, welcher ungewollte Marktrisiken absichern will.

Hedge Ratio. Anzahl Optionen, welche den gleichen Risikofaktor beinhalten wie der zugrundeliegende Wert. Theoretischer Umkehrwert von Delta.

Hedging. Absichern eines Risikos.

Implizierte Standardabweichung. Mit Hilfe der Black-Scholes-Formel bei gegebenen Marktpreisen und übrigen Einflussfaktoren berechnete theoretische Standardabweichung des zugrundeliegenden Basiswertes.

Indexoption. Option, bei welcher der zugrundeliegende Basiswert nicht eine einzelne Aktie, sondern ein Index ist.

Innerer Wert (intrinsic value). Positive Differenz zwischen dem aktuellen Tageskurs des Basiswertes und dem tieferen Strikepreis beim Call bzw. dem höheren Strikepreis beim Put.

In-the-money Option. Option, bei der der Strikepreis deutlich unter dem Tageskurs des Basiswertes (in-the-money Call) oder deutlich über dem Tageskurs des Basiswertes (in-the-money Put) liegt. Die Option besitzt einen inneren Wert.

Kapitaleffekt. Verzinsung des investierten Kapitals.

Kassageschäft (spot transaction). Kontantgeschäft, bei dem Lieferung und Zahlung der gehandelten Werte (z.B. Waren, Wertpapiere oder Devisen) sofort erfolgen.

Kassaoption. Option, bei deren Ausübung die Übertragung des zugrundeliegenden Wertes mit unmittelbarer Barabrechnung erfolgt.

Kaufoption. Siehe Call.

Kaution. Vgl. Marge.

Kautionsdeckungssystem. Vgl. Margendeckungssystem.

Leerverkauf von Optionen. Verkauf (Schreiben) von Optionen ohne Risikoabdeckung über den gleichzeitigen Kauf des zugrundeliegenden Basiswertes beim Call bzw. Hinterlegung des Strikepreises beim Put.

Long gehen. Kauf eines Aktivums, beispielsweise einer Aktie, eines Calls oder eines Puts.

Marge (margin). Hinterlegung eines bestimmten Kapitalwertes bei der Clearingstelle als Sicherheit zur Deckung einer geschriebenen Option, im Gegensatz zur Hinterlegung des Basiswertes. Die Marge wird von der Clearingstelle in Abhängigkeit von der Preisfluktuation des Basiswertes festgesetzt.

Margendeckungssystem. System zur Sicherung von Optionsgeschäften, welche nicht durch die Hinterlegung des zu leistenden Wertes oder durch eine Gegenoption abgedeckt sind.

Market-Maker. Marktteilnehmer am Optionenmarkt, welcher auf eigene Rechnung (Principal) oder für fremde Rechnung (Agent) handelt und mit reduzierten Transaktionskosten arbeitet. Er ist verpflichtet, für eine im voraus bestimmte Anzahl von Optionsklassen Kaufs- und Verkaufskurse zu stellen.

Near-the-money Option. Option, bei der der Strikepreis im Bereich des aktuellen Marktpreises des zugrundeliegenden Basiswertes liegt.

Open interest. Anzahl der nach einer Börsensitzung noch offenen Positionen.

Option. Vereinbarung, welche einem Vertragspartner das einseitige Recht einräumt, eine im voraus bestimmte Menge einer Ware oder eines Wertes zu einem bestimmten Preis innerhalb eines definierten Zeitraumes zu kaufen (Call) oder zu verkaufen (Put). Die Besonderheit der Vereinbarung besteht darin, dass lediglich ein Vertragspartner das Recht hat, die Transaktion durchzuführen, ohne dazu verpflichtet zu sein.

Optionsanleihe. Schuldverschreibung mit einem beigefügten Optionsschein. Der Optionsschein kann von der Obligation abgetrennt und selbständig gehandelt werden. Die Option kann auf irgendeinen Basiswert lauten.

Optionsaussteller (Optionsschreiber). Vertragspartner, welcher sich zu den vereinbarten Bedingungen verpflichtet, den zugrundeliegenden Basiswert zu kaufen oder zu verkaufen.

Optionsfrist. Zeitraum bis zum Verfall der Option.

Optionsgruppe. Optionen, welche das gleiche Verfalldatum besitzen.

Optionsinhaber. Besitzer einer Option.

Optionsklasse. Optionen, welche sich auf den gleichen zugrundeliegenden Wert beziehen.

Optionsprämie. Prozentsatz, um welchen der Kauf oder Verkauf des zugrundeliegenden Wertes mittels Option teurer zu stehen kommt als beim Direktkauf (-verkauf).

Optionspreis (premium). Marktpreis, welcher für die Option bezahlt wird.

Optionsschein. Handelbares Wertpapier, welches das Optionsrecht verbrieft.

Optionsserie. Optionen auf den gleichen Basiswert mit gleichem Verfalldatum und unterschiedlichen Strikepreisen.

Optionstyp. Call oder Put. Der Call gibt dem Besitzer das Recht, einen bestimmten Wert zu kaufen. Der Put gibt dem Besitzer das Recht, einen bestimmten Wert zu verkaufen.

OTC-Option (over the counter option). Option, der kein standardisierter Optionskontrakt zugrunde liegt, die nicht an einer Börse kotiert und nur erschwert übertragbar ist.

Out-of-the-money Option. Option, bei der der Strikepreis deutlich über dem aktuellen Tageskurs des Basiswertes (out-of-the-money Call) oder deutlich unter dem Kurs des Basiswertes (out-of-the-money Put) liegt. Die Option besitzt keinen inneren Wert.

Partielles Hedging. Teilweise Absicherung einer Position. Dies bedeutet, dass nur ein Teil der Position risikolos ist.

Prämie. Siehe Optionsprämie.

Price-Spread (Preisspread). Spread zwischen Optionen mit verschiedenen Strikepreisen, aber gleichen Verfalldaten.

Principal. Broker, der an der Börse auf eigene Rechnung handelt. Vgl. Agent.

Put (Verkaufsoption). Angloamerikanische Bezeichnung für eine Option, die das Recht, aber nicht die Verpflichtung beinhaltet, innerhalb einer bestimmten Zeit zu einem bestimmten Preis einen dem Kontrakt zugrundeliegenden Basiswert zu verkaufen. Vgl. Call.

Ratio-Spread. Spread, bei welchem die Anzahl der gekauften und verkauften Optionen unterschiedlich ist.

Realwert. Vgl. innerer Wert.

Reversal. Arbitragestrategie, bei welcher ein synthetischer Put durch einen Leerverkauf des zugrundeliegenden Wertes und durch den Kauf eines Calls auf diesen Basiswert mit einem Putkauf kombiniert wird.

Richtungskoeffizient. Richtungswinkel eines Vektors.

Risikofreie Portefeuilletechnik. Technik zur Zusammenstellung eines Portefeuilles aus Optionen und dem zugrundeliegenden Basiswert in der Art, dass die Gesamtposition kein Risiko beinhaltet. Mehrere Optionsbewertungsmodelle verwenden diese Technik, um theoretische Optionspreise zu berechnen.

Risikofreier Zinssatz. Entspricht dem Zinssatz, welcher als Entgelt für ein ohne Kreditrisiko zur Verfügung gestelltes Kapital entrichtet werden muss. Als Näherungswert für diesen theoretischen Zinssatz wird die Verzinsung einer Anlage in staatlichen Obligationsanleihen verwendet.

Risiko/Gewinn-Methode. Modell zur Bewertung und Auswahl unterschiedlicher Optionskombinationen.

Short gehen. Leerverkauf eines Wertes (z.B. einer Aktie).

Spread. Gleichzeitiger Kauf und Verkauf des gleichen Optionstyps und der gleichen Optionsklasse. Die Optionen basieren dabei meistens auf dem gleichen Basiswert, wobei die Strikepreise und/oder die Verfalldaten voneinander abweichen.

Standardisierte Optionen. Optionen mit standardisiertem Vertragsinhalt, welche an einem Börsenplatz mit ständiger Preisnotierung gehandelt werden. Risiken, welche der Verkäufer auf sich nimmt, werden von einer zentralen Clearingstelle überwacht.

Stillhalter. Schreiber einer Option, welcher gleichzeitig den entsprechenden Basiswert in einem Depot hinterlegt. Diese Werte bleiben bis zum Ablauf der Optionsfrist blockiert. Als Gegenleistung erhält er den Ausgabepreis der Option gutgeschrieben.

Straddle. Optionsposition, welche aus gekauften oder verkauften Kombinationen von Calls und Puts mit gleichen Strikepreisen und Verfalldaten besteht.

Strangle. Optionsposition, welche aus gekauften oder verkauften Kombinationen von Calls und Puts mit gleichem Verfalldatum besteht. Gleichzeitig muss der Strikepreis des Calls höher sein als der Strikepreis des Puts.

Strikepreis (Ausübungspreis, Bezugspreis). Preis, welchen der Optionsbesitzer bei Ausübung der Option bezahlt (Call) oder löst (Put).

Symmetrisches Risiko. Gleich verteiltes Risiko, d.h. eine Situation, in der der Ertrag einer Investition, unabhängig von der Richtung der Veränderung einer Variablen, lediglich in Abhängigkeit von der Höhe der Veränderung steigt oder fällt.

Synthetische Positionen. Indirekt gebildete Position, welche die gleichen Eigenschaften besitzt wie die Grundposition, z.B. der Kauf einer Aktie und eines Puts zur synthetischen Erzeugung eines Calls.

Termingeschäfte. Kauf- oder Verkaufsverträge, bei denen die gegenseitigen Leistungen nicht sofort, sondern zu einem späteren Zeitpunkt erfolgen. Gegenbegriff zu Kassageschäft.

Termingeschäftsfähigkeit. Rechtsdefinition (deutsches Börsengesetz) einer Personengruppe, die ohne Einschränkung (Termin- und Differenzeinwand) Termingeschäfte (Futures und Optionen) tätigen kann. Genaue Definition der termingeschäftsfähigen Personengruppe vgl. Seite 63–64.

Terminoption. Option, welche auf einen Terminkontrakt lautet. Die Abrechnung erfolgt am Verfalltag des Terminkontraktes.

Theta. Veränderung des Optionspreises bei Änderung der Laufzeit der Option. Mathematisch betrachtet wird der Optionspreis nach dem Zeitfaktor abgeleitet.

Time-Spread (Zeitspread). Optionsposition, mit Optionen des gleichen Strikepreises und unterschiedlichen Verfalldaten.

Traded Options. Vgl. standardisierte Optionen.

Trader (risk taker). Marktteilnehmer, der bewusst Risiko trägt und der für eigene oder fremde Rechnung handelt.

Transaktionskosten. Kosten, welche beim Durchführen einer Transaktion entstehen, z.B. Courtage oder Clearinggebühren.

Ungedeckte Option (uncovered option). Option, welche nicht durch die Hinterlegung des Basiswertes (Call) oder einem dem Strikepreis entsprechenden Geldbetrag (Put) gedeckt ist. Vgl. gedeckte Option.

Verfall. Festgelegter Zeitpunkt, nach dessen Ablauf (Verfalldatum) die Option ihr Recht verliert.

Verkaufsoption. Siehe Put.

Volatilität. Schwankungsbereich der Kurse eines Wertes. Mathematisch betrachtet handelt es sich um die annualisierte Standardabweichung der logarithmierten Kursveränderungen. Die historische Volatilität basiert auf den historischen Preisschwankungen. Die erwartete Volatilität (implied volatility) wird von den Marktteilnehmern geschätzt und basiert auf dem zukünftig erwarteten Schwankungsbereich.

Warrant. Optionsschein, meist Call-Option, abgetrennt von einer von der entsprechenden Gesellschaft ausgegebenen Optionsanleihe, die dem Inhaber das Recht vermittelt, innerhalb einer bestimmten Frist eine bestimmte Anzahl Aktien der betreffenden Gesellschaft zu einem bestimmten Preis zu kaufen resp. zu verkaufen.

Zinsoption. Option auf zinstragende Wertpapiere.

Literaturverzeichnis

Das nachfolgende Verzeichnis beinhaltet die diesem Buch zugrundeliegende Literatur und soll dem Leser beim vertieften Studium von Spezialproblemen behilflich sein. Zu diesem Zweck wurde jede Literaturangabe und jedes Buch zweidimensional eingeordnet. Diese Klassifikation ist in Klammern am Ende jeder Literaturreferenz beigefügt. Folgende Kategorien wurden verwendet:

A = Theorie   1 = Optionspreise
B = Praxis   2 = Aktienoptionen
C = Allgemein   3 = Zinsoptionen
               4 = Indexoptionen
               5 = Devisenoptionen
               6 = Allgemeine Optionsstrategien
               7 = Vorgehensweise beim Handel mit Optionen

Akteus, P.-O., m fl: Skatte- och redovisningsfrågor i samband med KÖP-optioner, Balans 4/86, 1985. (B, 7)

Allmänna villkor, Aktieoptioner, Optionsmäklarna OM Fondkommission AB, Stockholm 1985. (C, 3)

Allmänna villkor, Ränteoptioner, Optionsmäklarna OM Fondkommission AB, Stockholm 1986. Andra upplagan. (C, 3)

AMEX, Listed Options on Stock Indices, New York 1983. (B, 4)

Arnott, R.: Modeling Portfolios with Options: Risks and Returns, Journal of Portfolio Management, 7, Fall 1980, S. 66–73. (B, 6)

A Study of the Effects on the Economy of Trading in Futures Options, Board of Governors of the Federal Reserve System Commodity Futures Trading Commission, Securities and Exchange Commission, Dec 1984. (B, 7)

Black, F. and Scholes, M.: The Pricing of Options and Corporate Liabilities, Journal and Political Economy, Nr. 81, May–June 1973. (A, 1)

Bond Options, European Options Exchange, Amsterdam. (B, 3)

Bookstaber, R.: Options can alter Portfolio Return Distributions, The Journal of Portfolio Management, Spring 1981. (A, 1, 6)

Bookstaber, R., Clarke, R.: Option Strategies for Institutional Investment Management, Addison-Wesley Publishing Company Inc., Reading 1983. (A, B, 1, 2, 6, 7)

Bookstaber, R., m fl: Consistency Conditions for Pricing Options on Interest Sensitive Instruments, Morgan Stanley & Company, Nov 1985. (A, 1)

Bourse de Genève Option Seminar (papers from the proceedings), Genève 1986. (B, 2)

Brennan, M., Schwartz, E.: An Equilibrium Model of Bond Pricing and a Test of Market Efficiency, Journal of Financial and Quantitative Analysis, Vol. XVII, No. 3, Sept 1982. (A, 3)

Brennan, M., Schwartz, E.: The Valuation of American Put Options, Journal of Finance, 32, May 1977, S. 499–462. (A, 1)

Brenner, M., Galai, D.: Estimation of Errors in the Implied Standard Deviation, The Hebrew University and New York University, The Hebrew University and University of California, Jan 1986. (A, 1)

Burton, E.: Observations on the Theory of Option Pricing on Debt Instruments, in Option Pricing, Ed. Menachem Brenner, S. 35–44. Lexington, Mass.: D.C. Heath, 1983. (A, 3)

Business Research International Interest Option Conference (papers from the proceedings), London 1985. (A, B, 3)

CBOE: Characteristic and Risks of standardized Options. (B, 2, 4)

Choi, J., Shastri, K.: Bid-Ask Spread and Volatility Estimates, The Implications for Option Pricing, Graduate School of Business, University of Pittsburgh, Jan 1986. (A, 1)

Cleeton, E.: Strategies for the Option Trader, Washington, DC 1978. (B, 6)

Controlling Risk with Foreign Currency Options, Supplement to Euromoney, Feb 1985. (B, 5)

Cooper, I.: Interest Rate Volatility and Interest Rate Option Prices, Seminariedokumentation, Stockholm 1985. (A, B, 1)

Cornell, B., Hammani, D.: Option Pricing in Bear and Bull Markets, Journal of Portfolio Management, 5, Summer 1979, S. 30–32. (B, 1)

Courtadon, G.: A More Accurate Finite Difference Approximation for the Valuation of Options, Journal of Financial and Quantitative Analysis, 17, December 1982, S. 697–703. (A, 1)

Courtadon, G.: The Pricing of Options on Default-Free Bonds, Journal of Financial and Quantitative Analysis, Vol. XVII, No. 1, March 1982. (A, 1)

Cox, J., m fl: A Theory of the Term Structure of Interest Rates, Econometrica, Vol. 53, No. 2, March 1985. (A, 1)

Cox, J., Rubinstein, M.: Options Markets, Prentice-Hall Inc., Englewood Cliffs 1985. (C, 1, 2)

Currency Options, Financial Times, Feb 1986. (C, 5)

Currency Options Strategy Manual, Chicago Mercantile Exchange, 1984. (B, 5, 6)

Damerjian, R.: A Note on the Non-Exchange FX Currency Options, Financial Options Group Inc., New York 1984. (B, 5)

Damerjian, R.: Options VS. Forwards and Futures, Philadelphia Stock Exchange, March 1983. (C, 6)

Dillman, S.: The Greek Letter Approach to Options: Gamma, Bank of America, New York 1985. (A, 1)

Dominguez, L.: A Note on Writing Covered Foreign Currency Options, Philadelphia Stock Exchange, Feb 1984. (B, 5)

Ebneter, A.: Strategien mit Aktienoptionen, Verlag SKV, Zürich 1987. (C, 2)

Etzioni, E.: Rebalance Disciplines for Portfolio Insurance, Option Management Division Oppenheimer Capital Corp., March 1986. (B, 7)

Fabozzi, F.: Winning the Interest Game, Probus Publishing Comp., Chicago 1985. (C, 3)

Figlewski, S.: Arbitrage-Based Pricing of Stock Index Options, New York University Graduate School of Business, New York, April 1985. (A, 1, 4)

Finnerty, J.: The CBOE and Market Efficiency, Journal of Financial and Quantitative Analysis, 13, March 1978, S. 29–38. (B, 2)

Fischer, R.: Das Aktien- und Optionen-Programm, Oberwil 1978. (B, 2)

Fischer, R.: Optionsformeln für Könner und Konservative, Eine praxisnahe Darstellung des deutschen und amerikanischen Optionenhandels sowie der steuerlichen Problematik, Schwelm 1975. (B, 2)

Frauenfelder, E.: Optionen in Wertpapieren und Waren. Eine Untersuchung ihrer mikro- und makroökonomischen Relevanz, 2. Auflage, Verlag Paul Haupt, Bern und Stuttgart 1987. (A, 1)

Gastineau, G., Madansky, A.: S & P 500 Stock Index Futures Evaluation Tables, Financial Analysts Journal, Nov–Dec 1983. (B, 1, 4)

Gennotte, G., Marsh, T.: Discrete Time Estimation of Changing Return Volatilities and its Implications for Option Pricing, School of Business Administration, University of California, Hoover Institution, Stanford University, Sloan School of Management, M.I.T., Dec 1985. (A, 1)

Geske, R., m fl: Over-the-Counter Option Market Dividend Protection and Biases in the Black-Scholes Model: A Note, Journal of Finance, 38, September 1983, S. 1271–1278. (A, 2)

Geske, R., Roll, R.: On Valuing American Call Options with the Black-Scholes European Formula, Journal of Finance, 39, June 1984, S. 443–455. (A, 1)

Hack, J.: Understanding Currency Option Pricing, Seminariedokumentation, London 1985. (C, 5)

Hemställan om lagstiftning avseende beskattningsregler för KÖP- och SÄLJoptioner, Svenska Bankföreningen och Svenska Fondhandlarföreningen, Stockholm 1985. (A, 7)

Höhn, E.: Steuerrecht, Ein Grundriss des schweizerischen Steuerrechts für Unterricht und Selbststudium, 5. Auflage, Verlag Vandenhoeck & Ruprecht, Bern und Stuttgart 1986. (B, 2)

International Options Conference (papers from the proceedings), Zürich 1985. (C, 2)

Jarrow, R., m fl: Option Pricing, Dow Jones-Irwin, Illinois 1983. (A, 1)

Känzig, E.: Wehrsteuer, I. Teil, 2. Auflage, Basel 1982. (B, 2)

Kopprasch, R.W.: Understanding Duration and Volatility, New York 1985. (A, B, 1)

Kreyszig, E.: Statistische Methoden und ihre Anwendung, Verlag Paul Haupt, Göttingen 1973. (C, 1)

Landau, M.: Arbitrage and Trading Strategies Using Debt Options, Seminariedokumentation, Stockholm 1985. (A, B, 3)

McGough, R.: Bonds in Many Flavors, Forbes, Dec 1984. (C, 3)

McMillan, L.: Options as a Strategic Investment, New York Institute of Finance, New York 1980. (C, 1, 2, 6, 7)

Mains, N.E.: Financial Futures and Options, Chicago 1986. (A, B, 2, 4)

Mains, N.E.: Using Eurodollar Futures and Options, Chicago 1986. (A, B, 3)

Merton, R.: On the Pricing of Corporate Debt: The Risk Structure of Interest Rates, Journal of Finance, 29, May 1974, S. 449–470. (B, 3)

Merton, R.: The Relationship Between Put and Call Option Prices: Comment, Journal of Finance, 28, March 1973, S. 183–184. (A, 1)

296

Nix, W., m fl: The Dow Jones-Irwin Guide to Stock Index Futures and Options, Dow Jones-Irwin, Illinois 1984. (C, 4)

Parkinson, M.: Practical Aspects of Volatility Estimation, O'Connor and Associates, Chicago, IL. (B, 1)

Pitts, M.: The Pricing of Options on Debt Securities, The Journal of Portfolio Management, Winter 1985. (A, 3)

Pozen, R.: The Purchase of Protective Puts by Financial Institutions, The Financial Analysts Journal, July–Aug 1978. (A, 2)

Reback, R.: Risks and Return in CBOE and AMEX Option Trading, in: Financial Analysts Journal, Nr. 4, 1975, Seite 42ff. (B, 1, 2, 3)

Rubinstein, M., Leland, H.: Replicating Options with Positions in Stock and Cash, Financial Analysts Journal, 37, July–August 1981, S. 63–72. (A, 2)

Rubinstein, M.: The Valuation of Uncertain Income Streams and the Pricing of Options, Bell Journal of Economics, 7, Autumn 1976, S. 407–425. (A, 2)

Ränteoptioner, en introduktion, Optionsmäklarna OM Fondkommission AB, Stockholm 1985. (B, 3)

Schaefer, S., Schwartz, E.: Time-Dependent Variance and The Pricing of Bond Options, London Business School, University of British Columbia, Feb 1986. (A, 1, 3)

Schwager, J.D.A.: Complete Guide to the Futures Markets: Fundamental Analysis, Technical Analysis, Trading, Spreading, Options. (A, B, 1, 6)

SOFFEX Manual, Verlag Trimedia Public Relations AG, Zürich 1987. (B, 2, 6, 7)

Stigum, M.: The Money Market, Rev ed., Illinois 1983. (C, 3)

Stoll, H., Whaley, R.: Expiration Day Effects of Index Options and Futures, Owen Graduate School of Management Vanderbilt University Nashville, Tennessee, Graduate School of Business, University of Chicago, Illinois, March 15, 1986. (A, 1)

Tivéus, U.: Skatteeffekter i samband med obligationsoptioner, Seminariedokumentation, Stockholm 1985. (C, 7)

Trading and Hedging with Currency Futures and Options, Chicago Mercantile Exchange, 1984. (B, 5, 6)

Trennepohl, G., Dukes, W.: An Empirical Test of Option Writing Strategies, Review of Business and Economic Research, 13, Fall 1977, S. 48–58. (B, 6)

Utredning och överväganden om en framtida svensk marknad för standardiserade optioner, Börsens Optionsgrupp (BOP), Stockholm 1986. (C, 7)

Understanding Interest Rate Options CBOE Options on Treasuries, The Chicago Board Options Exchange, Chicago 1984. (B, 3)

Vasicek, O.: An Equilibrium Characterization of the Term Structure, Journal of Financial Economics 5, S. 177–188, August 1977. (A, 3)

Walker, T.: A Guide for Using the Foreign Exchange Market, John Wiley & Sons Inc., New York 1981. (C, 5)

Weisweiler, R.: Arbitrage, Opportunities and techniques in the financial and commodity markets, Verlag Woodhead-Faulkner, Cambridge. (A, B, 1, 2, 4, 5, 6)

Whaley, R.: A Note on an Analytical Formula for Unprotected American Call Options on Stocks with Known Dividends, Journal of Financial Economics, 7, October 1979, S. 375–380. (A, 2)

Whaley, R.: Valuation of American Futures Options: Theory and Empirical Tests, Faculty of Business University of Alberta Edmonton, Canada, Graduate School of Business University of Chicago, Nov 1985. (A, 1)

Webster, W.: PHLX Options and the Eurocurrency Loan, Philadelphia Stock Exchange, June 1984. (B, 5)

Widmer, U.: Erfolgreich mit US-Optionen, Juris Druck + Verlag, Zürich 1976. (B, 2, 4)

Wiggins, J.: Stochastic Variance Option Pricing, Sloan School of Management Massachusetts Institute of Technology Cambridge, Dec 1985. (A, 1)

Wolf, A.: Options of Futures: Pricing and the Effect of an Anticipated Price Change, The Journal of Futures Markets, Vol. 4, No. 4, S. 491–512, 1984. (A, 1)

Zimmermann, H. (ed.): Finanzmarktinnovationen, Verlag Rüegger, Grüsch 1987 (A, B, 1, 2, 4, 5)

Årsredovisning 1984–85, Optionsmäklarna OM Fondkommission AB, Stockholm 1986.

Index

Das nachstehende Sachwortregister ermöglicht ein rasches und gezieltes Nachschlagen aller zum sachlichen Verständnis notwendigen Stichwörter. Sind mehrere Seitenzahlen aufgeführt, verweisen die fettgedruckten auf Textstellen, an denen der entsprechende Begriff ausführlich behandelt oder definiert wird.

300